Magnus Malm

Abschied von Babel

Edition
AUF:ATMEN

Magnus Malm

Abschied von Babel

Wie heilsame Grenzen uns bewahren

R. BROCKHAUS VERLAG WUPPERTAL

Die Edition AUF:ATMEN
erscheint in Zusammenarbeit
zwischen dem R. Brockhaus Verlag Wuppertal
und dem Bundes-Verlag Witten
Herausgeber: Ulrich Eggers

Die schwedische Originalausgabe erschien
unter dem Titel FOTSPAR I GLASTRAPPEN
bei Artos bokförlag, Skelleftea, Schweden

Deutsch von Dr. Friedemann Lux

Die Bibelzitate sind im Allgemeinen nach der Lutherbibel, revidierter Text 1984 wiedergegeben. Weitere benutzte Bibelübersetzungen: Elbf. = Revidierte Elberfelder Bibel; Menge = Die Heilige Schrift des Alten und Neuen Testaments, 1994; Einheitsübers. = Die Bibel. Altes und Neues Testament. Einheitsübersetzung 1980; Hoffnung für alle, 1996.

Umschlag: Dietmar Reichert, Dormagen
Gesamtherstellung: Breklumer Druckerei Manfred Siegel KG
ISBN 3-417-24451-X
Bestell-Nr. 224 451

INHALT

Vorwort

Dieses Buch will eher als Wegbeschreibung denn als Landkarte verstanden sein. Es geht in ihm mehr um Andeutungen einer Richtung als um ein fertiges Bild. Es will uns nicht erklären, wie es sozusagen unter dem Boden genau aussieht, sondern es will zeigen, wo wir Wasser finden können. Die Antwort wird der Leser finden, der in seiner eigenen Erfahrung nachzugraben beginnt, und weniger der, der in die Bibliothek geht, um zu sehen, ob ich überall Recht habe oder nicht.

Meine Quellen sind außer meiner persönlichen Erfahrung vor allem die folgenden drei gewesen: die Bibel, der Kirchenvater Irenäus von Lyon (2. Jahrhundert n. Chr.) und die schwedische Tageszeitung *Dagens Nyheter*. Die Bibel, weil sie meiner Meinung nach das Buch ist, das die Welt, in der wir leben, am treffendsten beschreibt. Irenäus, weil er wie wir auch in einer Gesellschaft mit starken gnostischen Strömungen lebte (darüber später mehr) und uns helfen kann, zu sehen, was der Unterschied zwischen Gnosis und Christentum ist. *Dagens Nyheter*, weil sie die größte schwedische Tageszeitung ist, die seit Jahrzehnten allem, was mit dem christlichen Glauben und der Kirche zu tun hat, mit Skepsis begegnet.

Ein herzliches Dankeschön an Schwester Madeleine Fredell OP, Gunnar Jacobson, Knut Grønvik sowie Per und Inger Åkerlund. Sie haben viele Stunden geopfert, um das Manuskript zu lesen und mir wertvolle Vorschläge und Anregungen zu geben.

Am Ende des Buches finden die Leser ein Gebet, das sie während der Lektüre begleiten kann. Wo man sich zu mehreren trifft, um sich über das Buch auszutauschen, kann man das Gebet auch im Wechsel sprechen.

Aber jetzt zurück zum Anfang.

Der glänzende Turm

Die Kommandorufe schallen über die gebeugten Rücken. Endlose Reihen schwitzender Leiber schlagen Ziegel, hauen Steine, schleppen Mörtel und Blöcke. Die Peitsche saust über denen, die müde zurückbleiben, die anderen müssen noch schneller schuften. Die Augen sind seit langem stumpf, jeder sieht nur noch seine eigene Last. In stummer Einsamkeit drückt Schulter sich an Schulter. Tag für Tag ein Zentimeter näher zu der brennenden Sonne, ein Zentimeter weiter weg von der fruchtbaren Erde. Gespräche werden sofort und hart bestraft, Freundschaft wie Feindschaft sind gleichermaßen verboten. Alles muss sich dem großen Projekt unterordnen: Wir wollen uns einen Namen machen.

Babel handelt von viel mehr als einem Turm. Der himmelstrebende Bau ist nur das Gerüst für das gigantische Vorhaben, eine Menschheit ohne Gott zu bauen. Mit den Worten der Bibel:

> Es hatte aber alle Welt einerlei Zunge und Sprache. Als sie nun nach Osten zogen, fanden sie eine Ebene im Lande Schinar und wohnten daselbst. Und sie sprachen untereinander: »Wohlauf, lasst uns Ziegel streichen und brennen!« – und nahmen Ziegel als Stein und Erdharz als Mörtel und sprachen: »Wohlauf, lasst uns eine Stadt und einen Turm bauen, dessen Spitze bis an den Himmel reiche, damit wir uns einen Namen machen; denn wir werden sonst zerstreut in alle Länder.«
>
> Da fuhr der Herr hernieder, dass er sähe die Stadt und den Turm, den die Menschenkinder bauten. Und der Herr sprach: »Siehe, es ist einerlei Volk und einerlei Sprache unter ihnen allen, und dies ist erst der Anfang ihres Tuns; nun wird ihnen nichts mehr verwehrt werden können von allem, was sie sich vorgenommen haben zu tun. Wohlauf, lasst uns herniederfahren und dort ihre Sprache verwirren, dass keiner des andern Sprache verstehe!«
>
> So zerstreute sie der Herr von dort in alle Länder, dass sie aufhören mussten, die Stadt zu bauen. Daher heißt ihr

Name Babel, weil der Herr daselbst verwirrt hat aller Länder Sprache und sie von dort zerstreut hat in alle Länder. (1. Mose 11,1-9)

Mit dem finsteren Turm im Morgengrauen der Geschichte wollte der Mensch sich »einen Namen machen«. Was heißt das? Handelte es sich um eine dringend nötige Werbekampagne für den unterdrückten Menschen, der ständig Gefahr läuft, vom Schatten des allmächtigen Gottes verschluckt zu werden? Das war ja das Bestechende in der Botschaft der Schlange an den Menschen: Gott will dich klein und unbedeutend halten, aber wenn du seine Grenzen durchbrichst, dann wirst du genauso groß wie er. Und wenn du erst einmal so groß bist wie Gott, wozu brauchst du ihn dann noch? Dann bist du ja selber Gott!

Das Wort »Name« steht in der Bibel für die Persönlichkeit, die Identität, für das, was ich im Tiefsten bin. Und mit der Vorstellung, dass Gott mich zu etwas Kleinerem und Unbedeutenderem machen will als dem, was ich bin, bricht die Menschheit auf von ihren von Gott gegebenen Grenzen und beginnt ihre endlose Kletterei nach oben, um sich eine eigene Identität zu schaffen. Dass die Größe, von der sie träumt, ihr auf jedem neuen Absatz, den sie erklimmt, wieder entschwindet und als Fata Morgana von der nächsten Höhe lockt, scheint sie nicht zu bekümmern; im Gegenteil, wie bei einem Drogensüchtigen weckt jede Etappe eine nur noch tiefere Begierde nach dem nächsten Gipfel. Kommt der Mensch auf diesem Weg seiner Identität wirklich näher – oder nicht immer weiter fort von ihr? Macht seine Kletterei ihn größer oder kleiner? Bedeutungsvoller oder anonymer?

Die Kampagne der Schlange gründete auf dem Gedanken, dass Gott den Menschen eigentlich klein machen will. Der Faden wird weitergesponnen im Turm zu Babel: Gott will die Menschen zersplittern und zerstreuen. Die religiösen Vorstellungen bauen nur Mauern zwischen uns und hindern uns daran, einander zu verstehen. Gott sieht unsere Gemeinschaft als Bedrohung seiner Allmacht, macht sie uns doch weniger abhängig von ihm. Bauen wir also eine enge Gemeinschaft ohne Gott, eine Stadt, deren Straßen uns zu einem Netzwerk zusammenflechten und wo die Häuser sich ganz dicht aneinander drücken. Füllen wir sodann diese Stadt mit einem Kulturleben, das den Menschen und nicht Gott in den Mittelpunkt stellt. Und warum nicht gleich noch einen Turm in die Mitte setzen, als sichtbare Verkörperung unserer gegen den himmlischen Unterdrücker erhobenen Faust!

Dass der Wüstenwind der Verlassenheit durch unsere Treppenhäuser pfeift, kann unser Projekt nicht erschüttern, allenfalls gewisse Detailfragen über mögliche Planungsfehler stellen. Dass im Gedröhne des Marktes das menschliche Gespräch untergeht, wird kaum als Signal gedeutet, dass wir in die falsche Richtung gehen, sondern eher als Durchgangsstadium auf dem Weg in eine neue, diesmal globale Gemeinschaft.

Und doch fragen manche sich im Stillen, ob wir nicht gerade diesen Zerfall der Gemeinschaft längst hätten überwinden müssen mit unserem Bauen. Hat die Abschaffung Gottes uns einander näher gebracht – oder nicht weiter voneinander entfernt? Verstehen wir einander besser, oder ist unsere Sprache zu einsilbigen Steinen in unserem Mund verkommen? Sehen wir das Angesicht unseres Nächsten besser im Gedränge der Stadt, oder legt unser grenzenloses Ich eine Wüste der Fremdheit zwischen unsere Herzen?

Der Name *Babel* bedeutete bei den Babyloniern »Gottespforte«. Vielleicht mit der Doppelbedeutung, die eine Tür nun einmal hat: als *Weg hinaus* aus der Welt, wo Gott Gott ist, *hinein in* die Welt, in der der Mensch Gott ist. Im Bibeltext erhält der Name einen hebräischen Schatten: *balal* – »Verwirrung«. Dass dieser Schatten kein vorüberhuschender Zufall war, deutet Paulus an, wenn er einige tausend Jahre später über dieses Projekt schreibt:

> Obwohl sie von Gott wussten, haben sie ihn nicht als Gott gepriesen noch ihm gedankt, sondern sind dem Nichtigen verfallen in ihren Gedanken, und ihr unverständiges Herz ist verfinstert. Da sie sich für Weise hielten, sind sie zu Narren geworden und haben die Herrlichkeit des unvergänglichen Gottes vertauscht mit einem Bild ... (Römer 1,21-23)

Und so sitzen wir hier mit unseren »Bildern«: Zeichnungen, Karten, Diagramme, Fotos, Bildschirme, Filme, Plakate, Multimedia, Spiegel – lauter Dinge, die uns die Welt erklären und uns zeigen sollten, dass wir sie beherrschen und endlich gelernt haben, uns in der Wirklichkeit zu orientieren. Bald wird der flüchtige Beschlag unseres Atems auf den Bildschirmen der einzige verbleibende Rest der lebendigen Wirklichkeit sein, die wir einst mit unseren Händen berührten. Und vielleicht ahnen wir, dass wir das Eingesperrtsein, dem wir mit dem Essen der verbotenen Frucht im Paradies zu entfliehen vermeinten, nun endlich selber verwirklicht haben.

Der zähe Schatten

»Das ist nur der Anfang«, sagt Gott über Babel. Es ist gleichsam der Embryo für ein Kulturmuster, das in der menschlichen Geschichte immer wieder auftaucht: der organisierte Aufstand des Menschen gegen Gott. Die erzwungene Einheit, die nicht darauf basiert, was der Mensch ist, sondern darauf, was er tut. Der grenzenlose Kult menschlicher Macht, Eroberung und menschlichen Reichtums.

Wie ein dunkler Schatten folgt der Babelturm dem Gottesvolk durch die biblische Geschichte, wie eine ständige Spiegelverkehrung der Gedanken Gottes. Als er Abraham beruft, um sich ein Volk zu schaffen, das seine Ziele mit der ganzen Menschheit verwirklichen kann, gibt er das richtige Verhältnis zwischen Gott und Mensch an: »Und ich ... will dich segnen und dir einen großen Namen machen« (1. Mose 12,2).

Die Schlange hat also gelogen. Gott will den Menschen nicht klein machen, sondern groß. Und immer dann, wenn der Mensch seinen Namen auf eigene Faust groß machen will, scheint er unwiderstehlich in die Anonymisierung abzugleiten und ein Ding unter anderen zu werden.

Doch der Lockruf von Babel übt eine so magnetische Anziehungskraft auf uns aus, dass der Turm im Laufe der Geschichte immer wieder auftaucht, und dies nicht zuletzt in Gottes eigenem Volk. Als Israel im Alten Testament seine Identität vergisst und darangeht, sich seine eigene Größe zu schaffen, beginnt der Babelturm faktisch in Jerusalem Gestalt anzunehmen.

Die Propheten sehen diesen Babelturm aus mehreren Richtungen gleichzeitig.

Einerseits verdichtet sich in ihm der fortwährende Aufstand des Menschen gegen Gott, jenes trotzige »Glaubensbekenntnis«: »Ich, und sonst gar nichts!« (Jesaja 47,8 Elbf.). Die klassischen Komponenten der Macht im Turm zu Babel sind:

- Die militärische Macht mit ihren Bogenschützen und Rüstungen (Jeremia 51,3) und der jeweils aktuellen Spitzentechnologie in der »edlen Kunst des Tötens«.
- Eine Wissenschaft und Philosophie, die von einem Gott-losen Universum ausgehen und Götter nur in dem Maße erlauben, wie sie nicht die herrschende Macht bedrohen. »Denn du hast dich in deiner Bosheit sicher gefühlt, hast gedacht: ›Niemand sieht mich.‹ Deine Weisheit und deine Wissenschaft, die haben dich irregeführt« (Jesaja 47,10 Menge).
- Eine Spiritualität, die reibungslos als Werkzeug menschlicher Macht funktioniert: »mit deinen Beschwörern und der Menge deiner Zaubereien, um die du dich von deiner Jugend auf bemüht hast« (Jesaja 47,12).
- Ein grenzenloser Glaube an die eigene Fähigkeit, Probleme ohne Gott zu lösen, auch wo man sich »müde gemacht hat mit der Menge deiner Pläne« (Jesaja 47,13).
- Und nicht zuletzt das liebe Geld, »deine Handelspartner« (Jesaja 47,15 Elbf.), das Basis und Ziel von Babels Macht ist.

Auf der anderen Seite sehen die Propheten, dass der Turm zu Babel in all seiner Gottlosigkeit paradoxerweise ein Werkzeug in Gottes Hand ist. Wo Gottes Volk sich von seiner wahren Identität entfernt hat, lässt Gott es früher oder später die Folgen seiner falschen Prioritäten erleben. Als Babylonien Israel zerstört, kann Gott sagen: Ihr habt es nicht anders gewollt. In dieser Bedeutung ist der Babelturm »ein goldener Kelch, der alle Welt trunken gemacht hat, in der Hand des Herrn«, Gottes »Hammer« und »Kriegswaffe«, mit der er »Völker zerschmettert und Königreiche zerstört« (Jeremia 51,7+20).

Wieder so ein »überholtes Gottesbild«, das wir getrost in den Papierkorb fegen können? Nein, sondern Gott ist der Herr der Geschichte, und kein Babelturm wird je den Himmel erreichen. Gott ist es, der die Grenzen zieht, auch für das Imperium des Bösen. Und weiter: Gott kann auch die Gottlosigkeit und Säkularisierung dazu benutzen, um sein Volk zurück zu seinen Wurzeln zu führen. Wie oft ist Gottes Volk nicht schon durch die harte Konfrontation mit seinen Feinden aus seinem Tiefschlaf erwacht?

Zum Schluss sehen die Propheten, wie Gottes Gericht auch über den Turm zu Babel ergeht. Die Geißel, die über das Gottesvolk pfiff (Babylonien), erleidet zum Schluss dasselbe Schicksal: »Denn du hast den Herrn herausgefordert« (Jeremia 50,24). Als die Babylonische Gefangenschaft auf ihr Ende zugeht, läuft auch für Babel die Uhr ab: »Die du an großen Wassern wohnst und große Schätze hast, dein Ende ist gekommen, dein Lebensfaden wird abgeschnitten« (Jeremia 51,13). Mit der gleichen Souveränität, mit der Gott 587 v. Chr. Babylonien benutzte, um Israel zu strafen, benutzt er nun 539 v. Chr. den persischen König Kyros, um Babel zu besiegen. Er ist der, »der zu Kyros sagt: Mein Hirte! Er soll all meinen Willen vollenden und sagen zu Jerusalem: ›Werde wieder gebaut!‹« (Jesaja 44,28).

Als 600 Jahre später Petrus in der Hauptstadt eines neuen Weltreiches sitzt und an die christlichen Gemeinden schreibt, kennt er diese Geschichte natürlich. Jeder, der wusste, wofür der Deckname »Babylon« stand und was für Perspektiven er für die wirklichen Machtverhältnisse eröffnete, begriff, was für eine Bombe Petrus unter Rom legte mit seinem diskreten Gruß am Schluss seines ersten Briefes: »Es grüßt euch aus Babylon die Gemeinde, die mit euch auserwählt ist, und mein Sohn Markus. Grüßt euch untereinander mit dem Kuss der Liebe« (1. Petrus 5,13-14).

In diesem liebevollen Gruß steckt also eine ernste Erkenntnis: einerseits, dass Roms Machtbesessenheit in gerader Linie den Turm zu Babel weiterführt, andererseits, dass auch dieses neue Babel wie alle anderen unweigerlich seinem Gericht entgegengeht. Das gleiche Wissen durchzieht die Bilder in der

Offenbarung des Johannes, die während der ersten großen Christenverfolgungen im Römerreich unter Kaiser Domitian gegen Ende des 1. Jahrhunderts entstand. Wie viele andere Leiter der Christen sitzt Johannes im Gefängnis bzw. in der Verbannung, aber er sieht das, was um ihn herum geschieht, aus einer Perspektive, die die Machthaber, hätten sie sie begriffen, auf das Höchste beunruhigt hätte:

»Komm, ich will dir zeigen das Gericht über die große Hure, die an vielen Wassern sitzt, mit der die Könige auf Erden Hurerei getrieben haben; und die auf Erden wohnen, sind betrunken geworden von dem Wein ihrer Hurerei« (Offenbarung 17,1-2). Johannes sieht eine Frau, die auf einem roten Tier sitzt: »Und auf ihrer Stirn war geschrieben ein Name, ein Geheimnis: Das große Babylon, die Mutter der Hurerei und aller Gräuel auf Erden« (Offenbarung 17,5).

Was ist dieses Geheimnis? Dass der Turm zu Babel sich wieder erhebt, diesmal auf sieben Bergen (Offenbarung 17,9; welchen wohl?), mit allem, was dazugehört. »Und die Frau, die du gesehen hast, ist die große Stadt, die die Herrschaft hat über die Könige auf Erden« (Offenbarung 17,18). Diese Erkenntnis hat das Martyrium, durch das die Kirche damals ging, nicht verhindert, aber sie gab dem Tod der Märtyrer eine andere Perspektive. Johannes berichtet von einem Engel, der vom Himmel kommt:

»... und die Erde wurde erleuchtet von seinem Glanz. Und er rief mit mächtiger Stimme: Sie ist gefallen, sie ist gefallen, Babylon, die Große, und ist eine Behausung der Teufel geworden ... und die Könige auf Erden haben mit ihr Hurerei getrieben, und die Kaufleute auf Erden sind reich geworden von ihrer großen Üppigkeit« (Offenbarung 18,1-3). Der klassische Dreiklang »Geld – Sex – Macht« wird auch diesem Babel-Bauwerk zum Verhängnis: »Denn ihre Sünden reichen bis an den Himmel, und Gott denkt an ihren Frevel« (Offenbarung 18,5).

Es folgt eine detaillierte Beschreibung, wie die politische und ökonomische Macht sich in einem Luxuskonsum von Produkten aus aller Welt manifestiert; der letzte Posten in der langen Liste von Handelswaren: »... und Leiber und Seelen von

Menschen« (Offenbarung 18,13). Johannes sieht klar, dass der Markt die Initiative in dieser Machtallianz hat: »Denn deine Kaufleute waren Fürsten auf Erden« (Offenbarung 18,23).

Als dann das Gericht über Babel kommt, sind die Reaktionen höchst unterschiedlich, je nachdem, ob man »oben« oder »unten« war in diesem Turm. Die Nutznießer des Systems »warfen Staub auf ihre Häupter und schrien, weinten und klagten: ›Weh, weh, du große Stadt, von deren Überfluss reich geworden sind alle, die Schiffe auf dem Meer hatten; denn in *einer* Stunde ist sie verwüstet!‹« (Offenbarung 18,19). Seine Opfer dagegen rufen aus: »Freue dich über sie, Himmel, und ihr Heiligen und Apostel und Propheten! Denn Gott hat sie gerichtet um euretwillen« (Offenbarung 18,20).

Nie zufrieden, nie genug

Ja, er hat ein unheimliches Talent, in immer neuen historischen Verkleidungen wieder aufzutauchen, der Turm zu Babel, und jede Generation ist neu gefordert, sein Wesen aufzuspüren, ob nun in Gottes Volk oder in der Welt. Er ist unendlich kreativ in seinen Erscheinungsformen, er hat ein feines Fingerspitzengefühl dafür, was in der jeweiligen Kultur an Sprache und Formen »geht«. Heute handelt es sich selbstverständlich nicht mehr darum, einen hohen Turm aus Stein zu bauen, sondern um ganz andere Machtstrukturen. Und natürlich meint der Turm es nie böse, sondern will den Menschen nur helfen, sich selbst zu verwirklichen – und wie sollen sie das schaffen, wenn sie nicht ihre Grenzen überschreiten?

Dies war ja das, was der Teufel tat. Er weigerte sich, die ihm von Gott gegebenen Grenzen anzuerkennen, und riss anschließend den Menschen in seinen Aufstand gegen alles, was Grenze heißt, mit hinein. Der Prophet Jesaja entlarvt den Bösen als den eigentlichen Drahtzieher hinter allen Babeltürmen der Welt:

> Du aber gedachtest in deinem Herzen: »Ich will in den Himmel steigen und meinen Thron über die Sterne Gottes

erhöhen, ich will mich setzen auf den Berg der Versammlung im fernsten Norden. Ich will auffahren über die hohen Wolken und gleich sein dem Allerhöchsten.« (Jesaja 14,13-14)

»Ich will auffahren ...« Das ewige Klettern, der frenetische Kampf, höher zu kommen, mehr Macht zu kriegen. Ein blinder Hass gegen alle und jede Grenzen und Beschränkungen, eine bodenlose Gier nach neuen Eroberungen: nie zufrieden, nie genug. Es gehört zum Weltbild des Teufels, dass Grenzen als eine Verhöhnung des Selbstbewusstseins und Selbstwertes empfunden werden, die um jeden Preis bekämpft werden muss. Selbstverwirklichung *innerhalb* einer Grenze – unmöglich! Es liegt in der Natur der Sache, dass der Akt der Grenzüberschreitung dem Ich ein Lustgefühl gesteigerter Freiheit vermittelt. Hinter der Grenze kommt dann natürlich eine neue Konfrontation mit der Leere, die die Seele des Teufels ist, und um diese Leere zu betäuben, beginnt alsbald die Jagd nach der nächsten Grenze, die man überschreiten kann.

Noch nie in der Menschheitsgeschichte wurde dieses Weltbild so unkritisch übernommen wie im 20. Jahrhundert. Im Westen ist es geradezu zu einem Dogma geworden, dass Freiheit und Selbstverwirklichung gleich Grenzüberschreitung sind. Dass eine Grenze dazu dienen könnte, Freiheit zu *bewahren* oder Selbstverwirklichung zu *fördern*, ist ein so gut wie unbekannter Gedanke, der, würde man ihn ernsthaft vorbringen, sofort Assoziationen mit den Scheußlichkeiten des Dritten Reiches oder ähnlicher Systeme wecken würde.

Eine Grenze ist eine Erinnerung an die Begrenztheit des Menschen und letztlich an seine Sterblichkeit – und dies ist das Letzte, woran der moderne Mensch erinnert werden will. Die Grenze sagt ihm ja: Hier steht er vor etwas, was er nicht selber im Griff hat; er ist von etwas abhängig, was höher ist als er selbst – und dies will er nicht, und so wirft er sich mit allem, was er an Talenten hat, über eine Grenze nach der anderen. Einige Beispiele:

Beim Schaffen des Künstlers geht es sicher immer darum, seine Grenzen zu erweitern, über die Grenzen des Mediums hinaus zu streben, um dem, was man sagen will, noch deutlicher Ausdruck zu geben. Aber im 20. Jahrhundert überschreitet die Malerei eine ganz neue Art von Grenze. 1907 malt Picasso sein berühmtes Bild »Les Desmoiselles d'Avignon«, ein Bordell-Interieur, in welchem Gesichter und Körper der Frauen in schräg geschnittene Flächen zerfallen. Das Bild wird oft als Beginn der Demontage von Wirklichkeit zu ästhetischen Fragmenten betrachtet, wie sie für die moderne Kunst typisch ist.

Oder nehmen wir den Amerikaner Jackson Pollock, der 1947 von einem Wischlappen Farbe in Zufallsmustern auf die Leinwand tropfen lässt. Sicher muss Kunst nicht immer Wirklichkeit abbilden oder »realistisch« sein, aber wenn die Grenzüberschreitung einen künstlerischen Eigenwert bekommt, was bleibt dann noch?

Gegen Ende des Zweiten Weltkriegs wetteiferten die klügsten Köpfe darum, wer als Erster die Atombombe, die ultimative Waffe, herstellen würde. Die grelle Ouvertüre zu dieser Art Grenzüberschreitung wurde am 6. August 1945 gespielt, als in Hiroshima *alles* zerstört wurde. Und die Grenzüberschreitung ging weiter, mit der Gentechnologie, die unter anderem zu Schimären wie der Schiege, einem Klon aus Schaf und Ziege, führte. Wir können heute nicht nur darüber bestimmen, welche Kinder zur Welt kommen, sondern auch, welches Geschlecht sie haben werden. Bald wird sich nur noch das Wetter unserem Planen entziehen.

1951 zeigte Ulla Jacobson in dem schwedischen Film »Sie tanzte einen Sommer« ihre Brüste. Vierzig Jahre später zeigte Sharon Stone in dem amerikanischen Film »Basic Instinct«, wo der heiße Orgasmus in den eiskalten Mord übergeht, »alles«. Zwischen diesen beiden Filmen hat sich in der westlichen Gesellschaft ein Erdrutsch vollzogen. Der Sturm der 68er Jahre auf die Bastion der Kernfamilie mit ihrer Beschränkung sexueller Beziehungen auf die Ehe zwischen einem Mann und einer Frau hat voll durchgeschlagen. In Schweden sind heute 40 % aller Haushalte Ein-Person-Haushalte; in den Großstädten ist der Anteil noch wesentlich größer. Es gibt kaum noch Tabus, die man durchbrechen könnte. Oder?

»Freiheit« war das große Losungswort für die meisten der

Grenzüberschreitungen des 20. Jahrhunderts. Es war die Freiheit, die so lockte, als das Auto kam: Jetzt bist du nicht mehr an Fahrpläne gebunden, sondern kannst jederzeit fahren, wohin du willst. Wer ahnte damals, dass die Massenmotorisierung unsere Städte und das ganze Ökosystem in einen immer härteren Würgegriff nehmen würde?

Das Telefon war der große Isolations-Durchbrecher. Dann kam die Yuppiekultur der 80er Jahre und das Handy. »Wo Freiheit einen Namen hat« lautete eine der Werbekampagnen des Mobilfunkriesen Ericsson. Heute hat man nicht einmal mehr im Wald seine Ruhe vor Anrufern. Freiheit?

Gespräch hinter den Kulissen

Der Einzige, der wirklich immer freier wird, scheint der »Gott« zu sein, in dessen Namen diese Entwicklung vorangetrieben wird. Früher baute man dem Mammon gigantische Fabriken als Babeltürme der Produktionsgesellschaft, die Arbeitskraft verschlangen und Waren herstellten. In der Informationsgesellschaft macht der Markt sich frei von solch primitiven Grenzen, und die Kapitalströme fliegen in Sekundenschnelle um die ganze Welt. Der Turm des heutigen Babel ist ein viel raffinierteres Gebäude, dem schwerer beizukommen ist. Schauen wir einen Augenblick hinter die Kulissen dieses Bauwerks, in einem Abschnitt aus dem Buch *Die Globalisierungsfalle* der deutschen Journalisten Hans-Peter Martin und Harald Schumann. Die Szene ist das Fairmont Hotel in San Francisco, wo sich 1995 die ökonomische Weltelite zu Beratungen traf:

> John Gage, Topmanager bei der US-Computerfirma Sun Microsystems, stößt die Debattenrunde über »Technologie und Arbeit in der globalen Wirtschaft« an. ... »Jeder kann bei uns so lange arbeiten, wie er will, wir brauchen auch keine Visa für unsere Leute aus dem Ausland«, erklärt Gage knapp. Regierungen und deren Vorschriften für die Arbeitswelt seien bedeutungslos geworden. Er beschäftige, wen er gerade brauche, derzeit bevorzugt »gute Gehirne in Indien«,

die so lange arbeiten, wie sie können. Aus allen Erdteilen erhalte die Firma per Computer Bewerbungen, die für sich sprächen. ...

»Mit unserer Effizienz konnten wir den Umsatz seit unserem Beginn vor 13 Jahren von null auf über sechs Milliarden Dollar hochjagen.« Selbstzufrieden wendet sich Gage an einen Tischnachbarn und schmunzelt. »Das hast du längst nicht so schnell geschafft, David.« ...

Der Angesprochene ist David Packard, Mitbegründer des High-Tech-Riesen Hewlett-Packard. Der greise Self-made-Milliardär verzieht keine Miene. Mit hellwachem Verstand stellt er lieber die zentrale Frage: »Wie viele Angestellte brauchst du wirklich, John?«

»Sechs, vielleicht acht«, antwortet Gage trocken. »Ohne sie wären wir aufgeschmissen. Dabei ist es völlig gleichgültig, wo auf der Erde sie wohnen.« Jetzt hakt der Diskussionsleiter, Professor Rustum Roy von der Pennsylvania State University, nach: »Und wie viele Leute arbeiten derzeit für Sun Systems?« Gage: »16.000. Sie sind bis auf eine kleine Minderheit Rationalisierungsreserve.«

Kein Raunen geht da durch den Raum. ... Keiner der hochbezahlten Karrieremanager ... glaubt noch an ausreichend neue, ordentlich bezahlte Jobs auf technologisch aufwendigen Wachstumsmärkten in den bisherigen Wohlstandsländern – egal, in welchem Bereich.

Die Zukunft verkürzen die Pragmatiker im Fairmont auf ein Zahlenpaar und einen Begriff: »20 zu 80« und »tittytainment«.

20 Prozent der arbeitsfähigen Bevölkerung würden im kommenden (21.) Jahrhundert ausreichen, um die Weltwirtschaft in Schwung zu halten. »Mehr Arbeitskraft wird nicht gebraucht«, meint Magnat Washington SyCip. ...

Sun-Manager Gage legt noch einmal nach ...: Die Frage sei künftig, »to have lunch or be lunch«, zu essen haben oder gefressen werden. ... Im Fairmont wird eine neue Gesellschaftsordnung skizziert: reiche Länder ohne nennenswerten Mittelstand – und niemand widerspricht.

> Vielmehr macht der Ausdruck »tittytainment« Karriere, den der alte Haudegen Zbigniew Brzezinski ins Spiel bringt. ... »Tittytainment«, so Brzezinski, sei eine Kombination von »entertainment« und »tits«, dem amerikanischen Slangwort für Busen. Brzezinski denkt dabei weniger an Sex als an die Milch, die aus der Brust einer stillenden Mutter strömt. Mit einer Mischung aus betäubender Unterhaltung und ausreichender Ernährung könne die frustrierte Bevölkerung der Welt schon bei Laune gehalten werden.[1]

Wir erkennen etwas wieder in dieser Elitediskussion. Ein wohlbekannter Schatten liegt über diesen Zukunftsvisionen, ein uraltes Muster lässt sich erahnen in dem digitalen Netzwerk. Die Schlüsselworte sind im Grunde dieselben, aber ihre Intensität wird immer explosiver:

Mehr! Die Grenzüberschreitung führt zu einem weiteren Dogma der westlichen Welt: dass Entwicklung zwangsläufig Wachstum bedeutet. Der Weg nach oben kann auf keinen Fall durch ein »Weniger« verlaufen – außer für die, die unten landen. Für die Oberen, die 20 Prozent der Manager im Fairmont Hotel, gilt die unersättliche Gier nach immer mehr. »Im Griff des Wachstums« ist eine bereits klassische Formulierung der Sucht nach »mehr«, die niemand mehr ernsthaft infrage stellen kann, ohne ausgelacht zu werden. Gewiss, wir dürfen uns über die Gehälter und Kungeleien der Topmanager aufregen, die längst den Kontakt mit der Alltagswirklichkeit verloren haben und ein ähnliches Traumdasein führen wie der französische Sonnenkönig und seine Nachfolger auf ihren Schlössern, bis die Revolution kam. Aber im Ernst bezweifeln, dass das ständige Wachstum wünschenswert, ja überhaupt möglich ist? Und doch tickt sie, die Zeitbombe:

> Die Zeit des Kolonialismus ist nicht vorbei. Die Bürger der reichen Länder sind nach wie vor Kolonisten – ökologisch betrachtet. Sie besetzen einen viel größeren Anteil der Erdoberfläche, als sie völkerrechtlich dürften. Nicht mit der Waffe in der Hand, sondern mit Hilfe von starken Währungen, blitzschnellen Computern und schwerbeladenen Frach-

> tern. Der schmutzige Fußabdruck des reichen Mannes quer über die Weltkarte – das ist ein gutes Symbol für das, was hier geschieht. Die Regeln des intensiven Welthandels werden vom Starken diktiert.[2]

Unser Anspruch auf »Lebensraum« (Hitlers Wort für die Gier nach neuen Territorien) drückt sich heute auf nichtmilitärische Weise aus:

> Wer lebt, ohne größere Naturressourcen zu verbrauchen, hinterlässt nur einen kleinen Fußabdruck; der des Durchschnittsinders beträgt nicht mehr als 0,4 Hektar. Wer dagegen einen großzügigen Lebensstil hat, der sehr viel Rohstoffe und Energie verbraucht, hinterlässt eine breite Spur in der Natur. Für den Durchschnitts-US-Bürger gelten 5,1 Hektar pro Person. Engländer, Deutsche, Dänen und Schweden kolonisieren 3-4 Hektar pro Einwohner.[2]

Was würde wohl passieren, wenn die ganze Welt zu dem amerikanischen Niveau aufschließen würde? Wissenschaftler haben ausgerechnet, dass wir zwei zusätzliche Planeten Erde benötigen würden.

Flexibler! In dem Gespräch im Hotel Fairmont zeigt sich die für unsere Zeit typische Angst vor dem Verwurzelten und Langfristigen. Der springende Punkt bei den ganzen neuen Unternehmensstrukturen heißt maximale Flexibilität. Heute wird der Babelturm nicht mit massiven Steinblöcken erbaut, sondern mit Glasfaserkabeln und Internet-Netzwerken, bei denen alles in Sekundenschnelle Gestalt, Ort und Besitzer verändern kann.

Und dem gleichen Muster folgen wir in unserem eigenen Leben. Unsere *Sachen* sind keine treuen, abgewetzten Begleiter mehr, die wir ein Leben lang schätzen und die uns Stabilität durch alle Veränderungen geben; sie sind Software mit so kurzem Verfallsdatum, wie unsere Wirtschaft es zulässt, ob es nun um Socken oder Sofas geht. Auch die *Ideen* sind Frischwaren, die immer schneller alt werden; der Neuigkeitswert gibt den Ton an – in krassem Gegensatz zur gesamten Geschichte, die Ideen und Wissen danach bewertete, wie bewährt sie waren. Und schließlich werden auch unsere *Beziehungen* immer austauschbarer, ob es nun um Partnerschaft oder den Arbeitsmarkt geht. An die Stelle des alten Wunsches, ein Heim zu gründen und Wurzeln zu schlagen, ist die Angst davor getreten, sich zu schnell zu binden. Und wer verdient wohl an dieser Mobilität, mit ihren immer kleineren und neuigkeitsversesseneren Konsumeinheiten? Der Zukunftsforscher Lorenz Lyttkens konstatiert:

> Dieser Wirbel von Dingen, Ideen und Menschen gibt dem westlichen Menschen ein Antlitz wie aus Flugsand. Er sehnt sich nach Beständigkeit, aber kann dem Reiz der Abwechslung nicht widerstehen. Der Preis für seine Mobilität ist ein zerrissenes Herz.[3]

Schneller! Als der schwedische Rundfunk eine Hörerumfrage durchführte, welches Wort wohl am besten das 20. Jahrhundert beschrieb, wurde dieses Wort der Sieger. Vielleicht ist die Grenze, die uns am stärksten dazu reizt, sie immer wieder zu überschreiten, die Zeit. Es ist eine der zahlreichen Ironien des modernen Babelprojektes, dass wir uns noch nie mit so vielen so genannten Zeit sparenden Geräten umgeben – und noch nie so wenig Zeit gehabt haben. So wie die »Freiheit« uns zu Kauf- und Trend-Automaten gemacht hat, hat uns auch die »Zeitersparnis« mit ihren schönen Versprechungen versklavt. »Just in time« hieß die Losung, mit der einst Toyota die blitzschnelle Kopplung von Nachfrage und Produktion einführte und so ohne teure Lagerbestände auskam. Sie ist zu einem Symbol unserer Zeit geworden. Ablagern und ausreifen – es ist nicht mehr möglich.

Der Stress beginnt heute bereits in Kindergarten und Kindertagesstätte. »Die Kinder haben den Eindruck, dass sie nichts mehr fertig kriegen. Sie schaffen es nicht mehr, fertig zu denken, neue Eindrücke zu verarbeiten oder ihre Ideen zu verwirklichen. Wir Erwachsenen treiben sie dauernd an, alles Mögliche zu tun. Einfach dasitzen und nachdenken ist nicht erlaubt«, sagt Ingrid Westlund in einer Untersuchung der Zeiterfahrung der heutigen Kinder.[4] Wie ein kleines Mädchen es ausdrückt: »Wenn man etwas sieht, ist es auch schon wieder weg.«

Die Schäden beschränken sich nicht auf ein Null-Bock-Gefühl in der Schule. Ingrid Westlund fährt fort: »Der kreative Hang, den viele Kinder haben, droht in unserer tempoversessenen Gesellschaft unterzugehen. Um mithalten zu können, vor allem in der Schule, müssen die Kinder ihre eigenen Projekte und Einfälle liegen lassen. Das ist der Preis, den wir hier zahlen müssen.«

Im Devisenverkehr der Banken finden wir das gleiche Muster für Erwachsene. Originalzitat eines schwedischen Bankers: »Früher konnten wir, wenn etwa Neues kam, uns hinsetzen und die Sache ein, zwei Tage besprechen, bevor wir handelten. Heute werden Geschäfte in Sekunden abgewickelt. Bedenkzeiten gibt es nicht mehr; der Zeitdruck wird immer größer, weil ja die Information überallhin verbreitet wird.«[5]

Effektiver! »Jetzt wird ihnen nichts mehr unerreichbar sein, was sie sich auch vornehmen.« Mit jedem Jahrhundert wird diese Prophetie vom Turmbau zu Babel aktueller. Und so wie für den ersten Turm Berge von Menschen verheizt wurden, erhebt sich die moderne Effektivität auf einem wachsenden Berg von Menschen, die schlicht nicht mehr gebraucht werden. Die Technik macht uns überflüssig. Der Fluch des Turmbaus manifestiert sich in einem makabren Rückstoßeffekt: Unser wachsendes Wissen schlägt am Ende auf unsere eigene Existenz zurück.

Die Jagd nach immer effektiveren Methoden scheint uns auch blind zu machen für die entscheidende Frage, wozu wir das alles überhaupt brauchen. Die moderne Gesellschaft explodiert geradezu vor immer effektiveren Werkzeugen für immer diffusere Ziele. Wir sind so auf die Wahl des Fahrzeugs fixiert, dass wir nicht mehr sehen, wohin die Reise überhaupt geht. Diese Einsicht ist selbst in das Feuilleton der Tageszeitung *Dagens Nyheter* vorgedrungen:

> Es erschreckt mich, dass der Mensch der 90er Jahre so stark von Karin Boyes Zeilen geprägt ist, dass es wohl ein Ziel gebe, dass aber letztlich der Weg das Eigentliche sei. Im Reich der Internetbilder findet man viele Wege, aber wenig Ziel und Sinn. Wir fahren auf einer Straße, die aus kleinen

Stücken unvollständiger Information gebaut ist, aber das Ziel verschwindet hinter dem Straßenrand. Wir erreichen es nie. Das Medium ist alles, die Botschaft ist verloren gegangen.[6] In dem gleichen Maße, wie unser Dasein mit immer effektiveren Methoden gefüllt wird, scheint unser Gefühl zu wachsen, dass wir immer weniger fertig bekommen. Wie kommt es zum Beispiel, dass Schulrektoren immer häufiger das Handtuch werfen und ihre Arbeit nur noch als Frust empfinden? Mit dem Ziel, Schüler zu erziehen, waren sie angetreten – nur um in einem bürokratischen Sumpf aus Budgetfragen und Stellenbesetzungen unterzugehen. Und so mancher Pastor erstickt unter der Last seiner Verwaltungstätigkeit. Geistliche Wegweisung wollte er geben – und muss stattdessen Formulare und Strukturen managen.

Höher! Der Hochmut ist die Innenseite des Babelturmes, das Klettern sein Äußeres. In allen Organisationen scheint es ihn zu geben, den unwiderstehlichen Drang nach oben, den Kitzel, zu dem kleinen Kreis »ganz oben« zu gehören, der alles weiß und alles bestimmt. »Ein Turm, dessen Spitze bis an den Himmel reicht ...« Die Spitze – das ist, wo es schmaler wird, wo nur noch wenige Platz finden. Der Chef von Sun Systems (ist der Name ein Zufall?) berichtet stolz, dass die Spitze des Unternehmens aus sieben oder acht fest Angestellten besteht, die einer anonymen und jederzeit austauschbaren Masse von 16.000 vorstehen.

Wie hatte der Teufel noch gesagt? »Ich will auffahren ...« Und wo der Mensch dies tun und selber Gott werden will, da braucht er – anders als der lebendige Gott – eine Kletterhilfe. Ungefähr wie ein Kind, das genauso groß wie Papa sein möchte: Es muss sich auf etwas – oder jemanden – stellen. Der Weg zur Macht scheint stets über andere Menschen zu verlaufen; wir steigen nach oben, indem wir nach unten hin trampeln. So schafft jedes Klettern eine Unterklasse von ausrangierten, liegen gelassenen, ausgetricksten und ausgenutzten Menschen.

Es gibt vielleicht keine Droge, die so stark und süchtig machend ist wie die Macht, nichts, was unser Gewissen so betäubt und unsere Ideale so verdunkelt. Wie viele Revolutionäre sind auf der Treppe der Macht nicht diskret aus Dienern des Volkes zu seinen neuen Unterdrückern geworden? Je näher zur Sonne man steigt, um so weiter entfernt man sich von der Erde. Zum Schluss verdeckt der hohe Turm die Sonne, und was wird dann aus dem Gras?

Mit Religion läuft alles besser

Wir meinen vielleicht, dass der Turm zu Babel also ein gänzlich unfrommes, von jeglichen religiösen Vorstellungen klinisch reines Gebäude ist. Nichts könnte falscher sein; dieser Turm ist hochreligiös. Bisher hat sich noch immer gezeigt, dass Religion – von der richtigen Sorte und in der richtigen Dosierung natürlich – die Kletterübung viel leichter macht. Erst im 20. Jahrhundert machte man gewisse missglückte Experimente mit rein atheistischen Bauvorhaben, und selbst ein Stalin brauchte die helfende Hand der Kirche. Denn das ist das Kriterium für die Babel-Frömmigkeit: dass sie dem Menschen beim Erklettern des Machtberges hilft.

So hat zu allen Zeiten die Obrigkeit Halt und Legitimation bei den Priestern und im Tempel gesucht. Das Alte Testament wimmelt von Konfrontationen mit dieser Sichtweise, sowohl in Israel selber als auch bei seinen Nachbarn. Baal, Astarte und die anderen kanaanäischen Gottheiten galten kaum als allmächtig, aber mit ihrer Hilfe konnte man sich Macht verschaffen. Mehr Potenz und mehr Kinder, größere Ernten und besseres Kriegsglück. Zu was sonst brauchte man Götter? Sie waren ja dazu da, um uns bei unseren Vorhaben zu helfen. Auf genau der gleichen Linie liegen die Magie und der Okkultismus in all ihren Spielarten. Man lerne die richtige Methode, benutze die richtigen Zauberformeln und Riten – und schwups, bekommt man Macht über das Dasein.

Dies braucht gar nicht einmal die Macht über andere Menschen zu sein. Das Ziel ist vor allem die Macht über das eigene Leben, das Recht, so zu leben und zu denken, dass es meinen Eigeninteressen nützt. Und so suchen wir uns eine Frömmigkeit, die uns dabei hilft, einen Gott, der uns in unserer Selbstverwirklichung voranbringt. Dass man dann irgendwann auch den Kitzel der Macht über andere Menschen entdeckt, folgt das nicht ganz natürlich aus diesem Ausgangspunkt?

Eine solche Religiosität entwickelte sich parallel zur christlichen Kirche und ist ihr seitdem wie ein Schatten durch ihre ganze Geschichte gefolgt. Da ihr Markenzeichen die Betonung der rechten »Erkenntnis« (griech. *gnosis*) ist, ist diese Strömung unter dem Namen *Gnostizismus* bekannt geworden. Es handelt sich bei ihr mehr um eine allgemeine Denkmethode als eine fertige Lehre; die Systeme der antiken gnostischen Lehrer und Sekten konnten sehr unterschiedlich sein. Der Gnostizismus basiert, einfach ausgedrückt, auf zwei Grundannahmen:

Dualismus. Der Mensch lebt in einer ständigen Spannung. Der eine Pol ist das Menschliche/Körperliche/Irdische, das in sich böse und ein Gefängnis ist, aus dem wir befreit werden müssen. Ihm steht gegenüber das Göttliche/Geistliche/Himmlische, das gut ist und zu dem der Mensch sich ausstrecken muss, um sich mit ihm zu vereinigen. Dass Gott in der Inkarnation wahrhaft Mensch wird, ist für den Gnostiker folglich eine Unmöglichkeit, ein Widerspruch in sich.

Elitismus. Die Befreiung aus der Grube des Materiellen hin zu den Höhen des Geistes erfolgt durch verschiedene Formen des Aufsteigens. Da aber aufgrund mangelnder geistiger Voraussetzungen nicht alle Menschen dieses Aufsteigen schaffen, kommt es zwangsläufig zur Bildung einer kleinen Elite besonders Erleuchteter. So unterschieden die Gnostiker des 2. Jahrhunderts je nach Erleuchtungsgrad drei Klassen von Menschen: die »Körperlichen«, die »Seelischen« und die »Geistlichen«.

Der Kirchenvater Irenäus, der 177 n. Chr. Bischof von Lyon wurde, war noch recht nahe dran an der Generation der Apostel. Als junger Mann wurde er stark von Polykarp geprägt, der die Gemeinde in Smyrna leitete und seinerseits ein Jünger des Apostels Johannes war. Gleichzeitig lebte er auf Tuchfühlung mit den gnostischen Lehrern, die ihren großen Durchbruch zu seiner Zeit erzielten und auf hundert Weisen die junge Kirche mit einer Spiritualität beeinflussten, die der christlichen manchmal verwirrend ähnlich sah. In seinem großen Werk *Gegen die Häresien* gibt Irenäus eine gründliche Darstellung der verschiedenen gnostischen Richtungen, denen er das christliche Evangelium gegenüberstellt.

Als Vater des Gnostizismus betrachtet Irenäus den Zauberer Simon, dem die Apostel in Samaria begegneten. Rein historisch kann dies kaum stimmen, da der Gnostizismus sich auf wesentlich ältere Strömungen gründet, die sich nur schwer genau bestimmen lassen. Aber in einem tieferen Sinn verkörpert Simon durchaus das Grundprinzip des Gnostizismus: das Streben nach Macht durch Religion. Lukas berichtet:

> Es war aber ein Mann mit Namen Simon, der zuvor in der Stadt Zauberei trieb und das Volk von Samaria in seinen Bann zog, weil er vorgab, er wäre etwas Großes. Und alle hingen ihm an, klein und groß, und sprachen: »Dieser ist die Kraft Gottes, die die Große genannt wird.« (Apostelgeschichte 8,9-10)

Als Simon mit der Evangeliumsverkündigung der Apostel konfrontiert wird, merkt er, dass hier größere Mächte im Spiel sind als seine eigene Macht. Er nimmt die christliche Lehre an, und als er sieht, wie die Menschen durch das Gebet und die Handauflegung der Apostel den Heiligen Geist bekommen, bietet er den Aposteln Geld an und sagt:

> »Gebt auch mir die Macht, damit jeder, dem ich die Hände auflege, den heiligen Geist empfange.« Petrus aber sprach zu ihm: »Dass du verdammt werdest mitsamt deinem Geld, weil du meinst, Gottes Gabe werde durch Geld erlangt. Du hast weder Anteil noch Anrecht an dieser Sache; denn dein Herz ist nicht rechtschaffen vor Gott. Darum tu Buße für diese deine Bosheit und flehe zum Herrn, ob dir das Trachten deines Herzens vergeben werden könne.« (Apostelgeschichte 8,18-22)

Was war noch das Ziel der Erbauer des Turms zu Babel? »... damit wir uns einen Namen machen« (1. Mose 11,4).

Diese Klettermentalität hat sich als perfekte Brutstätte für Religiosität erwiesen. Simon »gab vor, er wäre etwas Großes«, und als er die Taten der Apostel sieht, entschlüpft ihm in einem unbedachten Augenblick sein zentrales Glaubensbekenntnis: *»Gebt auch mir die Macht.«*

Hier liegt der Kern des Gnostizismus: die Weigerung, sich Gott, der christlichen Lehre oder der Gemeinde unterzuordnen. Aus den finstersten Höhlen des Babelturms echot es zurück: »Ich will auffahren ... und gleich sein dem Allerhöchsten« (Jesaja 14,14). Solange dieses Ziel bleibt, kann der Gnostizismus jede beliebige religiöse Vorstellung und Methode aufnehmen. Die Gnostiker geben dem Aufsteiger-Denken die fehlende geistliche Dimension: Du kannst genauso geistlich werden wie Gott.

Als Beispiel für diese Mentalität berichtet Irenäus über den besagten Simon:

> Und da er noch immer nicht und umso weniger zum Glauben an Gott gekommen war, trat er nun leidenschaftlich in Konkurrenz zu den Aposteln, um ebenfalls berühmt zu werden. Er ließ sich noch intensiver auf die gesamte Magie ein, so dass er viele Menschen in Staunen versetzte. Und er soll für seine magischen Künste vom Kaiser Claudius, in dessen Regierungszeit er ja lebte, durch ein Standbild ausgezeichnet worden sein. Er wurde also von vielen wie ein Gott verherrlicht. Er lehrte, er sei es, der bei den Juden als Sohn erschienen, in Samaria aber als Vater herabgestiegen und zu den übrigen Völkern als heiliger Geist gekommen sei. Er sei die erhabenste Kraft, das heißt derjenige, der als Vater über allem steht, und er lasse sich von den Menschen mit allen Namen rufen, die sie wollen.[7]

Es ist leicht, dies als typischen Fall bedauernswerten religiösen Exzentrikertums und Wahnsinns abzutun. Wenn es nur so einfach wäre! Aber aus diesen trüben Quellen sind im Laufe der Geschichte immer neue Ströme geflossen, die gerade so wie der Babelturm ständig neue Gestalten annehmen und neue Sprachen sprechen. Der Gnostizismus gibt Babel die geistliche Legitimierung: Es gibt keine absoluten Grenzen, der Mensch kann selber Gott werden. Frei von den ethischen und lehrmäßigen Grenzsteinen der Bibel ist so die perfekte Aufsteiger-Religiosität entstanden: Es kann dir keiner vorschreiben, was du zu glauben oder wie du zu leben hast; du schaffst dir deine eigene Welt!

Irenäus schildert, wie raffiniert der Gnostizismus den Menschen seiner moralischen Verantwortung enthebt:

> Deshalb ist für uns [Christen] auch eine gute Lebensführung notwendig, erklären sie, denn Rettung ist anders (für uns) nicht möglich. Sie selbst werden allerdings ... nicht auf ihre Lebensführung hin, sondern aufgrund der Tatsache, dass sie von Natur aus pneumatisch sind, auf alle Fälle das ganze Heil erlangen. Denn wie das Choische [Materielle] unmöglich Anteil am Heil haben kann, weil es, sagen sie, dafür unempfänglich ist, so kann andererseits das Pneumatische, das sie selbst sein wollen, unmöglich mit Untergang zu tun haben, ganz gleichgültig, welches Leben sie geführt haben. Denn genau wie das Gold seine Schönheit nicht verliert, wenn man es in den Kot wirft, ... so leiden auch sie keinen Schaden und verlieren nicht ihr pneumatisches Wesen, auch wenn sie ein noch so materielles Leben führen.[8]

Die logische Konsequenz ist eine Frömmigkeit, die sich jedem beliebigen Lebenswandel anpasst: »... weil, was man tut, nur in der Meinung der Menschen schlecht oder gut ist.«[9] Kein Wunder, dass der Gnostizismus heutzutage so attraktiv erscheint, dass er bisweilen als die neue Weltreligion im Gespräch ist. Exakt wie im Pluralismus des späten Römerreiches braucht man sich nicht mehr damit zu belasten, ob das, was man tut, »recht« oder »unrecht« ist.

Und auch lehrmäßig gibt es für die Gnostiker keine Schranken. Irenäus beschreibt ihren Umgang mit den christlichen heiligen Schriften:

> Liest man ein und dieselbe Stelle vor, dann ziehen sie alle die Augenbrauen hoch, schütteln den Kopf und sagen, diese Stelle habe eine sehr tiefe Bedeutung, und nicht alle könnten den großartigen Sinn, den sie enthält, begreifen, und deshalb sei Schweigen die wichtigste Sache bei den Weisen. ...

> So machen sich alle davon, gleich, wie viele sie sind, tragen so großartige Meinungen über ein und dieselbe Schriftstelle bei sich und nehmen im Verborgenen ihre Spitzfindigkeiten mit. ... widerlegen sie sich selbst, da sie nicht richtig denken können und über dieselben Worte der Schrift nicht einig werden.[10]

Vielleicht ist Irenäus nicht nur polemisch, wenn er meint, dass die gnostischen Lehren bloße Produkte menschlicher Einbildung sind.[11] Es ist vielleicht kein Zufall, dass gnostisches Gedankengut sich eines wachsenden Einflusses erfreut in unserer heutigen so therapeutisch geprägten Gesellschaft, in der die entscheidende Frage nicht mehr lautet: »Ist dies wahr?«, sondern: »Wie empfinde ich das?«

Im Turm zu Babel gibt es kein objektives »recht« oder »unrecht«, »wahr« oder »falsch« mehr, sondern hier schreibt der Mensch seine eigenen Gesetze, je nachdem, was ihm und seinen Vorhaben nützt. Mit seinem großen NEIN gegen Gott scheint er sein Vermögen, nein zu sagen, gleichsam erschöpft zu haben. Es gibt keine Grenzen mehr: Er arbeitet nie genug, verdient nie genug, besitzt nie genug, weiß nie genug, ist nie genügend gesund oder schön, erlebt nie genug, wird nie genügend bewundert und hat nie genug Macht.

Der Mensch hat sich auf Gottes Platz gesetzt. Um ihn herum öffnet sich der leere Abgrund.

Ohne Grenzen

Warum ist Karin nicht glücklich?

Karin hatte sehr liebevolle Eltern. »Sie haben alles für ihre Tochter getan« – dieses Klischee drängte sich förmlich auf, wenn Karin an ihre Kindheit zurückdachte. Sie überschütteten sie mit Geburtstagsgeschenken, kutschierten sie unermüdlich zu ihren Freundinnen und diversen Terminen, interessierten sich für das, was sie in der Schule, beim Klavierunterricht und im Sport machte, hielten ihren Kleiderschrank wohlgefüllt.

Als sie größer wurde, merkte sie, dass sie damit ihre eigene, ärmliche Kindheit ausgleichen wollten (»Unser Kind soll es einmal besser haben als wir«), und manchmal fragte sie sich, ob das der Grund dafür war, dass sie sich nicht so glücklich und dankbar fühlte, wie sich das eigentlich gehörte. Sie schenkten diese Dinge ja gewissermaßen nicht ihr, sondern sich selber – nachträglich.

Sie schimpften nie mit ihr. Es gab keinerlei Regeln, was ging und was nicht ging und wann sie abends wieder zu Hause zu sein hatte. Da es keine Regeln gab, musste sie sich auch nie dafür verantworten, dass sie sie gebrochen hatte. Stattdessen hatte sich im Laufe der Jahre ein gewisses stummes Einverständnis zwischen ihr und ihren Eltern eingespielt. Kam sie zum Beispiel samstagabends viel zu spät nach Hause, fragten ihre Eltern sie nie, wo sie so lange gewesen war. Dafür war im Wohnzimmer jene gequälte Stille: Mutter las ein Buch, Vater saß vor dem Fernseher, und wenn Karin sagte: »Entschuldigt, heute ist es ein bisschen spät geworden«, antwortete Mutter prompt: »Ach, das macht nichts.«

Worauf Karin unfehlbar jenen Kloß im Magen bekam (*Aha, jetzt sind sie wieder sauer auf mich!)*, den sie dann tapfer zu verdrängen suchte, damit er ihr nicht schon wieder den Spaß, den sie am Abend gehabt hatte, nachträglich kaputt machte. Einmal hatte sie ihre Eltern geradeheraus gefragt: »Ist es euch nicht recht, wenn ich abends so lange aus bin?« Aber nur einmal. Sie hatten sie mit diesem bewussten Blick angeschaut und gesagt: »Aber Karin, du weißt doch, dass wir dir alle Freiheit lassen; du machst das schon richtig.« Sie hatte mehrere Wochen gebraucht, um dieses »Gespräch« zu verdauen.

Als Karin heiratete, wurde sie eine rührige Hausfrau. Die Freunde und Nachbarn sangen Loblieder auf ihr gutes Essen und ihre Gastfreundschaft. Das Haus war stets blitzblank. Ihr Mann bot ihr an, die Hausarbeit mit ihr zu teilen, aber sie kam sich unnütz und frustriert vor, wenn sie nicht den Hauptteil erledigte. Wenn zu Hause etwas nicht stimmte oder jemand über etwas klagte, wusste sie instinktiv, dass das nur an ihr liegen konnte.

Viele Jahre vergingen, bevor sie entdeckte, dass dies genau jener Kloß im Magen war, den sie verspürt hatte, wenn ihre Eltern etwas an ihr missbilligten, es aber nicht offen sagen wollten. So eine unsichtbare Hand, die sie nach unten zog und ihr in null Komma nichts alle Kraft und Lebensfreude raubte.

Es kam schließlich so weit, dass sie kaum noch Gäste zu sich einlud, um diesem Untauglichkeitsgefühl aus dem Weg zu gehen; sie war schon müde, bevor sie kamen. Auch auf der Arbeit wuchsen die Probleme. Sie kam oft in Konflikt mit ihrem Chef, der, wie sie fand, das Unmögliche von ihr erwartete. Wenn auf einer Personalversammlung jemand irgendetwas im Büro monierte, fühlte sie sich sofort schuldig. Bald machte sie auch dann Überstunden, wenn das gar nicht nötig war, aber das Gefühl, »nicht gut genug« zu sein, blieb. Sie kam gut aus mit ihren Kollegen, ja, sie war sehr beliebt, weil sie so charmant und zuvorkommend war. Aber der Berg der Lasten zu Hause und in der Firma wurde unerbittlich höher ...

Wie es mit Karin weiterging, kann der lebenserfahrene Leser sich sicher selber ausmalen. Die Geschichte ist erfunden, aber sie basiert auf der Erfahrung vieler Menschen, wie ein Leben ohne Grenzen zu einer unerträglich schweren Last werden kann. Schwer gerade deshalb, weil die fehlenden Grenzen *alles andere* so übermächtig schwer machen. Die Anforderungen und Bedürfnisse von Karins Umgebung sind buchstäblich grenzenlos geworden; wie ein Wasserfall ergießen sie sich in das Seelenleben der Armen, die nie den Unterschied zwischen ja und nein gelernt hat.

Denn mit diesen beiden Grundbausteinen – *ja* und *nein* – formt sich die Identität eines Menschen, und sie erhalten ihre Bedeutung im Zusammenspiel mit der Umgebung. Auf die allumfassende Daseinssymbiose des Säuglings folgt ein langsamer, mühevoller Prozess der Grenzziehung zwischen dem Ich und der Umwelt. Ich bin nicht dasselbe wie der Teddybär, wie Mama, wie Papa ... Das Kind übt sich darin, zu den verschiedensten Dingen ja und nein zu sagen, und es spiegelt sich im Ja und Nein der Eltern. Wille steht gegen Willen, und in der Begegnung mit den Reaktionen der Eltern wachsen nach und nach Identität und Selbstgefühl. *Ja:* Ich bin das Kind von Ulla und Johann Petersson; ich bin ein Junge und mag Tiere, Schokoladeneis und flotte Musik. *Nein:* Ich gehöre nicht zur Familie Bergström, ich bin kein Mädchen und mag keine Fischstäbchen, keine Schwimmstunden und keine Bekleidungsgeschäfte.

Das Ja und Nein der Eltern hat einen enormen Einfluss auf diesen Prozess. Die Seiten des Kindes, die die Eltern bejahen, entwickeln sich meistens kräftig. »Wie toll du das Klavierstück gespielt hast ... Unser Sohn ist immer so fröhlich ... Das war schön, wie du deiner kleinen Schwester geholfen hast ...« Die Dinge dagegen, auf die die Eltern – ob nun mit scharfen Worten oder ausweichendem Schweigen – negativ reagieren, landen in der Rubrik »abgelehnt«: »Wenn du so böse bist, machst du Mama ganz traurig ... Du machst ja alles schmutzig mit deiner Knete ... Als ich klein war, hab ich nie Bücher gelesen ...« Mit unerhörter Sensibilität nimmt das Kind diese Signale auf, verarbeitet sie unbewusst und tastet sich so zu einem Verhalten vor, das ihm die maximale Resonanz auf sein tiefstes Bedürfnis gibt: Habt mich lieb!

In Karins Fall wollten die Eltern – natürlich – das Beste für ihre Tochter, und nachdem sie selber mit Verboten aufgewachsen waren, wollten sie ihr größtmögliche Freiheit spendieren. Also nahmen sie die Grenzen weg – weil das doch lauter *Verbote* waren.

Sie übersahen dabei völlig, dass es bei den Grenzen um viel mehr als um Verbote geht; es geht vor allem darum, dass die anderen Notiz von mir nehmen, auf das, was sie bei mir sehen, reagieren. Und wenn diese Reaktionen undeutlich sind, führen sie nicht zu Freiheit, sondern zu Verunsicherung. Wer bin ich eigentlich? Tauge ich zu etwas? Mache ich es richtig oder falsch?

Ein Kind, das andauernd raten muss, was seine Eltern *eigentlich* meinen, empfängt doppeldeutige Signale; die Wahrheit steht nie in den Zeilen, sondern zwischen ihnen. Die Botschaft »Du bist in Ordnung, so wie du bist« wird interpretiert als: »Du bist eine Niete.« Das ist so ähnlich, als wenn ein Kunstlehrer sich weigert, die Zeichnungen seines Schülers zu beurteilen, und sagt, sie seien alle gut. Der Schüler weiß natürlich, dass sie nicht alle gleich gut sind, und die Folge ist, dass er in seiner Arbeit verunsichert wird.

Und diese Unsicherheit prägt nicht nur unser Selbstbild, sondern auch unsere Beziehungen zu unseren Mitmenschen. Indem sie von ihrer Tochter nichts Konkretes einforderten, wollten die Eltern ihr die Freiheit geben, die sie selber nie gekannt hatten – mit der Folge, dass sie sich nie frei fühlte, nie den Eindruck hatte, »genug« getan zu haben. Sie konnte noch nicht einmal gegen ihre Eltern aufbegehren, denn sie waren ja immer so nett ...

Anstelle von deutlichen Grenzen hatte diese Tochter in ihrem Leben einen diffusen Nebel unausgesprochener Erwartungen, der alle ihre Beziehungen durchdrang und ständig neue Missverständnisse und Konflikte schuf, da sie ja nie die Grenze zwischen ihrem eigenen Aufgabenbereich und dem der anderen sehen konnte. Mit ihrer fixen Idee, dass sie Karin verraten würden, wenn sie je nein zu ihr sagten, impften ihre Eltern ihr ein: Wenn du zu dem anderen nein sagst, lässt du ihn im Stich. Also sagt Karin nie nein; ihr Bedürfnis nach Anerkennung ist buchstäblich grenzenlos.

Dass Karin so unter ihrer Situation leidet, liegt im Tiefsten daran, dass man sie auf eine Art behandelt hat, die nicht dem entspricht, was *sie im Tiefsten ist.* Der Mensch ist nicht konturlos geschaffen. »Und Gott schuf den Menschen zu seinem Bilde, zum Bilde Gottes schuf er ihn; und schuf sie als Mann und Frau« (1. Mose 1,27). Der Gott, von dem die Bibel spricht, ist alles andere als konturlos. Wir können seine Eigenschaften in der Schöpfung ablesen, in der jahrtausendealten biblischen Geschichte und vor allem in Jesus von Nazareth, der das endgültige, eindeutige Zeichen dafür ist, wozu Gott ja und wozu er nein sagt. Zu Gottes Bild geschaffen sein – das bedeutet, eine deutlich ausgearbeitete Identität zu haben, mit deutlichen Konturen zwischen Ja und Nein, zwischen Ich und Du.

Wenn unsere Umgebung diese Konturen verwischt, leiden wir und tun uns schwer, Beziehungen zu Gott und zu unseren Mitmenschen zu entwickeln. Wenn andere unsere Grenzen verletzen, können wir schließlich mit einem Zorn reagieren, der so tief ist, dass er oft nicht nur unsere Umgebung, sondern auch uns selber schockiert. Es geht ja hier darum, dass ich in meiner ganzen Existenz in Frage gestellt werde!

Wir finden ein Beispiel für diesen Zusammenhang in einem der meistgeliebten Gebete der Bibel, dem Psalm 139. Er beginnt mit einer einfühlsamen Beschreibung von Gottes liebevoller Nähe, seinem stillen Respekt vor mir, seiner Vertrautheit mit dem, was ich zuinnerst bin: »Von allen Seiten umgibst du mich und hältst deine Hand über mir. ... Wohin soll ich gehen vor deinem Geist, und wohin soll ich fliehen vor deinem Angesicht? Führe ich gen Himmel, so bist du da; bettete ich mich bei den Toten, siehe, so bist du auch da. ... Denn du hast meine Nieren bereitet und hast mich gebildet im Mutterleibe. ... Deine Augen sahen mich, als ich noch nicht bereitet war ...«

Bevor mein Vater und meine Mutter mich sahen, mit all den Projektionen ihrer eigenen Fehler und den Problemen, die dies mit sich bringt, sah Gott mich so, *wie ich wirklich bin.* Dieses Wissen um meine innerste Identität trägt Gott mein ganzes

Leben lang in seinem Herzen, als unerschütterlichen Anker gegen alle Verletzungen meiner Grenzen.

Deshalb liegt eine tiefe Logik in dem so plötzlichen Ausbruch am Ende dieser innigen Meditation: »Ach Gott, wolltest du doch die Gottlosen töten! Dass doch die Blutgierigen von mir wichen! ... Sollte ich nicht hassen, Herr, die dich hassen, und verabscheuen, die sich gegen dich erheben? Ich hasse sie mit ganzem Ernst; sie sind mir zu Feinden geworden.« (Psalm 139,19-22)

Genauso stark wie die Liebe zu dem, der mich sieht und meine Grenzen achtet, wird mein Hass auf den, der mich kränkt und meine Grenzen niedertrampelt. Die »Blutgierigen« kommen in vielerlei Gestalt, aber alle wollen sie mein Leben auslöschen. Indem sie Gott verachten, verachten sie ja den, der mich geschaffen hat und mich liebt. Und so steigen der Zorn auf die Gottesleugner und der auf die Mörder aus der gleichen Quelle: der Verteidigung meines Existenzrechtes.

Wie viel von dem tiefen Zorn im Leben eines Menschen, ja unserer ganzen Gesellschaft mag auf solchen Grenzverletzungen beruhen? Wie viel von dem besinnungslosen Hass kommt daher, dass jemand unsere Zäune niedergetrampelt und heiligen Boden geschändet hat? Da steht ein Halbstarker nach Alkohol an und wird abgewiesen – zum tausendsten Mal in seinem Leben. Der Alkohol hat die normale Hemmschwelle fortgerissen, und so geht der Junge und holt eine Schrotflinte mit abgesägtem Lauf. Als der Richter ihn fragt, warum er das gemacht hat, antwortet er: »Der hat mich so angeguckt.«

Oder genauer gesagt: Er hat mich nicht angeguckt. Der Blick des Mannes hinter der Theke hat dem Täter das Gleiche gesagt wie alle anderen Blicke, die ihn seit seiner Kindheit getroffen haben: »Verschwinde!« Eigentlich solltest du gar nicht leben, du hast kein Recht, zu existieren. Und dieses Mal ist das Fass übergelaufen. Bevor wir unser Urteil fällen über jemanden, der zum Mörder wurde, weil man ihm kein Bier verkaufen wollte, sollten wir uns fragen, was diese Geschichte uns über unsere Grenzen sagt.

Hier ist ein wichtiger Zusammenhang zwischen dem, was ich bin, und dem, was ich tue, zwischen der Grenze von dem, was ich bin, und von dem, was ich tun darf. Es gibt vor allem zwei Gruppen von Menschen, die unfähig sind, recht zu leben: die Asozialen im Keller der Gesellschaft und die Diktatoren und anderen Großen, denen die Macht zu Kopf gestiegen ist. Der Mord am Alkoholausschank und die Schwindel erregende Abfindungssumme für den geschassten Manager dokumentieren das Gleiche: Die Grenze ist fort. Die »Underdogs« haben die Grenze dadurch verloren, dass sie ständig niedergetrampelt worden sind: Du bist nichts wert! Ein deutliches Beispiel sind viele Prostituierte, die als Kinder sexuell missbraucht wurden. »Die Leute trampeln ja sowieso auf mir rum, da kann ich auch auf den Strich gehen!« Und die Machtmenschen haben die Grenzen in der anderen Richtung niedergerissen und halten sich für allmächtig und unentbehrlich.

Beide Gruppen – die, die »nichts« sind, und die, die »alles« sind – sind zum Schluss zu allem fähig. Nur die Menschen zwischen diesen Polen, mit ihrem Alltag des »ziemlich« und »teils – teils«, scheinen die Fähigkeit zu besitzen, Grenzen für ihr Leben und damit für ihr Handeln zu sehen.

Die Grenze ist ein Stück Paradies. Es geht ein gefährliches Märchen durch die Lande: dass Gott Grenzen und Verbote erst nach dem Sündenfall geschaffen habe, als Notlösung, um die gefallene Schöpfung im Zaum zu halten. Nach diesem Mythos ist die Grenze eine Strafe, ein notwendiges Übel für eine Menschheit, die nicht mit der Freiheit umgehen kann. Und der Mythos geht weiter: In Jesus, der den gefallenen Menschen wieder aufgerichtet hat, sind diese Grenzen und Verbote aufgehoben, denn jetzt ist der Mensch ja eine neue Schöpfung.

Das stimmt einfach nicht. »Und Gott der Herr nahm den Menschen und setzte ihn in den Garten Eden, dass er ihn bebaute und bewahrte. Und Gott der Herr gebot dem Menschen und sprach: Du darfst essen von allen Bäumen im Garten, aber von dem Baum der Erkenntnis des Guten und Bösen sollst du nicht essen; denn an dem Tage, da du von ihm isst, musst du des Todes sterben« (1. Mose 2,15-17). Da es zur Identität des Menschen gehört, ja und nein sagen zu können, wird ihm von Anfang an die Möglichkeit anvertraut, eine Grenze zu überschreiten, und die Konsequenzen seiner Wahl sind unerhört.

Dass dieses Verbot um den Baum der Erkenntnis kein Trick Gottes war, um die Menschen unmündig zu halten, zeigte Gott, als er »alle die Tiere auf dem Felde und alle die Vögel unter dem Himmel« machte »und brachte sie zu dem Menschen, dass er sähe, wie er sie nennte; denn wie der Mensch jedes Tier nennen würde, so sollte es heißen« (1. Mose 2,19). Gott gibt dem Menschen die Freiheit und Verantwortung, die Schöpfung zu erforschen und seine Intelligenz und Kreativität zu gebrauchen, um sein Wissen zu erweitern und Kultur zu schaffen.

Aber mitten darin also eine Grenze: bis hierhin und nicht weiter. Von Anfang an steht sie da, gleichsam als Markierung des grundlegenden Unterschieds zwischen Gott und dem Menschen. Mensch sein bedeutet Grenzen haben – die Begrenzung des Geschöpfs gegenüber seinem Schöpfer. Durchbrechen wir diese Grenzen, werden wir nicht menschlicher, sondern unmenschlich.

Eine feministische Autorin beschreibt den Traum der modernen Gesellschaft mit diesen Worten: »... der Traum von der total freien Wahl, dem Leben ohne Grenzen, wo alle Möglichkeiten offen sind und es keine Restriktionen für die Entwicklung des Einzelnen gibt.«[12] Was hier beschrieben wird, ist nicht der Mensch, sondern Gott. Allein Gott hat totale, unbegrenzte Freiheit. Wo der Mensch aus seiner Begrenzung auszubrechen versucht, wird er erfahrungsgemäß nicht zum Gott, sondern zum Teufel.

Von Gott geprägt

Die Welt gehört Gott, nicht dem Menschen. Darum gibt es Grenzen, darum können wir nicht alles tun, was wir wollen. Wie der geistliche Autor Stanley Jones schreibt: Der Mensch breche nicht Gottes Gesetze, er zerbreche an ihnen. Die gesamte Schöpfung, in der wir leben, ist in Zeit und Raum auf milliardenfache Weise von gottgegebenen Grenzen durchzogen:

»Du hast [den Wassern] eine Grenze gesetzt, darüber kommen sie nicht und dürfen nicht wieder das Erdreich bedecken« (Psalm 104,9).

Wenn der Mensch in dieser Situation plötzlich aufsteht und Freiheit ohne Grenzen beansprucht, kann dies nur zur Katastrophe führen. Nicht die Grenze ist das Hindernis für die Freiheit des Menschen, sondern sein Unvermögen, die Grenze zu respektieren. In dem Augenblick, wo er sie überschreitet, wird er zum Sklaven: »Verflucht sei der Acker um deinetwillen! Mit Mühsal sollst du dich von ihm nähren dein Leben lang. Dornen und Disteln soll er dir tragen, und du sollst das Kraut auf dem Felde essen. Im Schweiße deines Angesichts sollst du dein Brot essen, bis du wieder zu Erde werdest, davon du genommen bist.« (1. Mose 3,17-19)

Ein Verbot um der Freiheit willen? Der bloße Gedanke ist ein Messer ins Mark des Babel-Projekts. Aber genauso vollzieht sich in der Bibel das Entstehen von Grenzen. Die deutlichen Grenzlinien zeigen, dass Gott den Menschen *sieht*, dass er seinen freien Willen ernst nimmt: Dein Ja oder Nein hat Konsequenzen. Darin liegt unsere Größe, nicht unsere Erniedrigung.

Doch die alte Schlange, die ständig versucht, die Wahrheit umzudrehen, zischt hasserfüllt gegen die Grenze an, die sie nicht ertragen kann. Beim Auszug der Israeliten aus Ägypten kriecht sie mit, und als in der Wüste der Proviant knapp wird, findet sie offene Ohren für ihr Gottesbild: »Der Herr ist uns gram; darum hat er uns aus Ägyptenland geführt, dass er uns in die Hände der Amoriter gebe, um uns zu vertilgen« (5. Mose 1,27).

Warum will Gott uns befreien? Um uns in ein religiöses Regelsystem einzusperren und neu zu Sklaven zu machen? Oder damit wir als freie Menschen leben können? Warum gibt er gerade dem aus der Sklaverei befreiten Volk die Zehn Gebote? Führen Verbote den Menschen nicht geradewegs in seine Unfreiheit zurück?

Man beachte den engen Zusammenhang zwischen Befreiung und Gebot: »Ich bin der Herr, dein Gott, der ich dich aus Ägyptenland, aus der Knechtschaft, geführt habe. Du sollst keine anderen Götter haben neben mir« (2. Mose 20,2-3). Ich habe euch befreit – deswegen kommt das Verbot. *Es ist dazu da, euch in der Freiheit zu bewahren und eine neue Sklaverei zu verhindern.*

Frei sein kann der Mensch nur in der Beziehung zu Gott. Alles hängt am ersten Gebot: »Du sollst keine anderen Götter haben neben mir.« Dostojewski hat dies auf die klassische Formel gebracht: »Wenn es Gott nicht gibt, ist alles erlaubt.« Allein in der Beziehung zu dem Grenzenlosen bekommen unsere Grenzen eine Bedeutung. Ist diese Beziehung nicht mehr da, sind sie nur noch lästige Hindernisse für unsere Selbstverwirklichung.

Wo die Flamme der Anbetung erlischt, wird es dunkel in der Welt. Wo der Mensch selber Gott werden will, duckt sich die Schöpfung vor der Aussicht, nur noch Rohmaterial für sein Selbstverwirklichungsstreben zu sein. Selbst dort, wo solche Ausbeutung im Namen Gottes geschieht, verrät sie, dass der Mensch seinen Platz als Anbeter verlassen hat.

So baut auch das erste Gebet der Christenheit, das Vaterunser, auf der ersten Bitte auf: »Geheiligt werde dein Name.« Hier verläuft die alles entscheidende Grenze, eine Zone der stillen Anbetung vor dem Heiligen, das Anhalten vor der Sphäre des anderen, in die ich nicht eindringen darf. In dieser Bitte liegt die ganze Ehrerbietung und Demut vor allem Lebenden, die alle anderen Grenzen durchdringt. Der Schutz vor dem »unbefugten Betreten«.

Im Gebet entdecken wir zutiefst, was es bedeutet, gesehen und respektiert zu werden, und lernen es, den anderen zu sehen und zu respektieren. Die Beziehung zu Gott ist das Modell für alle anderen Beziehungen, so wie die Speichen eines Rades von der Nabe zusammengehalten werden.

Nimmt man aber die Nabe weg, beginnen die Speichen wirr in alle Richtungen zu gehen und können den Wagen nicht mehr tragen. Wenn Gott uns nicht mehr heilig ist, kommt ein Erdrutsch in allen unseren Beziehungen in Gang – erst langsam, dann immer schneller, bis zum Schluss nichts mehr heilig ist. Wenn Gott nicht mehr Gott sein darf, kann der Mensch nicht mehr Mensch sein.

Das Wesen Gottes ist dem Menschen von der Schöpfung her in seiner tiefsten Schicht eingeprägt. Im Laufe der Geschichte hat man unzählige Versuche unternommen, diesen »Gottesstempel« aus dem Menschen auszuradieren – oft im Namen des aufgeklärten, »mündigen« Menschen. Aber früher oder später gerät die Demontage der scheinbar so äußerlichen Verbote und Wertungen in Konflikt mit dem Tiefsten in unserem Wesen. Wie Paulus schreibt:

> Denn wenn Heiden, die das Gesetz nicht haben, doch von Natur tun, was das Gesetz fordert, so sind sie, obwohl sie das Gesetz nicht haben, sich selbst Gesetz. Sie beweisen damit, dass *in ihr Herz geschrieben ist, was das Gesetz fordert,* zumal ihr Gewissen es ihnen bezeugt, dazu auch die Gedanken, die einander anklagen oder auch entschuldigen – an dem Tag, an dem Gott das Verborgene der Menschen durch Christus Jesus richten wird. (Römer 2,14-16)

Gottes Grenzen sind also kein fremdes Diktat, das uns Menschen von außen aufgedrückt wird, sondern sie sind in unser tiefstes Wesen hineingeschrieben, und der Jüngste Tag wird dieses tiefe Zusammenspiel offen legen. Was ich ganz tief drinnen als das Richtige erkannt hatte, war auch das, was Gott von mir verlangte. Je treuer ich dieser tiefsten menschlichen Schicht bin, um so deutlicher gestalte ich die Grenzen, die Gott in seine Schöpfung gezeichnet hat. Das Überfahren der roten Signale in meinem Herzen endet immer damit, dass ich meine Mitmenschen überfahre: »So ist der Weg der Ehebrecherin: sie verschlingt und wischt sich den Mund und spricht: Ich habe nichts Böses getan« (Sprüche Salomos 30,20).

»Wir lernten das Hassen«

Daher beruht alle Ungerechtigkeit darauf, dass die inneren Schranken niedergerissen sind. Dies kann bewusst oder unbewusst geschehen. Ein Gebiet, auf dem die Menschen im Laufe der Jahrtausende ein geradezu professionelles Geschick zum systematischen Durchbrechen der inneren Sperren entwickelt haben, ist die Gewalt. Ein ehemaliger amerikanischer Marinesoldat schreibt:

> Es heißt, dass der schwerste Job für die Armee nicht darin besteht, die Rekruten dazu zu bringen, den Tod zu riskieren, sondern in ihnen den so tief verwurzelten Widerwillen gegen das Töten von Menschen, die sie nicht kennen und nicht hassen, zu zerbrechen. Das Ergebnis ist eine Gesellschaft, in der Millionen Menschen es gelernt haben, eine Grenze zu überschreiten.[13]

Die dazu benutzten Methoden sind ausgeklügelt und wohldokumentiert. Ein junger weißer Südafrikaner aus gutbürgerlichem Hause berichtet, wie er durch die sechsmonatige Mühle der Militärausbildung geschoben wurde:

> Das Erste war, dass sie uns zerbrachen – all das auslöschten, was wir bisher gewesen waren, um uns anschließend zu Tötungsmaschinen machen zu können, die bereit wären, alles für ihr Land zu tun ... Hatten wir zum Beispiel unser Gewehr nicht gereinigt, mussten wir stundenlang in voller Montur durch die Gegend springen, und wenn wir vor Erschöpfung umfielen, traten sie uns und wir mussten von vorne anfangen.[14]

Erst viel später erkannte er, wie durchdacht das alles war. Die permanente Erniedrigung schuf in diesen jungen Soldaten einen Hass, den ihre Offiziere sodann in die gewünschte Richtung lenken konnten. Auf diese Weise wurde ihre ganze Fähigkeit zu normalen Beziehungen zerstört: »Ich glaube, damals hat keiner von uns eine funktionierende Beziehung gehabt. Die Frauen mieden uns wie die Pest. Mehrere Kameraden erzählten, dass sie im Wochenendurlaub ihre Mädchen geschlagen hatten. Dass sie sie mit all ihrer geballten Aggressivität von sich gestoßen hatten.« Es waren die schwarzen Frauen in den Kriegszonen, die diese Zerstörung des normalen Liebesvermögens schließlich ausbaden mussten.

Eine Psychologin, die die Ausbildung von Folterern in Griechenland unter dem Militärregime von 1967-74 untersucht hat, kommt zu dem Resümee:

Jemandem weh zu tun, ist verboten. Übertritt man dieses Verbot, hebt man damit seinen Wert auf und geht weiter, denn es ist schwierig, eine Grenze, die einmal überschritten worden ist, wieder aufzurichten. Die Übertretung eines Verbotes korrumpiert den Betreffenden, so dass auch andere Verbote ihren Wert verlieren. Auf diese Weise wird die Seele der Täter dauerhaft geschädigt.[15]

Eine fundamentale Grenze in allen Kulturen ist traditionell die zwischen Kindern und Erwachsenen. Es ist lebenswichtig, dass Kinder Kinder sein können und erst dann, wenn sie seelisch reif dazu sind, Schritt für Schritt in die Erwachsenenwelt hineingeführt werden. Erst das Spielen, dann der Ernst des Lebens, und das Spielen ist genauso wichtig wie der Ernst! Doch heute wird die Grenze zum Erwachsensein unerbittlich nach unten gedrückt; die Welt der Kindheit schrumpft zu einem ungeduldigen Minimum, bevor der Sprung in die coole große Welt erfolgt.

Eine Hauptrolle in dieser Grenzzerstörung spielt das Fernsehen. Die Eltern können ihre Kinder nicht mehr vor der so genannten Erwachsenenwirklichkeit abschirmen, die klugen alten Tabugrenzen funktionieren nicht mehr. Die Werbung richtet sich gezielt auf die Kinder, und dies aus drei strategischen Gründen: 1. Sie sind bereits Konsumenten. 2. Sie regen ihre Eltern zum Kaufen an. 3. Sie sind die Konsumenten der Zukunft. Eine junge schwedische Mutter, Liisa Svensson, schreibt über ihren Kampf, die Grenzen ihrer Kinder zu schützen:

Wir haben keinen Fernseher. Ich habe ihn vor ein paar Jahren abgeschafft und komme bestens ohne aus. Auch die Kinder vermissen ihn nicht. Dagegen haben viele Menschen aus meiner Umgebung sich verwundert, ja bestürzt gezeigt, dass ich »meinen Kindern die Wirklichkeit vorenthalte«. Ich finde, dass die Wirklichkeit meiner Kinder nichts mit dem zu tun hat, was im Fernsehen gezeigt wird, ja dass das Fernsehen den Vorschul- und jüngeren Schulkindern das Recht auf die Wirklichkeit wegnimmt. Auf ihre eigene Wirklichkeit nämlich. Die Wirklichkeit, in der die Kinder selber aktive Teilnehmer und nicht bloß passive Zuschauer sind ...

Die Seifenopern haben sich zu den Lieblingssendungen der Kita-Kinder entwickelt. Mit rasendem Tempo werden die Kinder in die Erwachsenenwelt hineingeschleudert, mit Scheidungen, Abtreibungen, Selbstmorden, Sex und Eifersucht konfrontiert. In gelehrten Diskussionen hat man dies als Gefahr erkannt – und aufseufzend konstatiert, dass die Welt nun mal so ist.

Sie schreibt weiter, wie ihre eigene Sperre gegen die Medienflut funktioniert:

> Als der Film *Pulp Fiction* kam, ließ ich mich dazu überreden, ihn mir zusammen mit Freunden anzuschauen. Es war ja ein Kultfilm und kein Gewaltfilm, klärten sie mich auf, als ich zögerte. Als in dem Film einem jungen Schwarzen der Schädel buchstäblich in Fetzen geschossen wird, lacht das Publikum aus vollem Halse. Ich bin schockiert. Aber – scheußliche Erkenntnis – hätte ich nach genügend Berieselung mit solcher Gewaltunterhaltung nicht vielleicht mitgelacht?[16]

Zu den abgeschafften Grenzen gehört auch die uralte Grenze zwischen privater und öffentlicher Nacktheit. Man hat lange geglaubt, dass die Menschen der älteren Kulturen in Bezug auf die Nacktheit »freier« waren und dass der »ursprüngliche Wilde« keinerlei Scham und Grenzen kannte und selbstverständlich nackt war – bis die abendländische Kultur mit ihren Tabus kam und die Nacktheit zu etwas »Unnatürlichem« machte.

Der deutsche Anthropologe Hans-Peter Dürr hat in einer umfassenden Forschungsarbeit gezeigt, dass der Mythos von der »natürlichen« Nacktheit eben das ist – ein Mythos. »Es gehört zum Wesen des Menschen, sich seiner Nacktheit zu schämen«, schreibt er und zeigt mit reichem Quellenmaterial, dass alle Kulturen genau definierte Grenzen für das, was als anständig gilt, haben.[17] In kleiderlosen Kulturen geht es bei diesen Grenzen darum, wie und wohin man schaut. Die Schamlosigkeit gegenüber der Nacktheit, wie sie sich im späten 20. Jahrhundert zeigte, beruht nach Dürr darauf, dass wir die uralte Grenze zwischen »privat« und »öffentlich« aufgehoben haben. »In dem verfremdeten Gewimmele der Anonymität wächst die Schamlosigkeit.«[18]

Aber wenn die Grenzen so tief in uns sitzen, wie Paulus dies behauptet, lassen sich die Schamgefühle nicht so einfach beiseite wischen. Vielleicht werden sie nur ein Stückchen verschoben. In der Sauna wächst der Gruppendruck. »Was? Ist dir dein Körper peinlich?« Nun ja, eigentlich nicht. Und ich unterdrücke meine Unlust und sitze da und schäme mich ... dass ich so unaufgeklärt und unbefreit bin. Bis ich auch dieses Signal zum Schweigen gebracht habe und das Ganze als »natürlich« empfinde.

Margareta Melin schreibt, wie dieser Widerstand gegen die öffentliche Nacktheit »vielleicht nicht ein Vorurteil ist, sondern ein spontaner Privatsphären-Instinkt«:

> Mitte der sechziger Jahre war es eine Sensation, als Per Oscarsson sich in der Fernsehsendung »Hylands Hörna« die Kleider auszog. Zum Schluss zog er mehrere Unterhosen aus – die letzte allerdings nicht. Ich erinnere mich an die Sendung wegen der Reaktion meines siebenjährigen Sohnes. Ihm war das Ganze so peinlich, dass er sein Gesicht abwandte. Warum? War er verklemmt? Nein, überhaupt nicht. Es war etwas völlig Normales für ihn, seine Eltern und Geschwister nackt zu sehen. Sein Schamgefühl dort vor dem Fernseher beruhte darauf, dass er genauso echt und unverdorben war wie das Kind im Märchen von des Kaisers neuen Kleidern. Er spürte spontan, dass hier etwas nicht stimmte. »Der Körper ist etwas ganz Natürliches«, sagte Per Oscarsson. Und das stimmt ja auch – aber es bedeutet doch nicht, dass es natürlich ist, wenn jemand sich auf der Bühne auszieht, während Hunderte angezogener Fremder ihm dabei zuschauen.[19]

Nach Jahrzehnten der Schambelegung der Scham ist das, was Margareta Melin über diese vielverspotteten Grenzen in unserem Innersten schreibt, wie eine Befreiung:

> Schamgefühle sind oft, aber keineswegs immer etwas Negatives. Es gibt Situationen, wo es gesund ist, sich zu schämen. Scham ist die natürliche Reaktion, wenn man in die Privatsphäre seines Mitmenschen eingedrungen ist. Die Fähigkeit zur Scham ist etwas Gutes; sie ist notwendig, um die richtige Distanz zwischen den Menschen zu wahren. Der »Scham-

lose« trampelt in das Leben der anderen hinein, gibt sich selber bei jeder Gelegenheit preis und wird so – wie man das früher genannt hätte – vulgär. Der Mensch, der »keine Scham im Leib« hat, weiß nicht, wann er seinen Blick abzuwenden hat, sondern gafft genüsslich in die Intimsphäre der anderen hinein.

Eigentlich hätte es für alle, die sich mit Kommunikation beschäftigen, von vornherein klar sein müssen, dass die nackte Welle noch nicht einmal in der Kunst funktionieren kann. Die Erfahrung zeigt ja, dass das nicht deutlich Gezeigte, sondern bloß Angedeutete eine viel größere »Aufladung« hat. Aber, wie gesagt: Es ist schwierig, eine einmal durchbrochene Grenze wieder aufzurichten. Die Folge ist jener leicht angewiderte Überdruss, der sich nach jeder Grenzüberschreitung als »Kater« einstellt. Wie ein Filmkritiker seufzt:

> Inzwischen gähnen wir vernehmlich, wenn der fast schon obligatorisch gewordene Bettringkampf stattfindet. So, als ob es nichts Neues mehr zu entdecken gibt, als ob wir schon alles gesehen haben, was es zu sehen gibt. Wie aufreizend ist Stallones Hinterteil noch? Oder Sharon Stones kurz vorbeiflimmernde Scheide?[20]

Der Abbruch der Grenzen, er verläuft allmählich, in kleinen Schritten. Wie viele Gewaltfilme sind nötig, um die inneren Grenzen morsch zu machen, wenn der Mensch hinreichend in Rage kommt? Wie viele sexuelle Dreiecks-Dramen muss ich schlucken, damit die inneren Sperren gegen die Untreue locker werden? Das magische Losungswort »Das tun doch alle« öffnet die Türen zu dem Verbotenen.

Oder der Klau am Arbeitsplatz. Es fing mit »Bagatellen« an: Hier ließ einer ein Werkzeug mitgehen, dort jemand eine angebrochene Dose Farbe. Der Gruppendruck sorgte dafür, dass die anderen den Mund hielten. Dann wurde es langsam immer mehr, bis die Verluste so groß wurden, dass die Sache aufflog. Und dann die paradoxe Erleichterung der Ertappten: »Endlich durfte ich ein schlechtes Gewissen haben ...«

Es gibt ein Grenzen-Überschreiten, das uns schließlich dazu zwingt, aufzuwachen, und das sich nicht auf Dauer mit dem

Nebelschleier politischer Faseleien oder mit dem Schutt unserer eingestürzten Werte kaschieren lässt. Früher oder später stehen wir alle vor einer ehernen Grenze, wenn das Ökosystem uns vor die Wahl zwischen Leben oder Tod stellt. Der erste Alarm war Rachel Carsons Buch *Der stumme Frühling* aus dem Jahr 1962. Der Bericht des Club of Rome über die *Grenzen des Wachstums* führte 1972 ein Stichwort wieder in unsere Sprache ein, das wir gerade in dem 1968er Rausch gestrichen hatten.

Und immer deutlicher signalisiert uns die Schöpfung, dass das mit den Grenzen nicht nur eine Frage unseres menschlichen Gutdünkens ist. Das Meer lässt sich nicht aufhalten von unserem gedankenlosen Schwätzen von »der völlig freien Wahl, dem Leben ohne Grenzen«. Der Wald lässt sich nicht locken von unserer Babel-Mentalität, wenn er als Baumaterial für den großen Turm gefällt wird. Die Tiere haben jeden Grund, unseren gottlosen Übermut zu fürchten, wenn wir ihre schrumpfende Heimat mit unseren Megastädten überziehen.

1976 gab der dänische Theologe Ole Jensen ein Buch mit dem prophetischen Titel *Unter dem Zwang des Wachstums* heraus. Was er hier über die Ökokrise schreibt, kann man auf unser ganzes Leben anwenden:

> ... die Tabuisierung muss einsetzen, ehe die letzte Gefahr aufkommen kann. Sie muss etwas damit zu tun haben, dass ein Schrankenbewusstsein eingeübt wird, ein Wissen davon, wo wir dem Fremden begegnen, wo sich das Sein in sein Geheimnis zurückzieht. Wäre dieses Bewusstsein lebendig, so würden ein Sich-Wundern und ein Zurückhalten gemeinsam den Abstand zur Grenze halten, und die Tabus würden sich von selbst formulieren. ... Man verstünde einen Spielraum zu wahren. Im buchstäblichsten Sinne: Wegsäume, Hecken um Felder, Bäume an Bächen, wilde Natur, nicht »nützlich« gemacht – Platz für das, was nicht wir sind, für Elefanten, Walfische, Hindus, Urwaldindianer und Samländer [Lappen] – und in jedem Menschen eine Stelle, wo das Geheimnis der Person wohnen darf.[21]

Vielleicht können wir erst an diesen bedrohten Grenzen ein Gebet im Psalter recht verstehen und in es einstimmen: »Herr, steh auf, dass nicht Menschen die Oberhand gewinnen; lass alle Heiden vor dir gerichtet werden! Lege, Herr, einen Schrecken auf sie, dass die Heiden erkennen, dass sie Menschen sind« (Psalm 9,20-21).

Lass nicht die Menschen die Oberhand gewinnen – denn die schlimmsten Tyrannen sind wir selber. Stelle die Heiden (Völker) vor deinen Richterstuhl – denn unsere Richterstühle sind korrumpiert von unseren eigenen Machtinteressen. Lege Furcht auf sie – denn wir tun alles, um uns einzureden, dass die Probleme sich schon von selber lösen werden. Lass die Leute erkennen, dass sie nur Menschen sind – denn der Mythos von unserer Grenzenlosigkeit will uns glauben machen, dass wir Götter sind.

Das neue Evangelium

Aber just an dieser historischen Wegscheide, die uns die Chance gibt, zu den von Gott in seine Schöpfung hineingelegten Grenzen zurückzukehren, bietet sich uns eine wesentlich angenehmere Frömmigkeit an, die behauptet, dass es vor Gott eigentlich gar keine Grenzen gibt. Die Grenzen, so heißt es, sind ein Relikt aus der Zeit eines alttestamentlichen Gottesbildes, das Gott sei Dank durch Jesus abgeschafft worden ist. Das neue Evangelium der Gnade (und nur der Gnade) versichert uns, dass wir Gott schon alle recht sind, so wie wir sind, und dass das Befreiende im Christentum nicht auf Geboten und Ethik beruht, sondern auf freien, offenen Beziehungen zwischen Gott und den Menschen. Sie klingt wunderbar, diese Predigt ...

... und ist eine Verführung und grundfalsch. Wieder kriecht der gnostische Schatten aus den Mauerspalten unserer theologischen Verwirrung hervor; mit ein paar wohl bekannten Verschiebungen setzt er das Evangelium matt und verhindert, dass wir uns bekehren können. Zu den klassischen Tricks gehört dabei, dass man Altes und Neues Testament gegeneinander ausspielt. Für den Gnostiker ist die Schöpfung etwas Böses und daher das ganze Alte Testament, mit seinen so farbigen Schilderungen des sinnlichen Reichtums der Schöpfung in der Natur und in unserer menschlichen Körperlichkeit, ein suspektes Buch. Und die gnostische Allergie gegen ethische Normen macht die Sache nicht besser, ist doch das Alte Testament mit solchen Normen reichlich ausgestattet. Was also tun?

Nun, zunächst einmal war eine der wenigen Sachen, über die die Gnostiker sich lehrmäßig einig waren, dass unmöglich Gott selber die Welt geschaffen haben konnte, denn sie war ja böse. Wer der wirkliche Schöpfer war, darüber gab es ein ganzes Potpourri von Mythen über Engel und Göttinnen. Jedenfalls war es ein schwerer Fehler, die Welt zu schaffen, dieses schnöde Gefängnis des Menschen, und Irenäus zitiert eine Variante, bei der die Sophia (Weisheit) die Materie »aus Bestürzung und Ratlosigkeit und großer Verwirrung« geboren hat.[22] Woraus folgt, dass jemand, der die rechte geistliche Einsicht (Gnosis) bekommen hat, die in diese Schöpfung eingebauten Grenzen nicht zu beachten braucht.

Der Mann, der diese Lehre am stärksten systematisierte und den die junge Kirche als den gefährlichsten (weil fleißig die christlichen heiligen Schriften benutzenden) Gnostiker betrachtete, war Marcion (Markion), der im 2. Jahrhundert n. Chr. in Rom wirkte und Zeitgenosse des Irenäus war. Er entwickelte genau jenes Gegeneinander-Ausspielen des Alten und Neuen Testaments, das heute so populär ist. Irenäus berichtet über Marcion:

> In schamloser Art und Weise lästerte er den Gott, der vom Gesetz und den Propheten verkündet worden ist. Für ihn ist er der Schöpfer der Übel, kriegslüstern, in seinen Absichten nicht auszumachen und in Selbstwidersprüche verwickelt. Jesus stammt aber von dem Vater, der über dem Weltschöpfergott ist. Er trat in Judäa auf, und zwar in der Zeit des Landpflegers Pilatus, der Prokurator des Kaisers Tiberius war. Er zeigte sich den Bewohnern von Judäa in Menschengestalt. Propheten, Gesetz und alle Werke des Gottes, der die Welt gemacht hat ... löste er auf.[23]

Das Ergebnis sind also zwei Götter: der Schöpfergott, der böse ist, da er die Materie erfunden hat, und der Erlösergott, der gut ist, da er uns aus ihr befreit hat. Diesen gnostischen Grundgegensatz verknüpft Marcion nun mit der paulinischen Lehre vom Gesetz und der Gnade. Das Gesetz landet dabei beim Schöpfergott und ist böse, während die (von allem, was mit Schranken zu tun hat, gereinigte) Gnade zum Erlösergott gehört. Ausgehend von diesem Gottesbild, schneidet Marcion kurzerhand das gesamte Alte und Teile des Neuen Testaments aus der Bibel heraus. Übrig bleiben zehn der Briefe des Paulus sowie ein frisiertes Lukasevangelium. Und eine einfache, jedermann eingängige Botschaft: Gott vergibt alles. Oder im heutigen Jargon: »Du bist in Ordnung, so wie du bist.«

Dass diese Botschaft heute so gut ankommt, liegt natürlich an unserem »grenzenlosen« kulturellen Klima. Sie ist genau die Sorte Frömmigkeit, die der Turm zu Babel braucht: keine beschwerlichen Schranken und Verbote, nichts, was das Gewissen beunruhigen könnte. Und ihre Attraktivität wird noch verstärkt durch jene innerkirchliche Katerstimmung, die eine allzu autoritäre Sünden- und Gesetzesverkündigung vergangener Jahrhunderte hinterlassen hat, bei der eine vierschrötige Predigt über die äußeren Grenzen die inneren Grenzen der Menschen zerriss. Ganze Generationen flügellahmer Christen sind duckmäuserisch durch den Schatten des Lebens gekrochen, und wenn sie sich mühsam wieder aufrichten, sind Grenzen und Verbote das Letzte, was sie hören wollen.

So wirken die Fehler der Kirchen mit denen der Welt zu dem »Synergie-Effekt« zusammen, den wir gemeinhin mit dem Wort *Säkularisierung* bezeichnen.[24] Unsere eigenen unverheilten Wunden hindern uns daran, die Grenzen zu verteidigen, und das just in dem Augenblick, wo die Welt sie am meisten nötig hätte. Die »grenzenlose« Verkündigung ist eine verständliche Reaktion – und schafft, wie die Erfahrung zeigt, viel größere Probleme, als sie löst.

Diese Art Verkündigung funktioniert exakt so wie die Eltern des Mädchens Karin am Beginn dieses Kapitels. Sie wollten nicht die Erziehungsfehler ihrer eigenen, allzu strengen Eltern wiederholen und vermieden es daher peinlichst, ihrer Tochter deutliche Grenzen aufzuzeigen. Sie meinten es so gut – und machten es ganz falsch. Im tiefsten Grunde waren die Grenzen die ganze Zeit da, bei Karin wie bei ihren Eltern, aber weil sie nie ausgesprochen werden konnten, sondern ständig von der Devise »Du bist in Ordnung, so wie du bist« verdeckt wurden, begannen sie ein Eigenleben zu führen und wie ein Krebs in alle Richtungen zu wuchern: *Alles* war falsch, *nichts* war wirklich richtig. Die Schuldgefühle bei Karin wuchsen und wuchsen, aber sie konnten nie bereinigt werden – weil es ja keine Schuld geben *konnte*. Was Wunder, dass jede Freude vertrocknete in der muffigen Enge dieser so »offenen« Familie.

Ganz ähnlich hat dort, wo das Evangelium von der grenzenlosen Gnade herrscht, die Freude oft etwas merkwürdig Gezwungenes an sich. Es ist doch alles in Ordnung bei uns (nun ja, die Großkonzerne im Land X und das politische System Y sind natürlich Sünder, aber *wir* nicht), es gibt keine Grenzen, die wir übertreten könnten, Gott nimmt uns an, was wir auch tun oder lassen. Ist das nicht wunderbar?

Nein, es ist nicht wunderbar. Ein Vergleich mit dem Erlösungsjubel der alten Erweckungsbewegungen ist bezeichnend. Mein Großvater war Soldat in der Heilsarmee. Wenn ich in seinem alten Gesangbuch aus dem Jahre 1920 blättere, ahne ich eine Freude, gegen die das »liberale Evangelium« unserer Tage unendlich saft- und kraftlos aussieht. Hier waren Menschen aus dem Keller der Gesellschaft, die *wussten*, dass sie Grenzen überschritten hatten, und an ihrem Unvermögen, ein rechtschaffenes Leben zu führen, verzweifelten – und dann war etwas geschehen in ihrem Leben.

Großvater sang in einem Männerchor mit, der »Chor der Freiheit« hieß. Dass der Name kein bloßes Klischee war, konnten seine Mitbrüder bezeugen, die, aus tiefstem Elend und Erniedrigung befreit, jetzt »vorne stehen« und den unglücklichen Brüdern, die noch nicht den Schritt getan hatten, zusingen konnten:

Der Winter meines Herzens, Gott Dank, er ist vorbei!
Aus Sündenbanden hat er auf ewig mich befreit!
Des Kreuzes Gnadensonne bringt Frühling meinem Schmerz,

verscheucht den Nebel, Freud' und Fried' schenkt Jesus mir ins Herz.[25]

Aber wie kann Schuld vergeben werden, die nie bekannt wurde? Es ist ein Märchen, dass das liberale Evangelium seelsorgerlicher ist. Es bietet das an, was die klassische Seelsorge den »falschen Trost« nennt: Anstatt dem Menschen die Befreiung von seiner Schuld anzubieten, redet es ihm ein, dass er keine hat. »Wohl dem, dem die *Übertretungen* vergeben sind«, singt David in Psalm 32,1. Aber allein der, der darum weiß, dass er eine Grenze übertreten hat, kann Vergebung erfahren.

Erst hier kommt es auch zur Erfahrung von Gottes wirklicher Liberalität – einer Herzensliebe mit dem Duft des Paradieses. »Jetzt ist alles gut zwischen uns ...« Eine bedingungslose Toleranz kann niemals diese tiefe Liebe hervorbringen. Das kann nur die Vergebung, die die Sünde ernst nimmt. Hier ahnen wir den fundamentalen Unterschied zwischen Beschwichtigung und Erlösung.

Der stumme Kirchenfrühling

Alles hängt an unserem Gottesbild. Wenn das gespaltene Gottesbild des Marcion sich weiter in der Kirche ausbreitet, wird ihr Lobgesang verstummen. Wenn Gott nicht mein Schöpfer ist, kann er auch nicht mein Erlöser sein. Wenn er mich nicht richten kann, kann er mir auch nicht vergeben.

Aber zeichnen das Alte und das Neue Testament nicht sehr unterschiedliche Bilder von Gott? Ist der alttestamentliche Gott nicht viel mehr auf Grenzen und Verbote fixiert? Zu Weihnachten 1997 wurden im schwedischen Fernsehen mehrere Geschichten aus der Bibel gezeigt. In einer der Szenen reicht der Pharao Mose während der Heuschreckenplage eine Heuschrecke und fragt ihn: »Ist dies das Maß für die Barmherzigkeit deines Gottes?« Mose antwortet: »Nein, es ist das Maß für die Seele eines Pharaos.«

Im Alten Testament sieht Gott die ganze Breite unserer Grenzübertretungen. Damit aber erhalten wir auch das Maß für die Vergebung, die er immer wieder dem bußfertigen Sünder anbietet. Wie Micha, einer der Propheten des Alten Testaments, ausruft:

> Wo ist solch ein Gott, wie du bist, der die Sünde vergibt und erlässt die Schuld denen, die übrig geblieben sind von seinem Erbteil; der an seinem Zorn nicht ewig festhält, denn er ist barmherzig! Er wird sich unser wieder erbarmen, unsere Schuld unter die Füße treten und alle unsere Sünden in die Tiefen des Meeres werfen. (Micha 7,18-19)

Aber hat denn Jesus das Gesetz nicht aufgehoben? Er scheint dieses geläufige Missverständnis vorausgesehen zu haben, denn in der Bergpredigt betont er:

> Ihr sollt nicht meinen, dass ich gekommen bin, das Gesetz oder die Propheten aufzulösen; ich bin nicht gekommen aufzulösen, sondern zu erfüllen. Denn wahrlich, ich sage euch: Bis Himmel und Erde vergehen, wird nicht vergehen der kleinste Buchstabe noch ein Tüpfelchen vom Gesetz, bis es alles geschieht. Wer nun eines von diesen kleinsten Geboten auflöst und lehrt die Leute so, der wird der Kleinste heißen im Himmelreich; wer es aber tut und lehrt, der wird groß heißen im Himmelreich. (Matthäus 5,17-19)

Aber wenn es uns so notorisch schwer fällt, die Grenzen einzuhalten, ist es dann nicht besser, sie abzumildern? Nichts bei Jesus deutet darauf hin. Als der reiche Jüngling sich weigert, auf die Sicherheit zu verzichten, die sein Geld ihm gibt, legt Jesus die Messlatte nicht etwa niedriger, sondern behält sie voll bei: »Verkaufe alles« (Markus 10,17-22). Als er mit der Ehebrecherin allein ist, vergibt er ihre Sünde, aber heißt sie nicht gut: »So verdamme ich dich auch nicht; geh hin und sündige hinfort nicht mehr« (Johannes 8,1-11).

Wie der Karmelitermönch Wilfrid Stinissen sagt: »Der Trost, den wir geben, darf nicht darin bestehen, dass wir die Sünde klein machen, sondern dass wir Gottes Vergebung groß machen.«[26] Selbstverständlich können wir unsere Wertmaßstäbe ändern und von den Grenzen, die die Bibel zieht, abweichen, aber wir können sie nur auf dem Papier abschaffen, denn sie sind in die Schöpfung, ja in unser eigenes Wesen hineingeschrieben.

Aber ist sie denn nicht grenzenlos, die Gnade? Dietrich Bonhoeffer schrieb in den 1930er Jahren ein prophetisches Buch mit dem Titel *Nachfolge*, in welchem er als den Todfeind der Kirche die »billige Gnade« anprangert:

> Billige Gnade heißt Rechtfertigung der Sünde und nicht des Sünders. ... Sie hat uns den Weg zu Christus nicht geöffnet, sondern verschlossen. Sie hat uns nicht in die Nachfolge gerufen, sondern in Ungehorsam hart gemacht.[27]

Gnade – das ist ein unerhörtes Einströmen von Gottes Schöpferkraft in das Leben eines Menschen, ein Ihn-Aufrichten zu dem Leben, zu welchem er geschaffen ist. Und wie wir gesehen haben, gehören zur Schöpfung auch die Grenzen. Wo die Sünde mein Vermögen, die Grenzen zu respektieren, gelähmt hat, macht die Gnade mich frei dazu. Wie Paulus einem seiner Freunde schreibt: »Denn es ist erschienen die heilsame Gnade Gottes allen Menschen *und nimmt uns in Zucht, dass wir absagen* dem ungöttlichen Wesen und den weltlichen Begierden und besonnen, gerecht und fromm in dieser Welt leben« (Titus 2,11-12).

Die Gnade stellt das wieder her, was im Sündenfall verloren ging: die Fähigkeit, nein zu sagen. Dieses Wahrzeichen des Menschen, das ihn vom Tier abhebt, hat noch nie eine so entscheidende Bedeutung gehabt wie in unserer Zeit mit ihren so Schwindel erregenden Möglichkeiten, die Schöpfung zu bewahren oder zu zerstören. Dass die Kirche in dieser Situation mithilft, die ethischen und lehrmäßigen Grenzen niederzureißen, macht uns nicht zu freieren Menschen, es schafft vielmehr *den manipulierbaren Menschen*. Der Mensch, der nicht mehr nein sagen kann, wird mit genügend Überzeugungsarbeit alles tun, alles kaufen, alles glauben – der Traum aller politischen, ökonomischen und geistlichen Mächte!

Und ein Alptraum, wenn wir die eiskalte Hand hinter all dem ahnen, was hier die Konturen des Menschen verwischen, Gottes Abbild in ihm verdunkeln und ihn unmenschlich machen will. In einem Buch über die Mönche der Frühzeit finden wir eine bemerkenswerte Prophezeiung:

> Die heiligen Väter sprachen eine Weissagung über die Generation der Endzeit. »Was haben wir geleistet?«, sagten

sie. Und es antwortete einer von ihnen, der große Abbas Ischyrion: »Wir haben die Gebote des Herrn befolgt.« Sie gaben zur Antwort: »Aber die nach uns, was werden sie tun?« Er antwortete: »Sie werden bis zur Hälfte unserer Werke gelangen.« Sie fuhren fort: »Und die nach ihnen – was?« Er sprach: »Sie werden überhaupt kein Werk aufweisen, die von der jüngsten Generation. Doch wird über sie eine Versuchung kommen. Die aber in jener Zeit bewährt erfunden werden, die werden für größer erachtet werden als wir und unsere Väter.«[28]

1.500 Jahre später fand diese Prophezeiung ein Echo bei einem unserer säkularisierten Philosophen, Ludwig Wittgenstein: »In der Zukunft wird der Mensch seine Größe vielleicht nicht mehr in dem zeigen, was er tut, sondern in dem, was zu tun er unterlässt.«[29]

Das Geheimnis mit den beiden Spiegeln

Am Anfang war der Unterschied. Und das Schöpferwort teilte das All in mächtige Gegensatzpaare: Himmel und Erde, Licht und Dunkel, Meer und Land, Tiere und Menschen, Mann und Frau. Nicht um die Schöpfung zu zersplittern, sondern um das Licht aus Gottes Herrlichkeit in einem gigantischen Prisma zu brechen, so dass alle Farben zusammen sein Porträt malen konnten. Nicht um die Entfernungen in der Welt zu vergrößern, sondern damit das Lied der Herrlichkeit Gottes im Wechselgesang verschiedener Stimmen gesungen werden kann:

Die Himmel erzählen die Ehre Gottes, und die Feste verkündigt seiner Hände Werk. Ein Tag sagt's dem andern, und eine Nacht tut's kund der andern ... Ihr Schall geht aus in alle Lande und ihr Reden bis an die Enden der Welt. Er hat der Sonne ein Zelt am Himmel gemacht; sie geht heraus wie ein Bräutigam aus seiner Kammer ... (Psalm 19,2-6)

... um ihrer Braut, der Erde, Liebe zu schenken. Und wo Braut und Bräutigam sich vereinigen, wird Leben geboren, in dem ständigen Kreislauf, wo Gegensätze keine gegenseitige Bedrohung sind, sondern Voraussetzung für die schöpferische Begegnung. So werden Grenzen zur Blaupause der Schöpfung, zu dem gottgegebenen Muster, das im Morgenrot der Zeiten das Chaos zum Kosmos machte. »Da schied Gott das Licht von der Finsternis und nannte das Licht Tag und die Finsternis Nacht« (1. Mose 1,4-5).

Wer versucht, diese Grenzen zu verwischen oder so zu tun, als gäbe es sie nicht, wird diese Welt kaum zu einem spannenderen Ort machen. Wenn ein Maler alle seine Farben in denselben Eimer schüttet, wird das Bild nicht nuancenreicher, sondern ein verwaschenes Einerlei. Wenn ein Tontechniker per Computer alle Instrumente eines Orchesters zu einem Einheitsbrei vermischt, wird die Musik nicht lebendiger, sondern steriler. Und wo wir sagen: »Na ja, Unterschiede müssen sein, aber ich würde die Grenze *hier* ziehen und nicht dort«, laufen wir Gefahr, den Reichtum der Vielfalt in eine sterile Einheitlichkeit zu verwandeln. Warum tun wir uns so schwer, mit Unterschieden zu leben?

Wie die Sache mit dem Tag und der Nacht. Nach 25 Jahren in der Großstadt Göteborg zog ich mit meiner Familie vor 15 Jahren in das kleine Dorf Asklanda um. Es war ein Schritt in eine andere Welt – zum größten Teil, wie wir finden, eine bessere Welt. Eines unserer Aha-Erlebnisse war, dass es in Asklanda nachts *dunkel* wird – so ganz anders als in der Stadt, wo das ständige Kunstlicht in Häusern und Straßen eine der fundamentalen Grenzen der Schöpfung verwischt und uns den permanenten Tag vorgaukelt.

Nacht – das war früher die Ruhe nach einem harten Arbeitstag, eine ständig neue Erinnerung an die Grenzen unseres Lebens und eine barmherzige Einübung des Sichfallenlassens, das an unserem letzten Abend geschehen wird. Heute wird diese Grenze von Neonlichtern, Nachtschichten und Vergnügungsleben verdrängt ... bis sie uns unerbittlich doch einholt. Die Wiederentdeckung der Nacht in Asklanda ist eine heilsame Erfahrung gewesen: Stille und Dunkel als Gegenpol zum Tagwerk.

Wenn man den Meinungsforschern glauben darf, ist in unserem Bewusstsein auch die Grenze zwischen Mensch und Tier in Auflösung begriffen. Bereits vor zehn Jahren fanden 66 % aller Schweden, dass Menschen und Tiere den gleichen Wert hätten, während ganze 27 % den Menschen für wertvoller als das Tier hielten.[30] Man könnte dies für einen Sieg des ökologischen Denkens halten, wären die historischen Wurzeln nicht so erschreckend. Der Journalist Göran Rosenberg stellt klar:

> Im nationalsozialistischen Deutschland waren Tiere besser geschützt als Geisteskranke, Behinderte und Juden. Hinter der Aufwertung des Tieres hat sich noch immer die Entwertung des Menschen versteckt. Wo die Grenze zwischen Tier und Mensch nur noch eine von vielen kleinen Grenzen in der Natur ist, wird es natürlich, auch Grenzen zwischen unterschiedlichen Menschen zu ziehen. Dann stehen manche den Ratten oder Schimpansen näher als andere. Die einen verdienen Entwicklung, die anderen, dass sie aussterben. Die Frontkämpfer des nationalsozialistischen Völkermords waren Biologen und Ärzte.[31]

Die Grenzen verschwinden also nicht wirklich, sondern sie werden an viel gefährlichere Stellen verlegt. Warum regt ein Veganer (Vegetarier, der nichts vom Tier isst oder verwendet) sich mehr über das Schicksal des Regenwurms am Angelhaken auf als über das ungeborene Kind, das aus dem Leib seiner Mutter herausgekratzt wird? Wie kommt es, dass Tiere plötzlich zum Sinnbild des Guten geworden sind, während der Mensch für das Böse steht?

Wenn es um das Selbstbild des Mensch geht, scheint die Kletterei im Babelturm eher nach unten zu gehen. Er wollte Gott werden ... sieht sich als Tier ... und bald ist er nur noch eine Sache. Der Markt klassifiziert ihn als Produzenten oder Konsumenten, und die Technologie befindet ihn auf immer mehr Gebieten als schlechter als Maschinen.

Zwischen Frau und Mann

Eine andere Grenze, die heute schwankt, ist die zwischen Frauen und Männern. Oder ist sie in einen Schützengraben verwandelt worden? Wieder wird ein zentraler Bereich der menschlichen Landkarte neu gezeichnet, ob nun aus tiefer Verunsicherung oder mit militanten Parolen. In allen Kulturen galt die Familie – egal, was ihre genaue Struktur ist – als Kernzelle der Gesellschaft, und auf wenigen Gebieten sind Grenzveränderungen so folgenreich wie hier.

Fangen wir mit der Frau an. Was man heute mit dem Sammelbegriff »Feminismus« bezeichnet, ist ein wahrer Dschungel von ganz unterschiedlichen, zum Teil widersprüchlichen Phänomenen. Vereinfacht ausgedrückt, lassen sich drei Richtungen unterscheiden:

1. Der Kampf für die Befreiung der Frau aus einer untergeordneten Position in der Gesellschaft, hin zu einem Leben zu den gleichen Bedingungen wie für den Mann. Er begann mit der Kampagne für das Wahlrecht der Frau, ihren Zugang zu höherer Bildung und für Kinderbetreuungsangebote, die es ihr ermöglichten, einer Erwerbstätigkeit nachzugehen. Er geht heute weiter mit der Gleichstellung der Frau in Karriere und Gehaltsklasse, Politik, Forschung und kirchlichen Ämtern. Er geht auch um ihr Recht auf Freiheit vor sexuellen Schikanen am Arbeitsplatz und zu Hause, auf Schutz vor Vergewaltigung und Misshandlung und darauf, in der öffentlichen Debatte ernst genommen zu werden.

Nichts von all dem ist ein Versuch, Mann oder Frau zu ändern oder das eine Geschlecht höher zu stellen als das andere; es geht schlicht darum, dass die Frau als vollwertiger Mensch behandelt wird, wie der Mann auch.

Es geht nicht um die Verlegung von Grenzen aus der Bibel, sondern eher um die Wiederherstellung niedergetrampelter Grenzen, damit die Frau als Ebenbild Gottes nicht mehr erniedrigt wird, sondern in ihrem ganzen Schöpfungsreichtum aufblühen kann.

2. Die Sicht, dass die Frau gegenüber dem Mann der bessere Mensch sei. Sie ist angeblich weniger aggressiv und weniger konflikt- und kriegssüchtig. Sie hat eine reichere Sprache, die nicht nur die linke Gehirnhälfte abdeckt, sondern das ganze Register der Gefühle. Sie sieht leichter Zusammenhänge und das Ganze und teilt das Dasein nicht so mechanisch wie der Mann in Kategorien auf. Sie ist stressfähiger und stellt sich leichter auf Lebenskrisen und äußere Umstellungen ein. Sie versteht sich besser auf Beziehungen, die sie stets über Projekte und Karriere stellt. Sie ist ein besserer Vorgesetzter als der Mann, unter anderem, weil sie besser zuhören kann und nicht so prestigefixiert ist. Sie kann es besser mit Kindern, weil sie sie geboren und gestillt hat und ihre Sprache besser versteht. Und so weiter.

Hand in Hand mit diesem Glanzbild der Frau geht das Elendsbild des Mannes: Er ist ein Gefühlskrüppel, ein mehr oder weniger erwachsenes Spielkind, sexuell unreif und vergewaltigungsbereit, ein Pulverfass aus unerlöster Aggressivität, das jederzeit in Gewalt und Krieg explodieren kann, sprachlich unterentwickelt mit einer Vorliebe für technische Analysen und logische Systeme, unersättlich macht- und karrierehungrig auf Kosten der Beziehungen. Und so weiter.

Als Ausdruck tiefer persönlicher Verletzungen und Enttäuschungen über Väter und andere Männer ist diese Einstellung ein herzergreifender Hilfeschrei. Als Beschreibung der tatsächlichen Unterschiede zwischen Frauen und Männern ist sie ein bloßes Glaubensdogma, das die meisten Männer und Frauen aus ihrer eigenen Lebenserfahrung heraus leicht durchschauen können; es ist einfach nicht wahr. Manchmal versucht man, die Theorie dadurch zu retten, dass man Negativverhalten von Frauen mit ihrem »Aufwachsen in der Männerwelt« erklärt; hätten sie nur ihre Ruhe vor den Männern, wären sie alsbald lammfromm. Die letzte Konsequenz wäre folglich die lesbische Gesellschaft, die aber aus gewissen biologischen Gründen nicht sehr langlebig sein könnte.

»Und Gott schuf den Menschen zu seinem Bilde, zum Bilde Gottes schuf er ihn; und schuf sie als Mann und Frau« (1. Mose

1,27). Nichts in diesem Text deutet darauf hin, dass der Mann mehr Gottes Abbild ist als die Frau – aber auch nicht umgekehrt. Kurz und sachlich nennt er unseren gemeinsamen Ursprung, unseren gemeinsamen Wert und unsere gemeinsame tiefste Identität. Die Frau zur Norm für Menschlichkeit zu machen ist schlicht genauso verletzend, als wenn man den Mann dazu macht. Den Unterdrückten zum neuen Unterdrücker zu machen, ist eine schlechte Formel für Revolutionen.

3. Die Behauptung, dass die Unterschiede zwischen männlich und weiblich bloße Erfindungen der Kultur sind, in der wir leben, und dass es mithin gar keine echte, konstante Männlichkeit und Weiblichkeit gibt. Diese Variante, die oft stark polemisch gegen die zweite steht, geht auf die französische Autorin Simone de Beauvoir zurück, deren ursprünglich 1949 erschienenes Buch *Das andere Geschlecht* die Bibel des Feminismus genannt worden ist. Keine andere Frau hat den Feminismus des 20. Jahrhunderts mehr geprägt.

Simone de Beauvoirs persönlicher Ausgangspunkt war teils eine problematische Beziehung zu ihrer Mutter, teils die Spannung zwischen der Rolle als intellektueller Frau und der traditionellen Frauenrolle mit der Betonung der Mutterschaft. De Beauvoir hat nie eigene Kinder bekommen und sieht die Fruchtbarkeit der Frau durchgehend als Problem. Für sie sind Weiterführung des Menschengeschlechts und Selbstverwirklichung der Frau ein Gegensatz, die Schwangerschaft ein Anschlag auf die Freiheit der Frau:

»Zu beachten ist, dass dieser Vorgang [die Geschlechtsreife] die Gestalt einer *Krise* annimmt; nicht ohne Widerstand lässt der Körper der Frau die Art von sich Besitz ergreifen ...«[32] »Der Konflikt zwischen seinem [des Weibchens] eigenen Anspruch und dem der ihm innewohnenden Kräfte der Fortpflanzung zerrt an ihm.«[33] Simone de Beauvoir beschreibt die Schwangerschaft mit militärischem Vokabular; die Frau wird zum Invasionsfeld fremder Mächte, die sie versklaven; Frauen tragen »ein feindliches Element in sich«: »die Gattung, die an ihnen zehrt.«[34]

Hier ist der Kampf um die Befreiung der Frau in eine Kriegserklärung an die Schöpfungsordnung übergegangen. Leben gebären wird zur tödlichen Bedrohung. Der *empfangende* Teil zu sein bedeutet automatisch unterdrückt zu sein:

> Nicht nur ein flüchtiges und subjektives Vergnügen sucht der Mann im Geschlechtsakt. Er will erobern, einnehmen, besitzen; eine Frau haben, heißt sie besiegen; er dringt in sie ein wie der Pflug in die Ackerfurchen; er macht sie sich zu eigen ...[35]
>
> Nun liegt die Frau auf dem Bett in der Haltung der Niederlage. Noch schlimmer ist es, wenn der Mann auf ihr reitet wie auf einem Tier, dem Zügel und Gebissstange aufgezwungen sind. Jedenfalls empfindet sie sich passiv. Sie wird geliebkost, durchdrungen, sie nimmt den Coitus hin, während der Mann sich aktiv verausgabt.[36]

Frauen, die Freude im Muttersein finden, betrachtet Simone de Beauvoir mit größter Skepsis:

> Es gibt Frauen, denen die Schwangerschaft und das Stillgeschäft so lebhafte Freuden bereiten, dass sie sie endlos wiederholen wollen. Sowie das Kind entwöhnt ist, fühlen sie sich zu kurz gekommen. Solche Frauen, die eher »Gebärmaschinen« als Mütter sind, suchen gierig nach der Möglichkeit, ihre Freiheit zu Gunsten ihres Körpers zu entfremden. Ihre Existenz erscheint ihnen in der passiven Fruchtbarkeit ihres Körpers geruhsam gerechtfertigt.[37]

Die Befreiung kommt erst im Klimakterium:

> Die Frau ist dann frei von der Dienstbarkeit gegenüber der Gattung; sie hat nichts Eunuchenhaftes, denn ihre Vitalität ist intakt geblieben; indessen ist sie nicht mehr den Mächten unterworfen, die über ihre Eigenexistenz hinausreichen; sie koinzidiert mit sich selbst.[38]

Der Körper ist also ein Hindernis für die Freiheit der Frau, und will sie ihr inneres Leben entwickeln, muss sie ihre Körperlichkeit verleugnen. Dies ist ein klassisches gnostisches Thema. Wie eine feministische Schriftstellerin aus unseren Jahren es ausdrückt: »Bei Beauvoir findet sich eine Erhöhung des Geistes auf Kosten des Körpers und der Gedanken auf Kosten der

Arbeit, vor allem der Frauenarbeit.«[39] Hier liegt offensichtlich ein Keim für die Verachtung, die sich in späteren Jahrzehnten über die uralten Rollen der Frauen ergossen hat: Die weibliche Intellektuelle ist salonfähig, die Gebärerin und Mutter weniger.

Die zentrale These bei Simone de Beauvoir lautet, dass Frau nicht zur Frau geboren, sondern dazu gemacht wird – eine direkte Umsetzung der Gedanken ihres Lebensgefährten Jean-Paul Sartre, dessen existentialistische Philosophie einen enormen Einfluss auf unsere Kultur ausgeübt hat und nach seinen eigenen Worten »nichts anderes als eine Bemühung [ist], alle Folgerungen aus einer zusammenhängenden atheistischen Einstellung zu ziehen«.[40] Er zitiert mit Zustimmung Dostojewskis Wort, dass dann, wenn es Gott nicht gibt, alles erlaubt ist; die Konsequenz ist schlicht, dass »der Mensch ohne irgendeine Stütze und ohne irgendeine Hilfe in jedem Augenblick verurteilt ist, den Menschen zu erfinden«.[41] Jetzt entscheidet der Mensch selber, wo die Grenzen zu ziehen sind: »... da ich Gottvater ausgeschaltet habe, muss es wohl jemanden geben, der die Werte erfindet.«[42]

Ganz anders die Bibel: Wenn der Mensch als Gottes Ebenbild erschaffen ist, bedeutet dies, dass er bereits definiert ist, und zwar von jemand anderem als ihm selber. Nicht, dass er fix und fertig wäre, wie eine Uhr, die vom Uhrmacher kommt. Die Bibel beschreibt eher eine Dynamik zwischen der freien Entscheidung des Menschen und dem Willen Gottes, bei der unsere Identität im schöpferischen Zusammenspiel mit Gott hervorwächst. Aber es gibt eine Grundstruktur der Schöpfung, die jemand konzipiert hat und die durch alle Kulturen hindurch besteht.

Dies bedeutet zum Beispiel, dass die biblische Sicht von der Homosexualität sich nicht auf gewisse kulturell bedingte Reinheitsvorschriften oder die Frage der rechtlichen Gleichstellung reduzieren lässt. Es geht vielmehr um das Grundmuster der Schöpfung mit seinem spezifisch Menschlichen, spezifisch Weiblichen und spezifisch Männlichen. Vor diesem ursprünglichen Reichtum der Schöpfung bedarf jeder von uns der vertieften Erkenntnis und persönlichen Heilung.

All dies verneint Sartre, wenn er konsequent den Menschen an Gottes Stelle setzt:

> Was bedeutet es, dass die Existenz der Essenz vorausgeht? Es bedeutet, dass der Mensch zuerst existiert, sich begegnet, in der Welt auftaucht und sich danach definiert. ... Er wird erst in der weiteren Folge sein, und er wird so sein, wie er sich geschaffen haben wird.[43]

Für Sartre ist Gottes Existenz durchgehend ein Gegensatz zur Freiheit des Menschen, und Evangelium bedeutet Determinismus. Um frei zu werden, muss der Mensch Gott von seinem Thron stürzen und sich selbst darauf setzen.

Es ist klar, was dies für den Mann-Frau-Unterschied bedeutet: Den Sinn seines Geschlechtes hat jeder selber zu definieren. Als die französische Feministin Monique Wittig bei einer Vorlesung gefragt wurde, ob sie eine Vagina habe, antwortete sie mit nein. Die amerikanische Philosophin Judith Butler hat diese Antwort zustimmend zitiert. Hier sind es nicht mehr nur die äußeren Geschlechtsrollen, die wir selber schaffen, sondern selbst die biologischen Unterschiede. So spricht Judith Butler oft von dem »heterosexuellen Zwang«, gerade so, als werde dem Menschen hier etwas Unnatürliches aufgezwungen; der Mensch müsse die Freiheit haben, selber beliebige Varianten von Sexualität und Zusammenleben zu konstruieren. Eine Rezensentin konstatiert, mit deutlicher Anspielung auf Sartre und Beauvoir:

> Das menschliche Subjekt steht nicht fertig wie ein frisch gegossener Zinnsoldat da, denn es gibt keinen »Gießer« außerhalb der eigenen Handlungen des Subjektes. Darum kann das Subjekt auch die herrschenden Normen verändern, indem es sie untergräbt.[44]

»Wohlauf, lasst uns eine Stadt und einen Turm bauen, dessen Spitze bis an den Himmel reiche, damit wir uns einen Namen machen« (1. Mose 11,4). Im heutigen Babel geht es nicht mehr nur darum, eine Kultur ohne Gott zu bauen; der Mensch selber soll umgebaut werden. Sicher hat sich die heutige Gesellschaft gegenüber der alten Dorfkultur enorm verändert und stellt andere Anforderungen an das Mann- bzw. Frausein. Doch hier handelt es sich um etwas viel Tieferes: um einen Erdrutsch, bei dem die Verneinung Gottes Männer und Frauen in einen Abgrund reißt, den wir gerade erst zu ahnen beginnen. Es waren die *Grenzen*, die das Chaos zum Kosmos machten – was wird dann geschehen, wenn wir die Grenzen niederreißen?

Oder nicht niederreißen, sondern verschieben. Eine patriarchalische Gesellschaft baut ihre Schutzzäune um die Privilegien des Mannes; er steht im Zentrum der Wirklichkeit, während Frauen und Kinder machtlos an der Peripherie verharren. Heute ahnen wir zuweilen das Gegenbild: Frauen und Kinder in ungebrochener Symbiose hinter dem Palisadenzaun politischer Korrektheit, in den die Männer nur zur Begattung eingelassen werden.

Sophia und die Schwestern

Die gnostische Komponente in dieser Art Feminismus ist deutlich. Bei Beauvoir handelt es sich um die traditionelle gnostische Antipathie gegen den Leib und die körperliche Arbeit. Asketische gnostische Sekten verlangten von ihren hauptsächlich weiblichen Anhängern, »die Werke der Weiblichkeit zu fliehen«.[45]

Weiter liegt in der gnostischen Spiritualität eine Verachtung rationalen Denkens zu Gunsten der »inneren Erleuchtung«, die perfekt zu der Verachtung des »männlichen Denkens mit der linken Gehirnhälfte« passt. Es gibt denn auch feministische Theorien, dass der Gnostizismus die ursprüngliche, weibliche Spiritualität war, die dann vom Patriarchat zurückgedrängt wurde, womit die christliche Kirche nicht nur den Gnostizismus an sich, sondern eigentlich die Frau bekämpft habe.

In den antiken gnostischen Lehren wimmelt es darüber hinaus von weiblichen Göttern und Geistwesen. Irenäus beschreibt ausführlich die Lehre einer gnostischen Sekte, die die Schlange als Vermittlerin der Erkenntnis verehrte. Irenäus beginnt mit der finsteren Leere des Schöpfungsmorgens:

> Über ihnen [den Elementen] schwebt das Pneuma [Geist], sagen sie, und nennen es die Erste Frau. Der Erste Anthro-

pos, sagen sie, freute sich dann zusammen mit seinem Sohn über die Schönheit des Pneuma, das heißt der Frau, es erfüllte sie mit Licht und zeugte aus ihr ein unvergängliches Licht, den Dritten Mann, den sie Christos nennen, den Sohn des Ersten und des Zweiten Anthropos und des heiligen Pneuma, der Ersten Frau. Vater und Sohn schliefen mit der Frau, die sie auch Mutter der Lebendigen nennen.[46]

Als eine der Töchter der Mutter in Not geriet, rief sie zur Mutter um Hilfe.

Da erbarmte sich ihre Mutter, die Erste Frau, über das Bußleiden ihrer Tochter, und sie verlangte vom Ersten Anthropos, dass ihr Christos zur Hilfe geschickt würde. Und er stieg auch herab, zu seiner Schwester geschickt und zur Feuchtigkeit des Lichtes. Als die Untere Sophia aber erkannte, dass ihr Bruder zu ihr herabstieg, da kündigte sie seine Ankunft durch Johannes an und bereitete die Bußtaufe vor und richtete Jesus zuvor entsprechend her, damit Christos bei seiner Herabkunft ein reines Gefäß vorfinde ...[47]

Der letzte Gedanke ist einer der Kardinalpunkte des Gnostizismus: Er unterscheidet zwischen dem irdischen Jesus und dem himmlischen Christus. So konnte er sich an der so anstößigen Inkarnation vorbeimogeln: Als Jesus von Johannes dem Täufer getauft wurde, kam »Christus« auf ihn herab, blieb eine Zeit lang in ihm und verließ ihn dann wieder vor der Kreuzigung: »Als er dazu abgeführt wurde, hat sich, sagen sie, Christos selbst mit der Sophia davongemacht in den unvergänglichen Äon, Jesus aber wurde gekreuzigt.«[48]

Irenäus berichtet weiter, dass gewisse gnostische Sekten lehrten, »die Sophia sei selbst die Schlange. Deshalb trat sie auch als Gegnerin des Schöpfers Adams auf und hat dem Menschen die Erkenntnis eingegeben, und darum heißt es, dass die Schlange klüger ist als alle. Aber auch mit der Anordnung unserer Eingeweide, durch die die Nahrung transportiert wird, eben mit der besonderen Gestalt, die sie haben, zeigt uns die verborgene Erzeugerin, dass in uns das Wesen der Schlangengestalt (angelegt ist).«[49] Von den Aposteln habe allein Judas diese Wahrheit erkannt.[50]

Wie dieser Glaube in den Gottesdiensten zum Ausdruck kam, können uns die gnostischen Taufformeln zeigen, zum Beispiel die folgende: »Auf den Namen des unbekannten Vaters aller Dinge; auf die Aletheia, die Mutter aller Dinge; auf den, der auf Jesus herabgestiegen ist zur Vereinigung und Erlösung und Gemeinschaft der Kräfte!«[51]

Und auf der Reise in den Himmel oder das Pleroma (Fülle), die der gnostisch erleuchtete Mensch im Tode unternimmt, gilt es, die rechten Bekenntnisformeln parat zu haben, um an den diversen Hindernissen vorbeizukommen. Irenäus zitiert unter anderen die folgende:

> Und ich rufe die unvergängliche Sophia an, die im Vater ist, aber Mutter eurer Mutter ist, die keinen Vater hat und keinen männlichen Paargenossen. Als von der Frau geborene Frau hat sie euch geschaffen, ohne ihre Mutter zu kennen und im Glauben, sie sei allein. Ich rufe aber ihre Mutter an.[52]

Abstruse Vorstellungen einer längst vergangenen Zeit? Nun, in unseren Tagen hört man in manchen Kirchen immer häufiger folgende Formel, unter anderem als Lossprechung nach dem Sündenbekenntnis im Gottesdienst: »Im Namen des Schöpfers, des Befreiers und der Lebensspenderin.« Die Kirchenväter hätten dies ohne jeden Zweifel als gnostische, für einen christlichen Gottesdienst indiskutable Formel aufgefasst. Nicht deswegen, weil sie verneint hätten, dass Gott auch weibliche Eigenschaften hat – er schuf ja Mann und Frau zu seinem Ebenbild und steht selber über jeder menschlichen Geschlechtlichkeit –, sondern weil Gott sich als Vater, Sohn und Geist geoffenbart hat. Die Gnostiker freilich betrachteten diese Offenbarung nicht als bindend; sie formulierten ihre Lehren nach ihren, wie Irenäus sagt, psychologischen Bedürfnissen.

Für die Feministen ist die christliche Kirche bekanntlich seit jeher der große Garant von Patriarchat und Frauenunterdrückung. Ein männlicher Gott und lauter Männer auf den Kanzeln – was Wunder, dass es den Frauen so schlecht geht ... Will man hier retten, was zu retten ist, ist es ja wohl das Mindeste, dass man Gott als Vater (»er«) *und* Mutter (»sie«) bekennt. Und da der Heilige Geist im Hebräischen weiblich ist, ist er folglich eine »Sie«.

Vielleicht wurde ein Samenkorn zu dieser Entwicklung in der Reformation gesät. Luther und die anderen Reformatoren betonten sehr stark die Beziehung des Einzelnen zu Gott. Die Kirche der Renaissance war geistlich so herabgewirtschaftet, dass sie den Weg zu Gott eher verbaute als öffnete. Natürlich träumte keiner von den Reformatoren von einem Christentum ohne Kirche ...

... aber es fragt sich, ob nicht just ihre Prägung durch das individualistische Menschenbild der Renaissance das Fundament für die heutige Privatreligiosität gelegt hat. »Der Gerechte wird aus Glauben leben« war die befreiende Entdeckung einer biblischen Wahrheit. Doch im Laufe der Zeit wurde daraus der Satz: »Jeder wird durch seinen Glauben selig.« Eine kleine, aber verhängnisvolle Akzentverschiebung: Der Inhalt des Glaubens wurde nicht mehr von der Kirche formuliert – er wurde zur Privatsache. Und so war mitten in der Kirche die Privatfrömmigkeit geboren: Die Tür ist offen, eine Gemeinde braucht es nicht mehr, oder allenfalls noch als diskrete Kulisse für meine private Spiritualität.

Genauso aber entstand der Gnostizismus: als Entdeckung einer inneren Spiritualität, die die Kirche überflüssig machte. In größeren oder kleineren Gruppen lösten die Gnostiker sich aus der Gemeinschaft der »allgemeinen« Kirche, um ihre eigenen »Erkenntnisse« zu pflegen. Vielleicht liegt hier eine der tieferen Ursachen dafür, dass sie andauernd Gott weibliche Eigenschaften beilegen wollten: Sie hatten die Kirche verlassen und damit die Geborgenheit der Gemeinde. Suchte man also nicht den weiblichen Gott, da man auf die Geborgenheit der Kirche meinte verzichten zu können?

Stimmt es, dass das Christentum den Mann zur Norm für das Menschsein erhoben hat? Eindeutig nicht. Es begann am Morgen der Schöpfung:

> Und alle die Sträucher auf dem Felde waren noch nicht auf Erden, und all das Kraut auf dem Felde war noch nicht gewachsen ... aber ein Nebel stieg auf von der Erde und

feuchtete alles Land. Da machte Gott der Herr den Menschen aus Erde vom Acker und blies ihm den Odem des Lebens in seine Nase. Und so ward der Mensch ein lebendiges Wesen. (1. Mose 2,5-7)

Aus diesem ersten Menschen kommt viel später in der Geschichte ein Volk, mit welchem Gott eine ganz besondere Beziehung eingeht. Dies wird ein Leitmotiv bei den Propheten:

So spricht der Herr: Ich gedenke der Treue deiner Jugend und der Liebe deiner Brautzeit, wie du mir folgtest in der Wüste, im Lande, da man nicht sät ... (Jeremia 2,2)

Ihre Mutter ist eine Hure, und die sie getragen hat, treibt es schändlich und spricht: »Ich will meinen Liebhabern nachlaufen, die mir mein Brot und Wasser geben ...« Darum, siehe, ich will sie locken und will sie in die Wüste führen und freundlich mit ihr reden. ... Ich will mich mit dir verloben für alle Ewigkeit ... (Hosea 2,7-21)

Rühme, du Unfruchtbare, die du nicht geboren hast! Freue dich mit Rühmen und jauchze, die du nicht schwanger warst! Denn die Einsame hat mehr Kinder, als die den Mann hat, spricht der Herr. ... Denn der dich gemacht hat, ist dein Mann – Herr Zebaoth ist sein Name – ... Denn der Herr hat dich zu sich gerufen wie eine verlassene und von Herzen betrübte Frau; und die Frau der Jugendzeit, wie könnte sie verstoßen bleiben!, spricht dein Gott. (Jesaja 54,1-6)

Man soll dich nicht mehr nennen »Verlassene« und dein Land nicht mehr »Einsame«, sondern du sollst heißen »Meine Lust« und dein Land »Liebe Frau«; denn der Herr hat Lust an dir, und dein Land hat einen lieben Mann. (Jesaja 62,4)

Etwa fünfhundert Jahre später steht eine arme Teenagerin vor einem seltsamen Besuch: »Der heilige Geist wird über dich kommen, und die Kraft des Höchsten wird dich überschatten; darum wird auch das Heilige, das geboren wird, Gottes Sohn genannt werden« (Lukas 1,35). Und Maria gibt die Antwort, die das Grundmuster für die Beziehung des Menschen zu Gott ist, das Losungswort für alle Nachfolge: »Siehe, ich bin des Herrn Magd; mir geschehe, wie du gesagt hast« (Lukas 1,38).

Bevor wir weitergehen: Es ist höchste Zeit, dass Maria aus ihrer Rolle als hochkirchliche Geisel befreit wird. Allzu lange wurde sie von Männern dazu missbraucht, um Frauen zu Passivität und Schweigen zu zwingen. Sie wurde zum theologischen Alibi für eine enge, verarmende Auffassung von der Stellung der Frau, in der diese nur für das passive Empfangen und die Männer für Predigt und Handeln stehen. So wurden die Frauen in der Kirche ihrer ersten Schwester beraubt und gezwungen, woanders nach dynamischeren Vorbildern zu suchen.

Ein Theologe des Mittelalters hat gesagt: »Maria wurde schwanger durch ihr Ohr.« *Der Weg der Maria ist nicht das Schweigen, sondern das Hören.* Alles andere als still und passiv, antwortet Maria freimütig und klar. Bis heute singen wir ihren umwälzenden, wunderbaren Lobgesang, das Magnificat: »Meine Seele erhebt den Herrn, und mein Geist freut sich Gottes, meines Heilandes; denn er hat die Niedrigkeit seiner Magd angesehen ...« (Lukas 1,46-55)

Zu allen Zeiten galt Maria als Vorbild der Kirche, sie, die in ihrem Leib Jesus getragen hat. Wer behauptet, die Kirche habe die Frau in die Büßerecke gestellt, weil Eva den Sündenfall verschuldet habe, liest nur die halbe Geschichte. Bei der Geburt des Heilands, am Kreuz, am offenen Grab stehen Frauen im Zentrum. In den Situationen der Unsicherheit, wo alle logischen Berechnungen fehlschlagen und die Strategen im Dunkeln tappen, scheint es der Frau leichter zu fallen, die Offenheit der Gemeinde gegenüber dem Handeln Gottes auszudrücken.

Eine weitere Wegscheide war das zehntägige Warten der ersten Christen, bevor der Heilige Geist auf die Gemeinde kam: »Diese alle waren stets beieinander einmütig im Gebet samt den Frauen und Maria, der Mutter Jesu, und seinen Brüdern« (Apostelgeschichte 1,14). Vielleicht hatte Maria hier eine besondere Aufgabe, den Männern beim Warten zu helfen – sie, die Jesus so lange unter ihrem Herzen getragen hatte, ohne etwas »tun« zu können.

Heute, in einer kulturellen Wendezeit gigantischen Ausmaßes, steht die Kirche an einer historischen Wegscheide. Die typisch männliche Art der »Problemlösung« versagt jämmerlich vor diesem tiefen Veränderungsprozess. Pläne, Expertisen, Diskussionen und Zukunftsszenarien dürften für die Zukunft der Gemeinde ungefähr so entscheidend sein wie für die Geburt eines Kindes.

Dass der Feminismus uns in solch hohem Grad aller Vorbilder der Mütterlichkeit beraubt hat, ist ein Verrat nicht nur an der Frau, sondern an der ganzen Kirche. Just in einer Situation, wo wir alle echt weibliche Führungsqualitäten bräuchten, kämpfen die Frauen darum, ihr Stück vom männlichen Debattier- und Aktionismuskuchen aus Politik und Wirtschaft zu bekommen, der doch Krisen und Geburtswehen so hilflos gegenübersteht!

Noch einmal: Marias Geheimnis ist nicht das Schweigen, sondern das Hören. Die Betonung liegt auf dem Empfangen, auf der Fähigkeit, auf das zu warten, worüber wir nicht verfügen können. Auf diesem Fundament können wir dann freimütig darüber reden, was wir empfangen haben – die Frauen in der Sprache der Frauen, die Männer in der der Männer. Wo eine dieser Sprachen fehlt oder der anderen gleichgeschaltet wird, verarmt das Gotteszeugnis.

Dass es hier mitnichten um eine Femininisierung des Mannes geht, deutet Dag Hammarskjöld in seinem Buch *Zeichen am Weg* an. Ein gelinde gesagt aktiver Mann im Kraftfeld der Weltpolitik schreibt über seine innerste Einstellung:

> Mitten im Gelärm das innere Schweigen bewahren. Offen, still, feuchter Humus im fruchtbaren Dunkel bleiben, wo Regen fällt und Saat wächst – stapfen auch noch so viele im trockenen Tageslicht über die Erde in wirbelndem Staub.[53]

Gibt es einen anderen Weg, in dem innerkirchlichen Chaos der Debatten und Streitereien zu hören, was der Geist der Gemeinde sagen will? Hat es je einen anderen Weg gegeben?

Von Mann zu Mann

Wenn wir die Grenzen zwischen männlich und weiblich niederreißen, ist das Ergebnis, dass die Kirche *weniger* männlich und *weniger* weiblich wird. Alles fließt zusammen zu einem grauen Einheitsbrei, wo niemand mehr seiner Eigenart Gestalt zu geben wagt, aus lauter Angst, politisch nicht korrekt zu sein. So wie unsere Talare den männlichen wie weiblichen Körper verhüllen, so neigen unsere Amtsrollen und kirchlich verordneten Meinungen dazu, unsere innere Männlichkeit und Weiblichkeit hinter dem diffusen Bedürfnis, »allgemein menschlich« zu sein, zu verstecken. Das Resultat ist eine verarmte Kirche, die sich immer schwerer tut, Gottes Pläne mit seiner Schöpfung zu bezeugen.

Wie die Frauen das spezifisch Weibliche gestalten können, kann ich aus leicht ersichtlichen Gründen nicht darlegen. Doch was die Männer betrifft, glaube ich, zusammen mit meinen Brüdern etwas laut nachdenken zu können.

Im Leben vieler Kirchen sind die Männer ja heute eine rasch schrumpfende Minderheit – im Gottesdienst, aber oft auch im Gemeinderat und in den Gruppen, und immer häufiger sieht man Frauen auch auf den Kanzeln. Dies ist kaum zufällig, sondern hat tiefe theologische und psychologische Ursachen. Die Büßergeste vor den feministischen Patriarchatsanschuldigungen schafft kaum ein positives Klima für die Rehabilitierung des Mannes in der Kirche. Doch es gibt Anzeichen dafür, dass ein unbefangenerer Dialog zwischen den Geschlechtern dabei ist, sich zu entwickeln, in welchem »Männlichkeit« kein Schimpfwort mehr ist, sondern etwas von beiden Geschlechtern Ersehntes. Einige Stichworte dazu:

Standhalten

Die große Vaterfigur in der Bibel ist Abraham. Paulus schreibt:

> Abraham ist unser aller Vater – wie geschrieben steht: »Ich habe dich gesetzt zum Vater vieler Völker« – vor Gott, dem er geglaubt hat, der die Toten lebendig macht und ruft das, was nicht ist, dass es sei. Er hat geglaubt auf Hoffnung, wo nichts zu hoffen war, dass er der Vater vieler Völker werde, wie zu ihm gesagt ist: »So zahlreich sollen deine Nachkommen sein.« (Römer 4,16-18)

Abraham lief nicht weg, er drückte sich nicht. Er kämpfte mit seinen Zweifeln und seinen Gefühlen, er beging etliche Fehler, aber er blieb bei Gott und bei Sara. Seine Chancen standen, menschlich gesehen, gegen Null, und er kannte sie gut, die Versuchung, sich hinauszuwinden aus dem eisernen Griff des »Unmöglich«. Aber wie ein Fels stand er zu dem »Ja«, das er Gott gegeben hatte, und mit aller Kraft klammerte er sich an Gottes Verheißung. Anstatt dem jahrtausendealten Männlichkeitsklischee zu folgen und einen Haufen eingebildeter äußerer Feinde zu bekämpfen, nahm er den Kampf dort auf, wo es galt: in seiner eigenen Seele. *Darum* konnte er »der Vater vieler Völker« werden.

Einige tausend Jahre nach Abraham erhielten die »Wüstenväter« ihren Namen aus dem gleichen Grund. Es waren die Männer (möglicherweise Zehntausende), die im 4. und 5. Jahrhundert in die ägyptische Wüste zogen, um dort in der Einsamkeit Gott zu suchen. Natürlich gab es bereits damals Menschen, die sie der Weltflucht beschuldigten, so wie wir manchmal heute noch den Weg des Gebets als Ausstieg aus der Realität beiseite wischen. Aber gerade hierin liegt das Paradoxe: Sie flohen in die Einsamkeit, weil sie sich weigerten, zu fliehen. Es ist nämlich unendlich einfacher, vor seinen wirklichen, inneren Feinden zu flüchten, indem man sich in ständig neue so genannte männliche Unternehmungen stürzt; auf diese Art ist eine Generation nach der anderen ihrer Vorbilder an wirklicher Männlichkeit beraubt worden.

Und diese innere Flucht verweigerten die Wüstenväter. Sie blieben in ihren Klausen, jahrzehntelang. Und so wurden sie buchstäblich zu Vätern: Aus ihren Mühen wuchs ein Strom des Gebetes und der geistlichen Wegweisung, der im Laufe der Geschichte unendlich viele geistliche Brüder und Schwestern geboren und aufgezogen hat.

Heute gibt es in den USA Bewegungen, die versuchen, den Mann aus seinen Fluchtversuchen zurückzuholen. Die christlichen »Promise Keepers« bringen regelmäßig mehrere Hunderttausend Männer zusammen. Hier wird den falschen Männlichkeitsbildern – sexuelle Eroberungen, Gefühlskälte, Großmannssucht, »In-die-Schnauze-Hauen« – etwas anderes entgegengesetzt. Eine Fernsehwerbung zu diesem Thema endet damit, dass eine tiefe männliche Stimme sagt: »Ein Kind machen kann jeder. Aber es braucht einen Mann, um einen Vater zu machen.«[54] Vielleicht hätte Abraham herzlich darüber gelacht. Und zustimmend genickt.

Im Letzten geht es hier um die Frage, was – so dies denn eine männliche Eigenschaft ist – ein »starker Mann« ist. Gemeinhin versteht man darunter ja jemanden, der es erfolgreich vermeidet, Schwächen zu zeigen. »Nur nicht hinfallen« ist der sprechende Titel eines Buches über den heutigen Mann; er hat stets die Kontrolle zu behalten, seine Gefühle zu beherrschen, um jeden Preis aufrecht zu stehen. Und um dies zu schaffen, muss er allen Situationen aus dem Weg gehen, die ihm aus der Hand gleiten könnten. Stärke – das ist sein Vermögen, Angriffen, Leiden, Zerfall und Tod zu widerstehen. Die Stärke eines Mannes wird danach bemessen, wie vielen Dingen er ausweichen kann.

Jesus zeigt uns eine ganz andere Stärke. Es mag riskant erscheinen, Jesus zum Vorbild für Männlichkeit zu nehmen, da er ja der wahre Mensch für Männer *und* Frauen ist. Aber in dieser Fülle hat auch die wahre Männlichkeit Platz. Jesu Stärke ist eine offene Tür für Schwachheit, Angriffe, Nacktheit und Tod. Er flüchtet nicht vor diesen Dingen, sondern nimmt sie an, verwandelt sie, baut sie ein in eine innere Festigkeit, die sich durch nichts erschüttern lässt. Die Stärke eines solchen Mannes bemisst sich nicht danach, wie vielem er ausweichen kann, sondern durch wie viel er durchgegangen ist.

Die Begegnung zwischen Pilatus und Jesus ist neben vielem anderem auch die Begegnung zwischen zwei Sorten von Männern. Der eine ist bis zu den Zähnen mit der ersten Art Stärke bewaffnet. Wie ein nordischer Politiker es ausgedrückt hat: »Was ich am meisten fürchte, sind Menschen, die ein so dickes Fell haben, dass sie ohne Rückgrat stehen können.«[55] Pilatus ist ein Mann, der seine Gefühle und die der anderen unter die Füße getrampelt hat, vor seinem eigenen Inneren geflohen und nur noch Fassade ist. Der Kampf um die Macht hat ihn blind gemacht für die Wirklichkeit, und zum tausendsten Mal weicht er seinem Gewissen mit einem Achselzucken aus: »Was ist Wahrheit?« (Johannes 18,38)

Der andere Mann hat ebenfalls tausend Möglichkeiten zur Flucht gehabt, aber er ist nicht geflohen. Er hätte der demütigenden Situation, in der er sich befindet, leicht ausweichen können, aber seine Lebensdevise heißt nicht Sicherheit. Der Kampf ist bereits in Gethsemane ausgefochten worden, wo er allein vor dem Vater seinen inneren Feinden gegenübertrat. Und so steht er jetzt gefasst und unerschütterlich vor dem, der ihm menschlich gesehen unendlich überlegen ist. Hat Pilatus vielleicht zum Schluss geahnt, wie es sich in Wirklichkeit verhielt, als er Jesus mit der Dornenkrone und dem Purpurmantel nach draußen führen ließ und sagte: »Seht, welch ein Mensch« (Johannes 19,5)?

Sich trennen

Als unsere vier Kinder geboren wurden, durfte ich jedes Mal bei dem Wunder dabei sein. Drei Mal (einmal war eine Hebamme schneller) konnte ich selber die Nabelschnur durchtrennen. Dieses Durchtrennen ist ein Bild für eine der wichtigsten Aufgaben, die der Mann in dieser Welt hat, mit großen Folgen für alles menschliche Leben. Und mit ebenso großen Folgen, wenn er diesem Auftrag ausweicht.

In Epheser 5,31-32 zitiert Paulus einen der ersten Schlüsselverse über Mann und Frau in der Bibel: »Darum wird ein Mann Vater und Mutter verlassen und an seiner Frau hängen, und die zwei werden *ein* Fleisch sein.« Und er fügt hinzu: »Dies Geheimnis ist groß.« Zum einen ist dies Gottes Grundschöpfungsordnung für das Zusammenleben zwischen den Menschen: die Ehe zwischen einem Mann und einer Frau. Und zum zweiten ist es ein Bild für das Verhältnis zwischen Gott und der Gemeinde; Jesus, der Bräutigam, verlässt seinen Vater, um sich mit uns zu vereinen.

Aber das Geheimnis ist groß, sagt Paulus; es enthält noch mehr. Vielleicht gibt es uns einen Schlüssel zu einer der Schöpfungsaufgaben des Mannes: eine Symbiose aufzubrechen. Die Mutter empfängt den Samen, lässt das Kind in sich wachsen und hält es in ihrem Schoß. Das Risiko ist groß, dass sie es nicht freiwillig loslässt, wenn nicht der Mann zu seiner Verantwortung steht und die zu enge Mutter-Kind-Bindung durchtrennt. Eine nicht gelöste Bindung wird schließlich zu einer verkrampften Symbiose zwischen zwei unfreien Menschen – bei der der eine glaubt, nicht ohne den anderen leben zu können –, und zu einem Hindernis für persönliche Reife, Verantwortung, Kreativität und Beziehungsfähigkeit.

Aus so einer Bindung löst sich der Mann auch, wenn er von seinen Eltern aufbricht. Schafft er es nicht, sich von ihnen zu lösen, kann er nicht wirklich eins mit seiner Frau werden. Unzählige Ehe-Tragödien haben hier ihre Wurzel: Der Mann/die Frau hat sich nicht von seinen/ihren Eltern abgenabelt, sondern versucht, die alte Symbiose einfach um den Ehepartner zu erweitern. »Wir verlieren nicht eine Tochter, wir bekommen einen Sohn« – dieser gut gemeinte Spruch so mancher Schwiegereltern ist eine Zeitbombe. Die alte schwedische Sitte, dass der Vater bei der Trauung seine Tochter dem Bräutigam übergibt, hat ihren tiefen Sinn: Es ist die Aufgabe des Vaters, die Symbiose aufzubrechen und damit die Kinder in die Freiheit zu entlassen. Kann sein, dass er Klartext mit der Mutter reden muss: »Jetzt lässt du deine Tochter mal erwachsen werden!«

Wer nicht »verlassen« hat, kann nicht »anhängen«. Ohne Abnabelung kann es nicht zur Vereinigung kommen. Und dieser Zusammenhang gilt sowohl für die Ehe wie für unser Verhältnis zu Gott. Eine Kirche, die nicht mehr die Trennung von Fleisch, Welt und Teufel betreibt, kann die Menschen nicht zur Vereinigung mit Gott führen. Die Sorge der Volkskirche, ja niemanden aus ihrem Schoß zu vergraulen, ähnelt verdächtig der überbehütenden Mutter, die ihrem Kind niemals zumutet, Konsequenzen zu tragen oder Verantwortung zu übernehmen, egal, was es getan hat. »Das regelt Mama schon«, lautet die Erfolgsformel, um Kinder (in der Familie wie in der Kirche) am Erwachsenwerden zu hindern.

Die frühkirchliche Taufe beruhte auf zwei Elementen. Zuerst kam das *Absage*n: Der Täufling distanzierte sich vom Teufel und allen seinen Werken. Sodann kam das *Bekenntnis*: Der Täufling bekannte sich zu dem dreieinigen Gott. Nur so konnte eine klare christliche Identität entstehen: durch ein deutliches Nein und ein deutliches Ja. Erst durch die Trennung von seinem alten Leben wird der Mensch frei, in der Taufe eins mit Christus und seinem Leib zu werden. Erst dann kann man sinnvoll von »Heiligung« sprechen, die ja genau dies bedeutet: sich absondern.

Was geschieht nun, wenn wir heutzutage das Absagen überspringen und »uns auf das positive Bekenntnis konzentrieren«? Die Gefahr ist groß, dass die Kirche genauso wird wie eine Ehe, die man eingegangen ist, ohne zuvor die Symbiose mit seiner alten Familie gebrochen zu haben: ein blasser, farbloser Anbau an das vertraute Alte, der jedes kreative neue Leben unmöglich macht.

Das »Geheimnis«, von dem Paulus redet, deutet, wie immer, wenn der Urtext das Wort *mysterion* verwendet, im Tiefsten auf das Große Geheimnis hin, den dreieinigen Gott. Die feminisierten Gottesbilder unserer Zeit können uns den Blick für diese entscheidenden Zusammenhänge leicht verstellen. Verkündigung und Praxis betonen ja dauernd das *Annehmen*: dass Gott uns vergibt, akzeptiert, bestätigt usw., während das *Sich-Trennen* oft in der Ecke des »alttestamentlichen Gottesbildes« landet und in gnostischer Manier in Gegensatz zu dem Bild vom »lieben« Gott gestellt wird. Gehen wir auf diesem Weg weiter, landen wir zum Schluss in einer Mutter-Erde-Theologie, in der die ungebrochene Muttersymbiose alle und alles in ihren grenzenlosen Schoß nimmt.

Doch bereits in der Schöpfung kommt es, wie wir gesehen haben, zu einer unerhörten Trennung. Gottes Liebe manifestiert sich gerade darin, dass er dem Menschen die Freiheit und Verantwortung für seine Handlungen überträgt. Gott spielt mit vollem Einsatz, auf Leben oder Tod, mit dem offensichtlichen Risiko, dass der Mensch das Falsche wählt. Hier stehen wir vor dem vielleicht tiefsten Grund dafür, dass das Christentum im Gegensatz zum Gnostizismus eine solch starke ethische Orientierung hat. Moralische Verantwortung setzt ja die Trennung von der Muttersymbiose voraus. Hier liegt auch die Grundvoraussetzung dafür, Gott lieben zu können, denn Liebe beruht auf der Freiheit, ja oder nein sagen zu können. Der symbiotische Mensch weiß nicht, was Liebe ist; er »muss«.

Widerstand bieten

»Mit Papa kämpfen« – das kann Verschiedenes bedeuten. Das nötige Kräftemessen, um sich selbst und seine Grenzen zu finden ... oder ein Ringen auf Leben oder Tod, um frei zu werden von einem tyrannischen Vater. Die Risiken, es falsch zu machen, sind für den autoritären Vater gerade so groß wie für die überbehütende Mutter. Und doch ist es für die Reifung und Entwicklung des Kindes entscheidend wichtig, auf deutliche Widerstände zu stoßen. Auf Grenzen: Bis hierhin, und nicht weiter. Auf Herausforderungen: Das hier ist echt schwer, aber du schaffst das. Auf Widerspruch: Nein, da hast du nicht Recht. Durch Frustrationen wachsen wir, finden uns selber, lernen, neue Wege zu gehen.

Nach der Befreiung aus der Knechtschaft in Ägypten landete das Volk Israel nicht in einem Urlaubsparadies, sondern in einer kargen, unfruchtbaren Wüste, wo Gott ihm während einer 40-jährigen Wanderung, die eigentlich in ein paar Wochen zu erledigen gewesen wäre, oft hart entgegentrat. Die Identität und das Gottesbild dieses Volkes entstanden nicht in einem »geistlichen Lustgarten« mit Bibliothek und allem Komfort, sondern in einer Wüste. So lernte es seinen Herrn kennen: »Da hast du gesehen, dass dich der Herr, dein Gott, getragen hat, wie ein Mann seinen Sohn trägt, auf dem ganzen Wege, den ihr gewandert seid« (5. Mose 1,31).

Die Herausforderung liegt in einer Linie mit dem Sich-Trennen und zeigt sich auch in Gottes Handeln mit uns. Er nimmt an wie eine Mutter und ermahnt wie ein Vater. Jesus kann eine grenzenlose Güte und Großzügigkeit zeigen, aber auch eine unbeirrbare Festigkeit, die die Menschen aufs Äußerste fordert. Das Jüngersein vollzieht sich ständig in dem Kraftfeld zwischen diesen beiden paradoxen Magnetpolen: Komm so, wie du bist ... verkaufe alles, was du hast. Nehmen wir einen dieser Pole weg, verschwindet die Kraft in Jesu Ruf »Folge mir nach!«, und alle die richtigen Worte über Gottes Liebe verhallen, ohne die Menschen zu berühren und in Bewegung zu setzen. Und heute ist der fehlende Pol eindeutig der Widerstand, die Herausforderung. Warum gibt es so wenige Männer in der Kirche? Und was tun die Männer, die dort sind?

Es gibt eine starke Szene, wo Jesus vor dem leeren Grab der verzweifelten Maria von Magdala begegnet. Erst erkennt sie ihn nicht, sondern glaubt, dass er der Gärtner ist. Johannes berichtet:

> Spricht Jesus zu ihr: Maria! Da wandte sie sich um und spricht zu ihm auf Hebräisch: Rabbuni!, das heißt: Meister! Spricht Jesus zu ihr: Rühre mich nicht an! Denn ich bin noch nicht aufgefahren zum Vater. Geh aber hin zu meinen Brüdern und sage ihnen: Ich fahre auf zu meinem Vater und zu eurem Vater, zu meinem Gott und zu eurem Gott. (Johannes 20,16-17)

Maria will ihm um den Hals fallen, aber Jesus wehrt ab: »Rühre mich nicht an!« Natürlich geht es hier nicht darum, dass der Mann seine Gefühle unterdrücken und Angst vor jedem Körperkontakt haben soll. Jesus gibt in den Evangelien viele Beispiele dafür, wie er das emotionale Gefrierschrankideal, das so viel Männlichkeit erstickt hat, aufbricht.

Nein, es geht hier um etwas anderes. Um die Fähigkeit, zu wissen, wann es an der Zeit ist, die Symbiose aufzubrechen, den liebevollen Widerstand zu leisten, der Maria in ihren Alltag zurückführt: »Es ist jetzt Zeit, dass du deinen eigenen inneren Anker findest, deine eigene Beziehung zum Vater.« Und Jesus betont: »*Mein* Vater und *euer* Vater, *mein* Gott und *euer* Gott.« Marias erste Reaktion mag ein Gefühl des Abgewiesenwerdens gewesen sein. Aber die ganze Szene ist so voll von Liebe, dass sie bald ahnt, was für eine Kraft Jesus ihr hier gibt.

Wie sollen wir erkennen, was wir im Tiefsten wollen, wenn wir nie auf Widerstand treffen? Und wie sollen wir je in unserem Leben unseren tiefsten Willen mit Gottes Willen konfrontieren, wenn die Kirche Angst hat, zu den Menschen nein zu sagen, und ihnen eifrig versichert, dass sie schon recht sind?

Begeben wir uns einen Augenblick in die Zeit der Völkerwanderung, in das 6. Jahrhundert, als das Römerreich zusammengebrochen und ganz Europa ein Mischmasch ohne feste Konturen war. Damals schrieb Benedikt von Nursia eine Mönchsregel. Ich zitiere aus seiner Anweisung für den Umgang mit Menschen, die an die Tür des Klosters klopfen und um Aufnahme in die Gemeinschaft bitten:

> Kommt einer neu und will das klösterliche Leben beginnen, werde ihm der Eintritt nicht leicht gewährt, sondern man richte sich nach dem Wort des Apostels: »Prüft die Geister, ob sie aus Gott sind.« Wenn er also kommt und beharrlich klopft und es nach vier oder fünf Tagen klar ist, dass er die ihm zugefügte harte Behandlung sowie die Schwierigkeiten beim Eintritt geduldig erträgt, aber trotzdem auf seiner Bitte besteht, gestatte man ihm den Eintritt, und er halte sich einige Tage in der Unterkunft für die Gäste auf.
>
> Danach wohne er im Raum für die Novizen, wo sie lernen, essen und schlafen. Ein erfahrener Bruder werde für sie bestimmt, der geeignet ist, Menschen zu gewinnen, und der sich mit aller Sorgfalt ihrer annimmt.
>
> Man achte genau darauf, ob der Novize wirklich Gott sucht, ob er Eifer hat für den Gottesdienst, ob er bereit ist, zu gehorchen, und ob er fähig ist, Widerwärtiges zu ertragen. Offen rede man mit ihm über alles Harte und Schwere auf dem Weg zu Gott.[56]

Es lohnt sich, einen Augenblick über diesen Text nachzudenken. Nicht zuletzt in einer Kirche, die sich in den letzten Jahrzehnten immer nur gefragt hat, wie sie die Türschwellen senken kann, damit man leichter in sie hineinkommt. Kann man die Frage nicht auch umgekehrt stellen: Wie können wir die Schwellen höher legen, damit wir den Menschen helfen, sich darüber klar zu werden, was sie eigentlich suchen?

Verteidigen

Eines meiner Lieblingsbücher als Kind behandelte die Geschichte des Wilden Westens. In dem Buch gab es unter anderem ein doppelseitiges Bild von einer »Wagenburg« – einem Treck, der für die Nacht die Wagen zu einem Kreis zusammengestellt hatte. Drinnen sind die Frauen und Kinder mit Essenkochen und anderen Haushaltsdingen beschäftigt, draußen sitzen die Männer mit ihren Waffen um die Lagerfeuer herum, bereit, die Gruppe jederzeit gegen Überfälle und sonstige Gefahren zu verteidigen.

Bevor wir pflichtschuldigst aufgeklärt über diese »traditionellen Geschlechterrollen« lächeln, sollten wir uns vielleicht daran erinnern, dass der Mensch an die 99 % seiner Geschichte so gelebt hat. Deutliche Feindbilder von wilden Tieren oder Feinden haben eine der wichtigsten Aufgaben des Mannes definiert: dass er seine Angehörigen und sich selber gegen Angriffe schützt. Wenn diese Feindbilder abklingen und eine andere Gesellschaft heranwächst, wird die Umstellung für den Mann schwieriger als für die Frau. Nicht zuletzt die Entwicklungen bei traditionellen Jägervölkern wie den Indianern, Eskimos, gewissen afrikanischen Stämmen usw. zeigen, dass der Mann in einer bedeutend schwereren Existenzkrise steht als die Frau, die nie in gleichem Maße von klar definierten Feindbildern abhängig gewesen ist.

Was geschieht nun hier in einer Gesellschaft ohne Grenzen, in der es keine sichtbaren Feinde mehr gibt? Oder in einer Kirche, in der das Reden vom Feind abgeschafft ist und der offene Mutterschoß alle und alles umschließt? Was macht der Mensch, wenn es keinen klaren Feind mehr gibt – *aber die Welt trotzdem nicht gut ist*?

Die Gefahr ist groß, dass der Verteidigungsinstinkt desorientiert wird, die Frustration wächst und schließlich die Aggressionen ein Eigenleben entwickeln. Ein Vergleich mag hier helfen: Bekanntlich sind in den westlichen Ländern die Allergien auf dem Vormarsch; unser Körper reagiert auf Stoffe in unserer Umgebung, die eigentlich ganz natürlich sind. Einer der roten Fäden in diesem Phänomen scheinen die vielen Impfungen gegen Krankheiten zu sein, ja das gründliche Abschirmen vor Krankheitskeimen. Untersuchungen aus verschiedenen Ländern deuten darauf hin, dass jemand, der als Kind wenige Krankheiten gehabt hat, leichter Allergien bekommt.

Ein Experte kommentiert: »Eine Erklärung läuft darauf hinaus, dass das Immunsystem beschäftigt werden will. Bleiben die Feinde, zu deren Bekämpfung es entwickelt worden ist, aus, reagiert es auf Reize, die es normalerweise ignoriert.«[57] Mit anderen Worten: Wir hören nicht auf, uns zu verteidigen, sondern schießen uns auf Feinde ein, die gar keine sind.

Im Sommer 1997 schipperte der schwedische Bischof Martin Lönnebo allein durch die Schären, in einem Boot mit dem griechischen Namen für »Die heilige Sorglosigkeit«. In dem Boot hatte er die Bibel und ein paar der meistgelesenen geistlichen Bücher der Christenheit. Während er las, stellte er sich ständig zwei Fragen: *Wer ist der Feind? Worum geht der Kampf?*

Ich glaube kaum, dass eine Frau die Fragen so formuliert hätte, und dabei ist Martin Lönnebo wohl kaum ein Macho ... Paulus sagt vielleicht mehr, als wir ahnen, wenn er schreibt:

> Zieht an die Waffenrüstung Gottes, damit ihr bestehen könnt gegen die listigen Anschläge des Teufels. Denn wir haben nicht mit Fleisch und Blut zu kämpfen, sondern mit Mächtigen und Gewaltigen, nämlich mit den Herren der Welt, die in dieser Finsternis herrschen, mit den bösen Geistern unter dem Himmel. Deshalb ergreift die Waffenrüstung Gottes, damit ihr an dem bösen Tag Widerstand leisten und alles überwinden und das Feld behalten könnt. (Epheser 6,11-13)

So selbstverständlich war diese Perspektive in der alten Kirche, dass man die Christen auf Erden als »Ecclesia militans« (»die kämpfende Kirche«) bezeichnete – zum Unterschied von dem anderen Teil der Kirche, die bereits als »Ecclesia triumphans« siegreich heim in Gottes Herrlichkeit gegangen war. Dass die Kirche später dazu überging, die Menschen mit den Machtmitteln der Welt zu bekämpfen, lag nicht an ihrem Gehorsam, sondern an ihrem Ungehorsam gegenüber Paulus' Worten. Er warnt ja gerade vor einem solchen fehlgerichteten Feindbild, einer solchen Verzerrung von Männlichkeit. Nein, die Waffen sind Wahrheit und Gerechtigkeit, und der Kampf geschieht vor allem im Gebet, im Lebenswandel und in der freimütigen Verkündigung.

Zu diesem Kampf hat zu allen Zeiten die »Apologetik« gehört, das heißt das gedankliche »Verteidigen und Bekräftigen« des Evangeliums (vgl. Philipper 1,7+16). Heute, wo das Evangelium nur ein Angebot unter anderen auf dem Markt der Möglichkeiten und keine Vorstellung von Gott »richtiger« ist als die andere, erscheint dieses Verteidigen unbegreiflich: »Verteidigen – *wogegen* denn?« Könnte dies einer der Gründe dafür sein, dass man heute so wenige deutliche christliche Stimmen in der öffentlichen Diskussion hört? Oder dass es einem so schwer fällt, das Evangelium als stichhaltig zu betrachten?

Wenn Paulus Recht hat, dann ist der Wegfall der Grenzen nur scheinbar und die Ruhe trügerisch. Dann gibt es einen wirklichen Feind, der auf verschiedene Weise versucht, Gottes Schöpfung zu vernichten und sein Abbild zu schänden. Und dann gibt es auch tief im Menschen etwas, das diesem Feind Widerstand leisten will. In seiner Romantrilogie *Perelandra* beschreibt C. S. Lewis den furchtbaren Kampf zwischen einem Menschen, Ransom, und einer Offenbarung des Bösen, Weston. Der Kampf wogt hin und her und Ransom nähert sich der totalen Erschöpfung. Da

> kam eine Erfahrung über ihn, die vielleicht kein guter Mensch jemals haben kann – ein Sturzbach ungemischten und rechtmäßigen Hasses. Die Energie des Hassens, niemals zuvor ohne Schuldgefühle verspürt, ohne eine vage Erkenntnis, dass er es versäumte, den Sünder von der Sünde zu unterscheiden, strömte in seine Arme und Beine ein, bis sie sich wie Säulen brennenden Blutes anfühlten. Was vor ihm war, erschien ihm nicht länger als ein Geschöpf mit verderbtem Willen. Es war die Verderbtheit selbst, die sich des Willens nur als Werkzeug bediente. Vor undenklichen Zeiten war es eine Person gewesen; aber die Trümmer dieser Persönlichkeit lebten in ihm nur noch als Waffen fort, die einer wütenden, sich selber verbannenden Verneinung zur Verfügung standen. Es ist vielleicht schwierig zu verstehen, warum dies Ransom nicht mit Schrecken, sondern einer Art Freude erfüllte. Die Freude kam aus der Entdeckung, wozu der Hass gut war. Wie ein Junge mit einer Schachtel Farbstifte sich über einen Block weißen Papiers freut, so freute er sich über die vollkommene Übereinstimmung zwischen seinem Hassgefühl und dessen Gegenstand.[58]

Zum Schluss

»Gott schuf also den Menschen als sein Abbild; als Abbild Gottes schuf er ihn. Als Mann und Frau schuf er sie« (1. Mose 1,27 Einheitsübers.).

Auf tausend Weisen und aus tausend Richtungen wird dieses Bild heute angegriffen. Eine der Weisen besteht darin, dass die Grenze zwischen Mann und Frau abbröckelt – was uns paradoxerweise nicht einander näher zu bringen, sondern immer weiter voneinander zu entfernen scheint.

Wenn die beiden Abbilder nicht mehr in der gemeinsamen Anbetung zu ihrem Ursprung hingewendet sind, wird die Gefahr immer größer, dass sie stattdessen anfangen, das Bild ihres eigenen Geschlechtes anzubeten. Dann ist aus der von Gott gegebenen Identität ein Abgott geworden, der unser wahres Angesicht vor Gott und voreinander verdeckt: »So hütet euch nun wohl ..., dass ihr euch nicht versündigt und euch irgendein Bildnis macht, das gleich sei einem Mann oder einer Frau ...« (5. Mose 4,15-16)

Solange wir aus eigener Kraft mit diesen Bildern kämpfen, werden wir uns immer weiter voneinander entfernen. Aber es hat sich jemand in die Schützengräben gestellt. Um diesen Zerfall zu stoppen, sandte Gott sein wahres Abbild in die Welt. Jesus ist »das Ebenbild des unsichtbaren Gottes, der Erstgeborene vor aller Schöpfung. Denn in ihm ist alles geschaffen, was im Himmel und auf Erden ist ... Und er ist vor allem, und es besteht alles in ihm« (Kolosser 1,15-17). Allein in Jesus Christus erfahren die beiden Abbilder »Mann« und »Frau« die richtige Ausrichtung: zu Gott und zueinander hin.

Als man in der alten Kirche darum kämpfte, die Menschwerdung Gottes zu formulieren und zu verteidigen, fand man schließlich auf dem Konzil von Chalcedon (451 n. Chr.) eine Formel, die sich als äußerst tragfähig erwiesen hat. Einfach ausgedrückt: Jesus Christus ist wahrer Gott und wahrer Mensch, *unvermischt und ungetrennt.*

In dieser Begegnung von Gott und Mensch in Jesus Christus liegt das Muster für alle anderen Paradoxien im Evangelium.

Die Wolke im Zelt

Was ist die christliche Antwort auf den Turm zu Babel? Zwei Modelle sind im Laufe der Geschichte gründlich getestet worden:

Der Konkurrenzturm. Die Aufgabe der Kirche ist es, einen geistlicheren Turm neben den anderen zu setzen und die Menschen dorthin zu locken. Es ist ein Turm mit der richtigen Ausrichtung – auf Gott hin, und nicht auf menschliche Reiche.

Das Problem ist nur, dass dieser Turmbau mit seinen Methoden verdächtig oft dem Babelturm ähnlich gewesen ist. Die Wahl war ähnlich radikal wie die zwischen Coca Cola und Pepsi – eine Geschmacksache, bei der nur die Experten die kleinen Unterschiede erkennen. Im Mittelalter geschah dieser kirchliche Turmbau mit päpstlichen Armeen, befestigten Bischofsburgen, Zwangsbesteuerung und Inquisition. Heute stehen die modernen Machthaber Modell, und die Kirchen bauen ihre Strukturen mit Unternehmensberatern, Reklamekampagnen und Börsengängen. Things go better with ... God.

Der Anbau. Die Herrscher der Reformationszeit holten das uralte Modell der Allianz zwischen Priester und König aus der Versenkung. Luther wurde zu einem vortrefflichen Anlass, die Bande zu Rom zu kappen, und schwups! stopfte man die Kirche in den Nationalstaat hinein. Der Priester oder Pastor wurde zum verlängerten Arm des Königs draußen auf den Dorfkanzeln.

In der Ostkirche hatte es dieses Arrangement bereits im alten Byzanz gegeben, wo der Kaiser Wand an Wand mit dem Patriarchen wohnte, in einer Symbiose mit, gelinde gesagt, unscharfen Grenzen. Schon bevor Byzanz 1453 fiel, wanderte diese Struktur nach Norden, nach Russland, wo sie uns noch heute als eine bizarre Mischung aus großrussischem Nationalismus und orthodoxem Glauben entgegentritt. Aber schimpfen wir nicht auf die anderen; welche Kirche ist heute frei von einer Verkündigung, die das Evangelium als jene ersehnte

Kraftquelle ausgibt, die einem das Turmsteigen leichter macht?

Es gibt diese beiden Modelle natürlich in vielen Varianten, aber alle zeigen sie das gleiche Unvermögen, den Unterschied zwischen dem Turm zu Babel und dem Reich Gottes zu zeigen. Mit immer größerem Aufwand versucht man, die Menschen bei der Stange zu halten – und sei es durch Hochglanz-Werbebroschüren. In dieser Branche spricht man heute von »Me too-Produkten« – blassen Kopien, die ihre Nische auf einem Markt zu finden versuchen, der bereits von anderen großen Marken dominiert wird: »Hallo, wir sind auch noch da! Schaut uns an! Hört uns zu! Kommt zu uns!« Wobei die entscheidende Frage für die meisten unbeantwortet bleibt: Warum eigentlich?

Wie lautete noch das Manifest der Babelturm-Erbauer: »Lasst uns eine Stadt und einen Turm bauen, dessen Spitze bis an den Himmel reiche, damit wir uns einen Namen machen ...« (1. Mose 11,4). Das Motto des Teufels lautet: »Ich will aufsteigen.« Die Peitsche der Revolte knallt auf den Rücken einer erschöpften Menschheit: »Ich will in den Himmel steigen und meinen Thron über die Sterne Gottes erhöhen ... Ich will auffahren über die hohen Wolken und gleich sein dem Allerhöchsten« (Jesaja 14,13-14).

Was war Gottes Antwort darauf? »Da fuhr der Herr hernieder ...« (1. Mose 11,5). Gottes Reaktion ist nicht, dass er mitklettert, gleichsam als seelsorgerlicher Begleiter, sondern er geht in die andere Richtung. Der Teufel wollte seine von Gott gegebenen Grenzen durchbrechen und riss die Menschen mit hinein in diesen Aufstand gegen alles, was Grenze heißt. Gott, der allein Unbegrenzte, geht den entgegengesetzten Weg: Er wählt die Begrenzung, um uns aus unserem Verlies zu befreien.

Der Teufel steigt auf, um sich selber auf den Thron zu setzen, Gott verlässt seinen Thron, um hinabzusteigen und zu dienen. Dieses Hinabsteigen ist die Grundstruktur für alles Handeln Gottes in der Geschichte, und die christliche Kirche ist nur in dem Maße vom Turm zu Babel zu unterscheiden, wie sie Gott dabei folgt.

Als die ägyptischen Pharaonen die gigantischen Babeltürme ihrer Macht erbauten und immer mehr göttliche Attribute an sich zogen, um sich über die normalen Menschen zu erheben – was benutzte Gott, um die Opfer dieser Machtpyramiden zu befreien? Ein ausgesetztes Kleinkind, das schutzlos in einem Korb auf dem Nil schaukelte. Eine Feuerflamme, die aus einem Strauch am Rande der Wüste aufloderte, vor den erstaunten Augen dieses Kindes, aus dem mittlerweile ein alter Viehhirte geworden war. Und als Mose nach Gottes Namen fragt, bekommt er zur Antwort: »Ich bin, der ich bin« (2. Mose 3,14 Elbf.).

In der Begrenzung offenbart sich der Unbegrenzte. Allein Gott kann sich selber definieren; alles andere muss im Verhältnis zu ihm und den von ihm gesetzten Grenzen definiert werden.

Wieder und wieder tritt Gott in der Geschichte in neue Begrenzungen ein, um uns aus der Sklaverei heraus und zurück in die Freiheit bei ihm zu führen. »Und der Herr zog vor ihnen her, am Tage in einer Wolkensäule, um sie den rechten Weg zu führen, und bei Nacht in einer Feuersäule, um ihnen zu leuchten, damit sie Tag und Nacht wandern konnten« (2. Mose 13,21). Als das Volk auf der langen Wüstenwanderung in Zelten wohnt, tut dies auch Gott: »Da bedeckte die Wolke die Stiftshütte, und die Herrlichkeit des Herrn erfüllte die Wohnung. Und Mose konnte nicht in die Stiftshütte hineingehen, weil die Wolke darauf ruhte und die Herrlichkeit des Herrn die Wohnung erfüllte« (2. Mose 40,34-35).

Und als das Volk schließlich in dem neuen Land wohnt und einen Tempel baut, geht Gott auch in diese Begrenzung ein: »Als aber die Priester aus dem Heiligen gingen, erfüllte die Wolke das Haus des Herrn, so dass die Priester nicht zum Dienst hinzutreten konnten wegen der Wolke; denn die Herrlichkeit des Herrn erfüllte das Haus des Herrn« (1. Könige 8,10-11).

Treibt Gott den Menschen also von sich fort, wie Sartre das behauptet? Nein, er markiert nur die Grenze, die Mose an dem brennenden Busch erkennen musste: Hier ist heiliger Boden. Auch da, wo Gott in eine Begrenzung hineingeht, ist er der Unbegrenzte. Wie Salomo bei der Einweihung des Tempels betete:

Aber sollte Gott wirklich auf Erden wohnen? Siehe, der Himmel und aller Himmel Himmel können dich nicht fassen – wie sollte es dann dies Haus tun, das ich gebaut habe? Wende dich aber zum Gebet deines Knechts und zu seinem Flehen, Herr, mein Gott, damit du hörst das Flehen und Gebet deines Knechts heute vor dir: Lass deine Augen offen stehen über diesem Hause Nacht und Tag, über der Stätte, von der du gesagt hast: Das soll mein Name sein. (1. Könige 8,27-29)

Und wieder: der Name. Gott ist nicht irgendetwas oder irgendwer. Seine Identität drückt sich genau wie die unsere darin aus, wozu er ja und wozu er nein sagt. Die Menschen der Bibel könnten nicht so oft von »Gottes Angesicht« reden, wenn sie nicht wüssten, dass Gott bestimmte Konturen hat, dass er seine Persönlichkeit durch sein Handeln in der Geschichte offenbart, dass er sein Wesen in dem Namen zusammenfasst, der über alle Namen ist. Dass der Grenzenlose sich in die Begrenzung eines Namens hineinbegibt, ist ein Paradox. Er *wählt* diese Begrenzung, aus unauslöschlicher Liebe zu den Menschen.

Darum: »Und das Wort ward Fleisch und wohnte unter uns, und wir sahen seine Herrlichkeit, eine Herrlichkeit als des eingeborenen Sohnes vom Vater, voller Gnade und Wahrheit« (Johannes 1,14). Dies ist die endgültige Selbstbegrenzung: Gott wird Mensch. Im Urtext steht hier, dass er unter uns »zeltete«. Derselbe Gott, der während der Wüstenwanderung den Alltag seines Volkes teilte, schlägt im Zenit der Geschichte sein »Zelt« bei einem armen Zimmermann in einem unbedeutenden Dorf in Galiläa auf. Er hätte für seine Rettungsaktion unendlich großartigere Formen wählen, hätte nach den Regeln des Babelturmes spielen können. Aber in Bethlehem demonstrierte er die äußerste Konsequenz des Entschlusses, den er am Morgen der Zeiten gefasst hatte: »Lasst uns herniederfahren ...«

Jahrzehnte später schreibt Paulus aus einer Gefängniszelle eine klassische Zusammenfassung der »Jesusbewegung«, der von Jesus begonnenen großen Gegenbewegung zur Babelkletterei des Teufels:

Seid so unter euch gesinnt, wie es auch der Gemeinschaft in Christus Jesus entspricht: Er, der in göttlicher Gestalt war,

hielt es nicht für einen Raub, Gott gleich zu sein, sondern entäußerte sich selbst und nahm Knechtsgestalt an, ward den Menschen gleich und der Erscheinung nach als Mensch erkannt. Er erniedrigte sich selbst und ward gehorsam bis zum Tode, ja zum Tode am Kreuz. Darum hat ihn auch Gott erhöht und hat ihm den Namen gegeben, der über alle Namen ist, dass in dem Namen Jesu sich beugen sollen aller derer Knie, die im Himmel und auf Erden und unter der Erde sind, und alle Zungen bekennen sollen, dass Jesus Christus der Herr ist, zur Ehre Gottes, des Vaters.
(Philipper 2,5-11)

Die gnostische Frömmigkeit lehrt den Menschen, sich über seine irdischen Begrenzungen zu erheben, um selber Gott zu werden. Jesus geht den umgekehrten Weg: Er verlässt die himmlische Herrlichkeit, um in seiner irdischen Begrenzung Gott zu offenbaren. Babel steigt nach oben. Jesus steigt nach unten, und wer ihm nachfolgen will, muss die Richtung ändern.

Darum kann das Evangelium niemals ein Anbau an den Babelturm sein, ein frommes Zusatzstockwerk in dem großen Fortschrittsprojekt. Das Evangelium bedeutet Umkehren, zurück auf den Boden steigen. Nur dort können unsere abgerissenen Wurzeln geheilt werden, nur dort können wir die Freiheit kennen lernen, zu der Gott uns schuf. *Das* meint Jesu »Folge mir nach«. Wenn wir recht verstehen wollen, was Nachfolge bedeutet, müssen wir uns als Erstes anschauen, in welche Richtung Jesus geht.

Das Evangelium handelt von Veränderung. Die Bezeichnungen dafür sind im Neuen Testament unterschiedlich: Erlösung, Errettung, Befreiung, in Gottes Reich kommen, aus dem Tod ins Leben kommen, aus der Finsternis ins Licht, verloren sein und wiedergefunden werden, ewiges Leben bekommen, geheilt werden, von neuem geboren werden, freigekauft werden, Gottes Kind werden usw. Mit Jesus zu tun haben bedeutet immer Veränderung.

Was uns zur nächsten Frage bringt: Wem nützt die Veränderung? Die Bibel antwortet: den Sündern, den Armen, den Kranken, den Machtlosen, den Einsamen. Das Neue Testament berichtet, wie das Evangelium von denen angenommen wurde, die eine Veränderung in ihrem Leben brauchten, und von denen bekämpft wurde, die keine Änderung wünschten.

So ist das noch heute. Das Evangelium wird am besten von unten her verstanden, von den Armen und Sündern, und wird umso mehr verdunkelt, je höher auf der Machttreppe seine Ausleger stehen, denn sie werden (bewusst oder unbewusst) alles wegschneiden, was ihren Lebensstil und ihre Privilegien bedrohen könnte. Wenn das Evangelium von denen definiert wird, die Macht, Geld, Kompetenz und eine wohlpolierte Eigenfrömmigkeit haben, wirkt es unterdrückend anstatt befreiend, ist es nicht zu unterscheiden von dem Turm zu Babel, und die Menschen können nicht mehr jene Erleichterung erleben, die seiner Botschaft einst den Namen gab: *Evangelium*, »frohe Botschaft«.

Vor diesem Jesus, der auf alles verzichtete, kann keiner von uns sich an die Brust klopfen und sagen: »So bin ich auch.« Diese Sorte geistlicher Hochmut ist von den Vätern und Müttern der Kirche resolut in die gnostische Schublade gelegt worden. Solche Etiketten und Grenzziehungen haben der Kirche unendlich viel Schaden zugefügt, und wir können sie uns nicht mehr leisten. Das Gebot der Stunde heißt: Verzicht auf unsere Frömmigkeit (oder Mangel an Frömmigkeit). Es gilt, mit leeren Händen und offenem Herzen vor Jesus zu treten: Was willst du von mir?

Der Westentaschengott

Eine Methode, dieser Frage auszuweichen, besteht darin, Jesus in die Galerie der Gottesbilder einzuordnen. »Warum ausgerechnet er? Für mich ist Gott eher ...« Unsere Kultur wimmelt nur so von selbstgemachten Religionen, genau wie im Herbst des Römischen Reiches. Dass ich mich einer fix und fertigen Offenbarung stelle, die das endgültige Wort Gottes zu sein beansprucht – das kann der postmoderne Mensch nicht vertragen. Unser gnostisches Kulturklima ist von einem eingefleischten Widerwillen gegen alle Begrenzungen geprägt. Frei sein –

das bedeutet Grenzen überschreiten, und dann muss doch das mit Gott bedeuten, dass ich meine irdischen Grenzen sprenge und nicht mich ihnen unterordne!

Also los: Was bedeutet Gott für dich? Und die Wahrheit hat natürlich keiner gepachtet. Diese Gottesbilder sind so klein und handlich, dass man sie sich auf dem Weg nach oben in die Tasche stecken kann, wo sie uns nicht stören.

Wir stehen vor folgender Kernfrage: Bedeutet die Menschwerdung Gottes eine gewaltsame Begrenzung Gottes und damit der religiösen Entwicklung des Menschen? Oder bedeutet sie nicht vielmehr gerade in dieser Begrenzung paradoxerweise eine unerhörte Vergrößerung unserer Kontaktfläche mit Gott? Irenäus, der offenbar mit den gleichen Fragen kämpfte, schreibt über Jesus:

> [Er] zeigte den Menschen Gott und stellte Gott die Menschen dar. Allerdings hütete [er] die Unsichtbarkeit des Vaters, damit aus dem Menschen nicht eines Tages ein Verächter Gottes wird und damit der Mensch immer ein Ziel hat, auf das er zugeht. Er zeigte andererseits aber, dass Gott in vielen Heilsmaßnahmen für die Menschen sichtbar wurde, damit der Mensch nicht ganz von Gott abfiel und aufhörte zu sein. Denn Gottes Ruhm ist der lebendige Mensch, [und] das Leben des Menschen ist die Schau Gottes. Denn wenn schon das Sichtbarwerden Gottes durch die Schöpfung allen Lebewesen der Erde das Leben gibt, dann gibt die Offenbarung des Vaters durch den Sohn noch viel mehr denen Leben, die Gott sehen.[59]

Ein unerhörter Text. Mit ein paar Federstrichen lässt Irenäus uns das Paradox der Inkarnation ahnen. Einerseits: Gottes ganze Unendlichkeit und Unsichtbarkeit bleibt bestehen, als unermesslicher Horizont für den Menschen. Und andererseits: Gott hat ein ganz konkretes Gesicht angenommen, als Orientierungsmarke für unser weiteres Suchen. Und dies hat Gott nicht getan, um den Menschen zu begrenzen und in seiner Entwicklung zu behindern, sondern um ihn frei zu machen, sein volles geistliches Potential zu entfalten. Denn der befreite und schöpferische Mensch ist keineswegs eine

Bedrohung Gottes, sondern sein großes Ziel und seine Freude hier auf Erden.

Dieser Prozess setzt voraus, dass der Mensch aufhört, sich wie Gott zu gebärden, und einsieht, dass er eben – Mensch ist. Das gnostische Reden von der dem Menschen innewohnenden Göttlichkeit lässt ihn verächtlich zurückzucken vor der Begrenzung der Inkarnation. Das Evangelium dagegen geht davon aus, dass der Mensch tatsächlich Mensch ist, mit allen Grenzen, die dies bedeutet. Erst wenn er akzeptiert hat, wer er selber ist, kann er zu ahnen beginnen, wer Gott ist. Irenäus schreibt:

> Und er sollte sich selbst erkennen, dass er sterblich ist und schwach, und verstehen, dass Gottes Unsterblichkeit und Macht so weit reicht, dass er dem Sterblichen Unsterblichkeit, dem Zeitlichen Ewigkeit schenken kann. Er sollte aber auch die übrigen Kräfte Gottes verstehen, die sich alle an ihm erwiesen; durch sie soll er ... spüren, wie groß Gott ist. Denn der Ruhm des Menschen ist Gott, das Gefäß des Wirkens Gottes, seiner ganzen Weisheit und Kraft ist der Mensch.[60]

Wie in jeder Liebesbeziehung spiegelt hier der eine die Herrlichkeit des anderen. Der Mensch ist Gottes Ruhm, und Gott ist der Ruhm des Menschen. Die Größe des einen ist keine Bedrohung des anderen, sondern eine Freude und Quelle zu noch tieferer Liebe. So freut Gott sich über das geistliche Wachsen des Menschen – *aber dies ist erst dann möglich, wenn der Mensch aufgehört hat, Gott zu spielen.* Erst wenn er seine Rolle als der von Gott Empfangende einnimmt und Gott Gott sein lässt, wird seine Welt weit und er beginnt, als Mensch zu wachsen.

Es war genau dieses Empfangen, das die Gnostiker verweigerten; stattdessen setzten sie sich auf Gottes Platz. Da sie nicht die Weiblichkeit der Kirche teilen mochten, konnten sie Gott nicht ihren Vater nennen. Der Mensch, der geistlich nicht mehr empfängt, wird zum Produzenten, und die gnostischen Schriften sind denn auch voll von Göttern, Göttinnen und Geistwesen. Statt dass der Mensch ein Spiegel Gottes wird, wird seine Frömmigkeit zu einem Spiegel seiner seelischen Bedürfnisse.

Wir können über die Details im christlichen Glauben, über die rechte Bibelauslegung usw. verschiedener Auffassung sein. Die große Wasserscheide ist die Frage: Sind wir vor Gott Empfangende oder nicht? Hier sieht Irenäus die große Scheidelinie für die christliche Kirche und ihre Verkündigung. Die Gnostiker wollten nicht empfangen und gingen daher mit ihren Lehren in alle möglichen Richtungen. Die Christen haben eine andere Sicht von der Wahrheit:

> [Die Kirche] hat von den Aposteln und ihren Schülern den Glauben angenommen an den einen Gott, den allmächtigen Vater, »der Himmel, Erde, Meer und alles darin gemacht hat«; und an den einen Christus Jesus, den Sohn Gottes, Fleisch geworden zu unserem Heil; und an den Heiligen Geist, der durch die Propheten die Heilsvorgänge verkündet hat und das Kommen des geliebten Christus Jesus, unseres Herrn; und seine Geburt aus der Jungfrau, das Leiden und die Auferstehung von den Toten und seine leibhafte Aufnahme in den Himmel; und seine Ankunft vom Himmel in der Herrlichkeit des Vaters, um »alles zusammenzufassen« ...
>
> Diese Botschaft, die sie empfangen hat, und diesen Glauben ... bewahrt die Kirche, obwohl sie über die ganze Welt verbreitet ist, so sorgfältig, wie wenn sie in einem einzigen Haus wohnte. Und sie glaubt so daran, als ob sie nur eine Seele und ein Herz hätte, und verkündet, lehrt und überliefert das, als hätte sie nur einen Mund.
>
> Denn wenn auch die Sprachen überall in der Welt verschieden sind, so ist doch der Inhalt der Überlieferung überall ein und derselbe. Die Kirchen, die es in Germanien gibt, glauben und überliefern nicht anders, auch die in Iberien und die bei den Kelten nicht, ebenso die im Orient und die in Ägypten, in Libyen und in der Mitte der Welt. Wie die Sonne, Gottes Geschöpf, in der ganzen Welt ein und dieselbe ist, so scheint das Licht der Kunde von der Wahrheit überall und erleuchtet alle Menschen, die zur Erkenntnis der Wahrheit kommen wollen. Und auch der begabteste Prediger unter den kirchlichen Vorstehern predigt nichts anderes als die anderen, denn keiner steht »über dem Lehrer«; und

der schwach begabte Prediger tut der Überlieferung keinen Abbruch. Es ist eben ein und derselbe Glaube; wer viel über ihn zu sagen weiß, vermehrt ihn darum nicht, und wer nur wenig sagen kann, verringert ihn nicht.[61]

Ein gnostisch gefärbtes Denken hat dies zu allen Zeiten als eine intellektuelle Zwangsjacke für den Menschen aufgefasst, als das Ende der offenen Suche und kreativen Rede. Die zweitausendjährige Geschichte der Kirche zeigt, dass das nicht stimmt. Der Vater ist so unendlich, der Sohn so herausfordernd, der Geist so unvorhersehbar, dass unser Sichöffnen ganz im Gegenteil der Weg heraus aus dem muffigen Gefängnis ist, in das unsere Selbstgenügsamkeit uns immer wieder hineinführt.

Dass ich eine Wahrheit annehme, bedeutet ja nicht, dass ich sie fertig erforscht habe. Im Gegenteil: Es kann gut sein, dass sie meine wohlberechneten Versuche, das Dasein in den Griff zu bekommen, über den Haufen wirft. Dass Gott eine Begrenzung gewählt hat, um die Wahrheit zu offenbaren, muss die Wahrheit nicht schmälern; im Gegenteil: Es kann ein Schutzschirm gegen die Verwässerung und Verblassung dieser Wahrheit sein.

Aber halt, diese Begrenzung geht im Evangelium noch weiter! Paulus beschreibt, wie der Weg immer schmaler wird für Jesus, wie er immer mehr von seiner Freiheit, Macht und Herrlichkeit ablegt, Schritt für Schritt bis zum Äußersten: »... sondern entäußerte sich selbst und nahm Knechtsgestalt an, ward den Menschen gleich und der Erscheinung nach als Mensch erkannt. Er erniedrigte sich selbst und ward gehorsam bis zum Tode, ja zum Tode am Kreuz« (Philipper 2,7-8).

Vergleichen wir dies mit der Selbstbegrenzung, in die Gott sich im alten Bund begab. Als Salomo den prachtvollen Tempel in Jerusalem fertiggestellt hat, ruft er bei der Einweihung vor dem Volk aus: »Gepriesen sei der Herr, der Gott Israels, der die Verheißung, die er meinem Vater mündlich gegeben, nun tatsächlich erfüllt hat« (1. Könige 8,15 Menge). Und als Jesus am Kreuz hängt, ruft er zum Schluss aus: »Es ist vollbracht« (Johannes 19,30).

In beiden Szenen zeigt sich die gleiche Richtung: Lasst uns

herniederfahren, hinabsteigen in das Irdische. Aber Jesus geht so unendlich viel weiter. Das Werk, das Salomo vollenden durfte, war noch zu sehr von den Versuchungen des Babelturmes geprägt: Kommt, lasst uns etwas Großes bauen, damit wir uns einen Namen machen! Und genau diese Art religiöser Aktivität hat denn auch in der Kirchengeschichte eine unwiderstehliche Anziehungskraft auf die Führer der Kirche ausgeübt. Ich möchte so gerne, dass Gott in das Haus einzieht, das *ich* ihm so schön gebaut habe ... Das Problem ist nur, dass die Menschen Schwierigkeiten haben, zu sehen, wessen Name denn nun mit diesem Bauwerk verherrlicht wird. Das Ergebnis ist oft ein Gebäude (oder eine Arbeit), in dem es merkwürdig hohl klingt.

Denn Gottes Herrlichkeit hat bereits einen anderen Weg gewählt. Was Jesus am Kreuz vollbracht hat, kann nie und nimmer mit dem Turm zu Babel verwechselt werden, sondern ist sein genauer Gegensatz. Gegen die religiöse und politische Selbstverherrlichung stellt er seine Selbstentäußerung bis zum letzten Atemzug. Der Jagd nach immer mehr Macht setzt er einen radikalen Verzicht auf alle Gewalt und jeden Zwang entgegen. Gegen das Überschreiten immer neuer Grenzen stellt er das Hinabsteigen in die endgültige Unfreiheit und Machtlosigkeit des Menschen.

An jenem Tag zerriss nicht nur der Vorhang vor dem Allerheiligsten im Tempel; es ging ein tödlicher Riss durch den Babelturm, von unten nach oben, und dieser Riss wird im Laufe der Geschichte immer weiter. Es scheint ein anderes Licht in den Turm hinein heute ...

Dieses Licht begegnet uns wie eine stille Morgendämmerung in jedem Abendmahl, wenn wir das Brot brechen und den Wein trinken. »In der Nacht, da er verraten ward ...«, ging Gott in die äußerste Begrenzung hinein, damit wir frei würden von der Sklaverei unseres Turmbaus. Hier werden wir wieder Menschen. Hier ist das Zeichen für das, was die Kirche in der Welt ausrichten soll: »Für dich gegeben.« Hier ist die Grundrichtung für die Nachfolge im Schatten des Turms zu Babel.

Entschuldigung, darf man hier ausruhen?

Wenn dies eine Saite in mir anklingen lässt, wo soll ich anfangen? Vielleicht bei so etwas Profanem wie der Grenze zwischen Arbeit und Ruhe. Oder »Freizeit«, wie wir heute sagen, als Gummibegriff für die Tatsache, dass es sich immer seltener um Ruhe handelt, sondern eher um eine andere Form von Arbeit. Es ist, als ob ein unsichtbarer Motor uns antreibt, der unerbittlich das Tempo und den Stress erhöht und uns rund um die Uhr in eine Tretmühle presst, in der es immer schwieriger wird, die Grenze zwischen Arbeit und ... freier Zeit auszumachen. Überall muss ich beweisen, dass ich etwas leisten kann. Am Arbeitsplatz, in harter Konkurrenz mit den Kollegen, und danach am Wochenende, damit ich im Büro erzählen kann, was ich alles gemacht habe. Kommt, wir wollen uns einen Namen machen ...

Gott gab dem Menschen im Paradies Arbeit, damit er die Schöpfung »bebaute und bewahrte« (1. Mose 2,15), und nicht, damit er sich so seine Identität schuf. Die hatte er bereits als Geschöpf Gottes: *Ja,* ich bin Gottes Ebenbild. *Nein,* ich bin nicht Gott. Die Arbeit trug *nicht* die Hauptlast seiner Selbstverwirklichung, sie war *nicht* die ganze Welt. Und darum gab es Grenzen für die Arbeit, und damit Zeit für die Beziehung zu Gott, zu sich selber, zum Mitmenschen und zur Natur.

Der Sündenfall hat eine furchtbare Last auf die Arbeit des Menschen gewälzt:

> Verflucht sei der Acker um deinetwillen! Mit Mühsal sollst du dich von ihm nähren dein Leben lang. Dornen und Disteln soll er dir tragen, und du sollst das Kraut auf dem Felde essen. Im Schweiße deines Angesichts sollst du dein Brot essen, bis du wieder zu Erde werdest (1. Mose 3,17-18).

Hier geht es nicht nur um die rein physische Mühe in einer gefallenen Schöpfung, sondern um den übermenschlich schweren Kampf, sich durch die Arbeit eine eigene Identität zu schaffen. Marx hat behauptet, dass die Arbeit den Menschen schafft, Sartre, dass er sich durch seine Entscheidungen selber definieren muss, und die ganz normale kapitalistische Praxis sagt genau dasselbe: »Was willst du werden? Im welchem Beruf wirst du jemand sein?«

Was Wunder, dass die Arbeit uns zu ersticken droht. Just in einer Zeit, in der wir uns mit tausend zeitsparenden Dingen umgeben, scheinen wir weniger Zeit zum Ausruhen zu haben als je zuvor in der menschlichen Geschichte. Der Fluch des Sündenfalls scheint sich zum Ende der Geschichte hin zu beschleunigen, dass wir kaum noch die Nase über Wasser halten können.

In dieser Situation ist eine echte Umorientierung nicht dadurch möglich, dass man seinen Terminkalender etwas aufräumt, sondern ich muss von meinem Thron heruntersteigen und einsehen, dass ich nicht Gott bin und mir mit noch so viel Arbeiten keine tragfähige Identität schaffen kann; an *dieser* Stelle liegt sie ganz einfach nicht.

Eine Geschichte aus der Zeit der Wüstenmönche mag die Wahl, vor der wir stehen, beleuchten. Einige der Brüder, die im 4. und 5. Jahrhundert in die ägyptische Wüste zogen, verloren den Kontakt mit der Realität ihres Menschseins. In ihrer gnostischen Verwirrung glaubten sie schließlich, in ihrer geistlichen Entwicklung so weit gekommen zu sein, dass sie nun Engel waren. Wie man das festgestellt hat? Man fand viele Jahre später ihre gebleichten Knochen unter dem Steilhang, von dem aus sie hatten losfliegen wollen.

»Und Gott sah an alles, was er gemacht hatte, und siehe, es war sehr gut. ... und ruhte am siebenten Tage von allen seinen Werken, die er gemacht hatte« (1. Mose 1,32; 2,2). Hier zeigt Gott uns den Weg zur wahren Menschlichkeit. War Gott müde? So wenig, wie er buchstäblich ein Mann oder eine Frau ist. Selbstverständlich steht er über allen solchen menschlichen Begrenzungen. Aber er zeigt dem Menschen die Grenzen – die zwischen Mann und Frau und die zwischen Arbeit und Ruhe. Wir stoßen hier auf Grenzen, die Gott selbst in seine Schöpfung hineingezeichnet hat.

Und etwas tief in uns leidet, wenn wir diese Grenzen überschreiten. Man beachte, wie das Sabbatgebot aus beidem motiviert wird: aus Gottes Ruhen und aus unserer Erfahrung, was es heißt, Mensch zu sein:

> Gedenke des Sabbattages, dass du ihn heiligest [absonderst]. ... Denn in sechs Tagen hat der Herr Himmel und Erde gemacht und das Meer und alles, was darinnen ist, und ruhte am siebenten Tage. (2. Mose 20,8+11)
>
> Denn du sollst daran denken, dass auch du Knecht in Ägyptenland warst und der Herr, dein Gott, dich von dort herausgeführt hat mit mächtiger Hand und ausgerecktem Arm. Darum hat dir der Herr, dein Gott, geboten, dass du den Sabbattag halten sollst. (5. Mose 5,15)

Nachdem ich selber eine tiefe Krise als »Berufschrist« durchgemacht habe (vgl. mein Buch *Gott braucht keine Helden*), bin ich nun seit über acht Jahren bei Retraiten und in der Seelsorge für Mitarbeiter tätig. Der Frust über die wachsende Bürokratisierung und übermenschliche Arbeitslast wächst in der gesamten kirchlichen Landschaft und zeigt, dass der Babelturm sich tief in das Wesen unserer Kirche, ja in unser eigenes Leben eingefressen hat.

Dies ist nichts, was sich mit noch einem Zeitmanagement-Kurs beheben lässt. Solange ich meine Existenz und meinen Wert als Mensch aus meiner Arbeit beziehe, ist diese gleichsam heilig und eine echte Neuorientierung nicht möglich. Alle Träume von einem tieferen geistlichen Leben zerbrechen wie Streichhölzer unter einem Mühlstein.

Und doch geschieht es immer wieder, das Wunder. Ein erster Schritt besteht für viele darin, den Mythos von ihrer Unentbehrlichkeit aufzugeben (ich kenne diesen Mythos gut; ich habe ihn viele Jahre selber geglaubt) und eine Woche auf eine Einkehrfreizeit zu fahren. Zögernd errichte ich eine Grenze wieder, hinter deren Schutz ich anfangen kann, zum Leben zurückzufinden. In der Stille kann meine unterdrückte Sehnsucht nach oben steigen. Wie lebe ich eigentlich? Was will ich mit meinem Leben? Was will Gott mit ihm? Ist diese Tretmühle das, auf was ich in meinem letzten Stündlein zurückschauen will?

So vermischt sich die Sehnsucht mit Schmerz, Kummer, Wut, Gram. Allein der Heilige Geist kann uns davor bewahren, dass diese Einsichten uns lähmen, und uns die möglichen

Schritte zeigen. Kleine, einfache Dinge, die wir tun können. Handfest Menschliches anstatt hochfliegender geistlicher Träumereien. Die *Richtung* ist das Wichtige, wenn Jesus mich behutsam an der Hand nimmt und sagt: »Lass uns hinuntersteigen ...«

In Schweden redet man manchmal von einer »lutherischen Arbeitspflicht«, worauf stets etliche Theologen erklären, dass Luther das ja gar nicht so gemeint habe. Aber niemand kann erklären, warum dieser zwanghafte, Schuldkomplex beladene Drang zum Arbeiten gerade in unseren Breitengraden so stark ist. Vielleicht gibt es da doch einen Zusammenhang?

Ich bin selber mehr als einmal halbtot aus einer Predigt über das Thema »Wir tun nie genug« nach Hause gewankt. Der Ausgangspunkt war immer, dass der Mensch vor Gott nicht gerecht werden kann – was stimmt. Woraus der Schluss gezogen wurde, dass wir folglich nie mit unserem Einsatz zufrieden sein dürfen – was eine Lüge ist. Offenbar haben diese Prediger Angst, dass es einen selbstsicher vor Gott machen könnte, wenn man mit seinem Einsatz zufrieden wäre – was ganz und gar nicht der Fall zu sein braucht.

Dieses Gottesbild ist ungefähr so, als ob ein Kind seinem Vater seine Bilder zeigt, und der erklärt ihm, dass sie überhaupt nichts taugen; aber weil er es so liebt, vergibt er ihm die schlechten Bilder und schickt es fort, bessere malen. Man kann sich lebhaft vorstellen, wie gut dies für die Mallust des Kindes und sein Selbstbewusstsein ist, ganz zu schweigen von seiner Liebe zu so einem Vater ...

Darf ich mit meinen Leistungen zufrieden sein? Ist Gott manchmal zufrieden mit mir? Offenbar ja, denn im Gleichnis von den anvertrauten Zentnern werden die guten Knechte unmissverständlich gelobt: »Recht so, du tüchtiger und treuer Knecht, du bist über wenigem treu gewesen, ich will dich über viel setzen; geh hinein zu deines Herrn Freude!« (Matthäus 25,21)

Dass Gott uns dieses Lob angeblich erst am Jüngsten Tag gönnt und uns bis dahin ständig mit seinem Missfallen droht, sagt mehr über unsere verdrehten Gottesbilder als über den lebendigen Gott. Hier geht es nicht darum, dass wir aus eigener

Kraft etwas Vollkommenes zustande bringen, so dass wir ganz gut ohne Gott auskommen, sondern darum, dass Gott sich über jeden guten Ansatz bei seinen Kindern freut, wie unvollkommen das Ergebnis auch sein mag, und all das Kleine, das wir tun, an sein Herz nimmt ... *und uns ausruhen lässt.* Wie Irenäus es sagt: »Gottes Ruhm ist der lebendige Mensch.«

So spiegelt mein Gottesbild mein Selbstbild und umgekehrt. Das eine kann nicht ohne das andere geheilt werden. Wenn ich meine, ständig Höchstleistungen bringen zu müssen, um ein Existenzrecht zu haben, dann wurzelt das irgendwo im Bild von einem Gott, der die Leistungspeitsche schwingt. Seelsorge und Gebet sind der einzige Weg zur Heilung, den die Kirche hier kennt. Das Gespräch mit Gott und mit einem anderen Menschen, der ebenfalls nach unten unterwegs ist.

Ein kleiner Test kann hier der folgende Text von Irenäus sein. Wie reagiere ich auf ihn? Fühle ich mich provoziert und für überflüssig erklärt? Oder erleichtert und für geliebt erklärt?

> Am Anfang also hat Gott Adam erschaffen, nicht weil er den Menschen gebraucht hätte, sondern um jemanden zu haben, auf den er seine Wohltaten niederlassen konnte. Denn nicht nur vor Adam, sondern auch vor der ganzen Schöpfung verherrlichte das Wort seinen Vater und blieb in ihm und wurde seinerseits vom Vater verherrlicht, wie er es selbst sagte: »Vater, verherrliche mich mit der Herrlichkeit, die ich bei dir hatte, bevor die Welt wurde.«
>
> Er hat auch nicht deshalb befohlen, ihm nachzufolgen, weil er auf unseren Dienst angewiesen wäre, sondern für uns selbst, um uns das Heil zu vermitteln. Denn dem Erlöser nachfolgen ist Teilhabe am Heil, und dem Licht nachfolgen ist Aneignung des Lichts. Denn die im Licht sind, erleuchten und erhellen nicht ihrerseits das Licht, sondern werden von ihm erleuchtet und erhellt. Sie geben ihm ihrerseits zwar nichts, bekommen aber Wohltaten und werden vom Licht erleuchtet.
>
> So ist es auch mit der Zeit der Knechtschaft unter Gott; sie bringt Gott nichts ein, und Gott braucht keine unterwür-

figen Menschen; seinerseits gibt er aber denen, die ihm folgen und dienen, Leben, Unverweslichkeit und ewige Herrlichkeit; er gewährt denen, die ihm dienen, Wohltaten, weil sie ihm dienen, und denen, die ihm folgen, weil sie ihm folgen, bekommt aber von ihnen keine Wohltat, denn er ist reich, vollkommen und bedürfnislos. Gott verlangt von den Menschen ihren Dienst aus dem Grund, dass er denen, die im Dienst an ihm beständig bleiben, Gutes tun kann, denn er ist gut und barmherzig.

So wenig Gott jemanden braucht, so sehr braucht der Mensch die Gemeinschaft mit Gott. Der Ruhm des Menschen ist es, im Dienst an Gott zu bleiben und zu beharren. Und deshalb sagte der Herr zu den Jüngern: »Nicht ihr habt mich erwählt, sondern ich habe euch erwählt.« Damit wollte er sagen, dass nicht sie ihn verherrlichten, wenn sie ihm folgten, sondern dass sie umgekehrt dadurch, dass sie dem Sohn Gottes folgten, von ihm verherrlicht wurden. Er sagt auch: »Ich will, dass dort, wo ich bin, auch sie sind, damit sie meine Herrlichkeit sehen«; das war bei ihm keine eitle Prahlerei, sondern er wollte, dass seine Jünger an seiner Herrlichkeit Anteil bekamen.[62]

Schluss mit dem Krampf

»Die größte Freiheit: nicht mehr Gott sein müssen.«[63] Den Thron räumen – das erscheint zunächst wie eine tödliche Bedrohung, und ich wende tausend Kniffe an, um mich an ihm festzuklammern. Aber mit jedem kleinen Schritt, den ich hinabsteige, wird der Krampf in mir etwas weniger und ich merke, dass ich ja noch lebe. Oder besser gesagt: Mein aufgeblasenes falsches Ich bröckelt langsam ab, während mein wirkliches, nach Gottes Bild geschaffenes Ich aus meiner innersten Seele heraufzusteigen beginnt; seine Konturen, erst noch dunkel und verworren, werden immer klarer.

Diese Konturen sind meine Grenzen. Man kann diesen Prozess vielleicht in drei einfachen Schritten beschreiben –

Schritten, die ich nicht ein einziges Mal absolviere, als Entwicklungsstadien, die nie wieder kommen, sondern viele Male, jedes Mal etwas deutlicher und tiefer:

1. Meine Grenzen entdecken. Oft geschieht dies schlicht dadurch, dass ich sie übertrete und dann nachträglich schmerzlich einsehe, dass ich Grenzen habe, wo ich keine vermutet hatte. Eine solche typische Reaktion ist der Burnout: Meine Kraft und Lebenslust ist aufgebraucht, ich habe keine Reserven mehr. Aber schon lange vorher sind die ersten Warnsignale da, körperliche wie seelische. Nicht zuletzt meine Umgebung sendet sie aus; ich muss sie nur wahrnehmen. Früher oder später stoßen meine Turmbauten an die Decke, denn egal, für wie grenzenlos und göttlich ich mich halte – ich bin immer noch ein Mensch. Fehlschläge, Krankheit, Alter, Beziehungskrisen, Verluste – was zunächst wie die große Katastrophe aussieht, kann eine Botschaft von Gott sein: Du bist ein Mensch.

Langsam dämmert mir, dass das »Nein«, das da in mein Leben hineinkommt, mir hilft, tiefere Dinge zu entdecken, zu denen ich eigentlich schon lange »ja« sagen wollte. Die Grenzen, die so wie ein Gefängnis aussehen, öffnen mir Wege und Räume, die die frühere Jagd in meinem Leben wie ein muffiges Verlies erscheinen lassen ...

2. Mich mit meinen Grenzen versöhnen. Will ich diese Schätze entdecken, muss ich mein »Ich Armer ...« vor diesen neu entdeckten Grenzen überwinden. Ich habe die Wahl: Gehe ich den Weg in die Bitterkeit und lasse meine Zukunft hinter mir – oder lasse ich mir neue Horizonte für mein Leben eröffnen? Im Tiefsten geht es hier um meine Gottesbeziehung: um mein Abdanken von meinem Lebensthron und die Versöhnung mit der Grundtatsache, dass ich nicht Gott und nicht Engel, sondern Mensch bin.

Es geht auch darum, dass ich einsehe, worin ich gut bin und worin nicht – dass ich meine Zukunfts- und Frömmigkeitsträume gegen eine realistische Lebenssicht eintausche. Auf den ersten Blick kann dies wie ein Abschied von Gottes Willen für mein Leben aussehen; in Wirklichkeit ist es natürlich das genaue Gegenteil. Erst wenn ich in der Wahrheit wurzele, kann ich ein aufrichtiges Gespräch mit dem Gott der Wahrheit führen. Das Hindernis zur Nachfolge sind nie meine Grenzen, sondern viel eher meine Einbildung, keine zu haben. Nachfolge macht menschlicher, und nicht weniger menschlich.

3. Meine Grenzen verteidigen. Für den, der es gewohnt ist, ständig seine Grenzen zu erweitern, weil die Arbeit oder die Mitmenschen und vor allem er selbst das verlangen, ist dieser Schritt eine schwere Geduldsprobe. Vielleicht muss ich ganz neu lernen, zu sagen, was ich will und brauche – und nein zu sagen zu Dingen, die wichtig, spannend und schön sind, aber die jenseits meiner Grenzen liegen. Wenn ich wie ein gestresster Kellner vom einen Tisch zum anderen gesprungen bin, um alle zu bedienen, kann es für mich und die anderen ganz schön schwer sein, freundlich, aber bestimmt zu sagen: »Das hier ist nicht mein Tisch.«

Aber Christus nachfolgen – das bedeutet nicht, dass ich noch einen »Tisch« dazubekomme, sondern dass ich die Richtung ändere. Und dies ist erst dann möglich, wenn ich anfange, »nein« zu gewissen Dingen zu sagen.

Das Trojanische Pferd

Hier geht es nicht zuletzt um unser Verhältnis zu den Medien. In der christlichen Mediendiskussion ist es meist darum gegangen, wie die Kirche die Medien benutzen kann, um die Welt zu erreichen; herzlich wenig hat man über das umgekehrte Problem gehört – wie wir als Konsumenten die Medien in vernünftigen Grenzen halten können. Das Ergebnis ist entsprechend.

Das Trojanische Pferd war ein riesiges Holzpferd, das die Athener bauten, nachdem sie Troja lange Zeit vergeblich belagert hatten. In ihm versteckten sie ihre besten Krieger. Als die Trojaner das Pferd vor ihrem Tor sahen, hielten sie es für ein

Geschenk und holten es in die Stadt – der Feind war in Troja ... Wie oft ist es mit den Medien genauso gegangen?

> In den letzten 30 Jahren ist mehr Information produziert worden als in den vorangegangenen 5000. Die Menge an gedruckter Information verdoppelt sich alle acht Jahre. Eine Sonntagsausgabe der schwedischen Zeitung Dagens Nyheter enthält mehr Information, als ein Bürger im England des 17. Jahrhunderts während seines ganzen Lebens aufnahm. Tagtäglich erreichen uns über 3000 Meldungen.[64]

Zu glauben, dass wir Nachfolge Christi ohne eine bewusste Strategie zur Eindämmung dieses Medien-Sturms gestalten können, ist der Gipfel der Naivität. *Alle* Menschen müssen lernen, mit den Medien umzugehen, auszuwählen, Grenzen zu ziehen – wie viel mehr dann die, die eine ganz andere Richtung für ihr Leben gewählt haben?

Dies gilt nicht zuletzt für die vielen Gemeindemitarbeiter, die gefälligst »auf dem Laufenden zu sein« haben, damit sie »für die Menschen relevant sind«. Also stapeln sich die Bücher und Zeitschriften, die »man« gelesen haben muss, auf dem Schreibtisch des Pastors. Also bekommen wir jenen gejagten Blick, wenn unsere Kollegen über den neuen Film diskutieren, den wir, o Schande, nicht gesehen haben. Also spulen wir gehorsam unseren Teil vom Fernsehkonsum ab.

Aber erst als der Pfingstpastor David Wilkerson Ende der 1950er Jahre seinen Fernseher abschaffte, um mehr Zeit zum Beten zu haben, hörte er Gottes Ruf, seine wohlbehütete kleine Landgemeinde zu verlassen, um das Evangelium in die Jugend- und Drogenszene von New York zu bringen – der Beginn einer Pionierarbeit, die viele junge Leute zu Jüngern Jesu machte und zu einem Motor der charismatischen Erweckung in den USA und anderswo wurde.

Ich erinnere mich noch gut an meinen Kulturschock, als wir 1984 eine der Bruderhof-Kommunitäten in England besuchten. Die in den 1920er Jahren von dem Deutschen Eberhard Arnold gegründete Bewegung steht in der bald 500-jährigen täuferischen Tradition der Gütergemeinschaft und Gewaltlosigkeit. Wir kamen von der Zeitung *Nytt Liv*, für die ich damals arbeitete, und wurden sehr gastfrei empfangen. Wir entdeckten eine Welt ohne Fernsehen, Radio und Zeitungen. Die Nachrichten wurden während der gemeinsamen Mahlzeiten von einem der Brüder oder Schwestern vorgetragen, und gelegentlich kam es vor, dass man sich gemeinsam ins Kino begab, um einen ausgewählten Film zu sehen. Meine ersten Gefühle waren gemischt: War das hier nicht ein Hinterwäldler-Ghetto?

Meine Kritik begann mir im Hals stecken zu bleiben, als wir von unseren eigenen Erfolgen und Niederlagen mit dem Kommunitätsleben berichteten und merkten, dass mehreren unserer Zuhörer *Tränen* in die Augen kamen. Wir waren es nicht gewohnt, dass eine bloße Nachricht einen so berühren konnte. War da vielleicht ein Zusammenhang zwischen dem Verzicht, alles und jedes aufzunehmen, und der Fähigkeit, das, was wichtig war, wirklich mit dem Herzen zu hören?

Die Bruderhof-Kommunitäten haben heute mehrere tausend Mitglieder und engagieren sich auf vielen Gebieten: Hilfsgruppen für die Insassen der Todeszellen in den USA, neue Pädagogik für Slum-Kinder, Hilfsmittel für Behinderte, Hilfen für vertriebene Zigeuner usw.

Natürlich geschieht dergleichen nicht von selbst, bloß weil wir den Fernseher ausgeschaltet haben, aber wäre es mit der üblichen Medienüberflutung möglich gewesen? Es geht hier, wohlgemerkt, nicht nur um die *Zeit*, die man gewinnt, sondern um die noch wichtigere Fähigkeit des *Betroffenseins*. Der ständig von Informationen überschwemmte Mensch wird nicht sensibler, sondern stumpft ab – eine Überlebensstrategie der gestressten Seele.

Dabei kann man die Bruderhof-Kommunitäten kaum als technikfeindlich betrachten. Sie betreiben zum Beispiel Fabriken zur Herstellung von Spielzeug und Hilfsmitteln für Behinderte sowie einen Buchverlag mit Zeitungsredaktion. Computer und Maschinenpark sind vom Besten. Aber sie sind auch nicht blind technikgläubig, sondern überprüfen ständig neu, was der Gemeinschaft wirklich dient.

Ich leitete gerade eine Einkehrfreizeit, als die Ostseefähre *Estonia* sank. Es kam zu einer Diskussion, ob wir den Teilnehmern etwas von dem Unglück sagen sollten. Mehrere von uns fanden, dass es unverantwortlich wäre, ihnen diese Nachricht vorzuenthalten; ich hielt dagegen, dass die Teilnehmer diese Tage bewusst medienfrei gewählt hatten, um mit sich selbst und Gott allein zu sein; falls Angehörige betroffen waren, konnten wir ja Telefongespräche organisieren. Wir sparten die Nachricht schließlich bis zum Ende der Freizeit auf und lernten alle etwas Neues über Grenzen. Eine solche Nachricht hätte den sensiblen Einkehrprozess nur gestört, und es hätte so oder so niemand etwas machen können.

Wir müssen nicht alles wissen. Wir können auswählen und abwählen. Unsere Freiheit in der Mediengesellschaft geht viel tiefer als die Möglichkeit, zwischen verschiedenen Kanälen zu wählen. Aber der Druck ist so stark, dass wir einander stützen müssen, um die Richtung ändern zu können: Gib nicht auf, du bist nicht verrückt, es denken noch andere so wie du. Ein paar ganz einfache Fragen können die Tür zu einer neuen Freiheit öffnen:

Was will ich wissen? Wie will ich dieses Wissen *anwenden*? Was ist die beste *Methode*, dieses Wissen zu bekommen?

Beim Abwasch

Das klarste Bild für die Grenzen um die Seele eines Menschen finden wir im Kloster. Das Wort »Zelle« kann zweierlei bedeuten: Die Gefängniszelle, in die ein Mensch eingesperrt und seiner Freiheit beraubt wird, oder die Zelle als Grundbaustein des Organismus, als kleines »Gewächshaus des Lebens«. Genau diese beiden Bedeutungen der Zelle und ihrer Begrenztheit hat jeder Mönch und jede Nonne der Geschichte am eigenen Leib erfahren. Die Zelle – das kann ein Gefängnis sein. Und ein Lustgarten.

Die Voraussetzung dafür, dass der Paradiesduft stärker ist als die Gefängnisluft, ist der feste Entschluss, mich durch nichts aus der Zelle forttreiben zu lassen. Seit den Tagen der Wüstenväter gilt er, dieser Rat an den Novizen: »Bleibe in deiner Zelle. Sie wird dich alles lehren.«

So ist die Zelle ein Zeichen für alle Jesusjünger, wo sie auch leben. Sie steht für die Grenze, in der ich mir selber – und Gott begegne. Sie ist ein bewusstes Sich-Abschirmen von tausend anderen Möglichkeiten, in der Nachfolge dessen, der alles aufgab, um der Niedrigste von allen zu werden. Ein Wüstenreisender aus unserer Zeit malt uns ein anschauliches Bild von einem Beter, der in der Weite der Wüste ganz bewusst eine Begrenzung wählte, um dort den Grenzenlosen kennen zu lernen:

> Ich ducke mich und trete in Matta al-Miskins Klosterzelle. Eine nackte, weiß gekalkte Betonzelle, zwei auf zweieinhalb Meter groß. Die Wände sind dick. In der einen ist eine kleine Fensteröffnung, die Licht hereinlässt. In derselben Längswand, nach Osten, ist eine winzige Nische, einen halben auf einen Meter groß; hier hat Matta al-Miskin seinen Gebetsplatz.[65]

Wer dies als Klosterromantik und Weltflucht abtut, hat nichts verstanden. Die tiefste Bedeutung des Klosters ist nicht, dass alle Mönche oder Nonnen werden sollen, sondern es will ein sichtbares Zeichen für das sein, was das innerste Wesen der ganzen Kirche ist: die Hingabe des Menschen an Gott. Die kleine Klosterzelle ist ein prophetisches Wort hinein in unsere grenzenlose Aufsteigergesellschaft, eine Aufforderung Gottes, die Zelle zu entdecken, in die er mich gestellt hat.

Meine Ehe, meine Wohnung, meine Arbeitskollegen, meine Gemeinde, meine Behinderung – die Bausteine zu meiner Zelle können ganz verschieden aussehen, immer aber habe ich dieselbe Wahl wie der Mönch: Ich kann vor den Grenzen meiner Situation flüchten oder die Herausforderung annehmen und bleiben. Ein amerikanischer Trappistenmönch, Charles Cummings, erklärt:

> Flucht ist keine Lösung; sie bedeutet nur, dass ich die Schwierigkeiten, die in der Einsamkeit an die Oberfläche steigen, mitnehmen muss. In der Zelle ausharren bedeutet: Ich habe mich dafür entschieden, so lange zu bleiben, bis ich gelernt habe, mit mir selber zu leben, mit all meinen Fehlern, meinem Versagen, meiner Leere, meinen Mängeln,

> während ich geduldig darauf warte, dass Gottes Barmherzigkeit mich heilt und mein Herz und meine Zelle mit seinem Frieden füllt. Die Zelle ist der Ort, wo ich die Stellung halte, bis ich entdecke, wer ich bin und wozu ich berufen bin ... Das geduldige Bleiben in der Zelle zeigt mir, wie ich in jeder Lebenslage, wie dunkel sie auch sein mag, unter die Oberfläche schauen kann, bis ich das Licht des Willens und der Liebe Gottes entdecke, ohne diesen Platz, an den Gott mich gestellt hat, verlassen zu müssen.[66]

Einer seiner Ordensbrüder, Thomas Merton, berichtet in seiner Autobiographie, wie er eines Tages in den 1940er Jahren zum Gethsemane-Kloster in Kentucky kam, um als Novize einzutreten. In einem einzigen Satz formuliert er das Paradox der Zelle als der totalen Antithese zur rastlosen Freiheitsjagd unserer Zeit: »Bruder Matthew ließ das Tor hinter mir zufallen, so dass ich in den vier Mauern meiner neuen Freiheit eingeschlossen blieb.«[67] Es ist wie ein handgreiflicher Kommentar zu dem Jesuswort: »Wenn ihr bleiben werdet an meinem Wort, so seid ihr wahrhaftig meine Jünger und werdet die Wahrheit erkennen, und die Wahrheit wird euch frei machen« (Johannes 8,31-32). *Nicht das Grenzen-Überschreiten macht uns frei, sondern allein die Wahrheit.*

Merton berichtet, wie die Klostermauern bald die Wirklichkeit hinter den frommen Fassaden der Novizen freilegten. Wie alle Grenzen zeigen sie, was wirklich in uns vorgeht – warum sollten wir sonst solche Angst vor Grenzen haben? Es kristallisierten sich drei »Jüngertypen« heraus, und man braucht nicht viel Klostererfahrung zu haben, um sie wiederzuerkennen:

> Man fühlte, dass die Einfachsten, Anspruchslosesten die Besten unter ihnen waren, jene, die sich geräuschlos und ohne besonderes Aufsehen der gemeinsamen Norm anpassten. Sie lenkten keine Aufmerksamkeit auf sich; sie taten, was ihnen vorgeschrieben wurde. Doch waren sie die Glücklichsten und Friedlichsten.
>
> Sie standen in der Mitte zwischen zwei Extremen. Einerseits kam es vor, dass die einen oder andern alles übertrieben, was sie taten, und sich bemühten, jede Regel so skru-

> pellos zu beobachten, dass diese sich in ein Zerrbild der Wirklichkeit verwandelte. Sie schienen sich selbst durch bloße Anstrengung und Konzentration zu Heiligen machen zu wollen – als hinge alles von ihnen allein ab, und als könnte selbst Gott ihnen nicht helfen. Daneben gab es solche, die sich nur wenig oder gar nicht um ihre Selbstheiligung bemühten, als hinge nichts von ihnen ab – als würde Gott eines Tages kommen und ihnen einen Heiligenschein aufs Haupt setzen, und damit wäre es getan. Sie ahmten ihre Mitbrüder nach und befolgten die Regel gewohnheitsgemäß; aber sobald sie krank zu sein glaubten, suchten sie sich alle möglichen Milderungen zu verschaffen. Im Übrigen schwankten sie zwischen einer geräuschvollen, beunruhigenden Fröhlichkeit und einer plötzlichen Gereiztheit, die wie ein kalter Wasserstrahl über die ganze Noviziatsgemeinschaft fiel.
>
> Jene, die zu einem dieser beiden Extreme gehörten, traten gewöhnlich wieder aus und kehrten in die Welt zurück. Meist blieben nur die Normalen, Gutgelaunten, Geduldigen, Gehorsamen unter ihnen, die nichts Außergewöhnliches leisteten und sich einfach an die allgemeine Regel hielten.[68]

Vielleicht war es diese schlichte Alltäglichkeit, die mir einfiel, als ich vor ein paar Jahren den Kommentar eines deutschen Benediktinerabts zur Benediktinischen Klosterregel las: »Dies ist der beste Kommentar über den Sinn der Ehe, den ich je gelesen habe!« Es ist ja im Kloster wie in der Ehe das Gleiche: Es sind nicht die himmelstürmenden Erlebnisse, die die Liebe (hier zu Gott, dort zu meinem Partner) tiefer werden lassen, sondern der ruhige Alltagsrhythmus mit seinen einfachen Pflichten, die ich mit einem für den anderen offenen Herzen tue. Alles, was mir im Laufe eines Tages über den Weg kommt, ist eine Möglichkeit, Gott zu entdecken und zu dienen und mich nach seinem Bild gestalten zu lassen.

Kein Kloster und keine Ehe der Welt kann den Gedanken verhindern, dass das Gras auf der anderen Seite des Zaunes vielleicht grüner ist, und die Treue zu meinen selbstgewählten

Grenzen will ständig neu erobert werden. Vielleicht muss ich erst dem Lebensüberdruss, den unsere Erlebniskultur mehr als alles andere fürchtet, auf den Grund gegangen sein, um die wirkliche Freude entdecken zu können. Bruder Cummings führt den religiösen Himmelsstürmer in die Klosterküche:

> Bei den Mahlzeiten können wir eine tiefe Befriedigung erleben, vielleicht sogar eine Spur Heiligkeit, aber Geschirrspülen – das kommt uns inhaltsleer vor. Hochgekrempelte Ärmel, schmutziges Spülwasser – was soll daran schon geistlich sein? ...
>
> ... Während der Mahlzeit können wir Gott in unserer Tischgemeinschaft finden, nach der Mahlzeit finden wir ihn in der schlichten Aufgabe des Abwaschens. Das monastische Ideal vom ganzheitlichen Leben – monos in der Bedeutung »ganz«, »ungeteilt« – läuft allen dualistischen Vorstellungen von einer Trennung zwischen »geistlichen« und körperlichen Aktivitäten zuwider. Der tägliche Abwasch kann uns mit zu einer monastischen Frömmigkeit helfen, die Gott in allem sucht und findet.[69]

Dies kann nach einem passiven Sich-fallen-Lassen klingen, das jedes Risiko scheut und wo unsere kreative Kraft nach und nach unter den grauen Alltagspflichten verwelkt. Ein einfacher Rückblick auf die Klostergeschichte genügt, um diesen Einwand zu widerlegen. Paradoxerweise hat nämlich gerade dieses der Disziplin der Grenze und der Regel unterworfene Leben ein menschliches Schaffen hervorgebracht, das nach wie vor seinesgleichen sucht. Die mittelalterlichen Klöster waren regelrechte Versuchslabors für so unterschiedliche Dinge wie Musik, Bienenzucht, Krankenpflege, Malerei, Backen, Architektur, Dichtung, Philosophie, Gartenbau, Buchbinderei, Theater, Geschichtsforschung, Ackerbau, Mission, Bildhauerei und geistliche Wegweisung.

»Not macht erfinderisch« – stimmt es nicht immer noch, dieses uralte Sprichwort? Unsere Generation hat ja das Gegenteil gelernt – dass Überfluss erfinderisch macht. »Mit dem Computer hier kannst du *alles* machen« – und wir erwarten, dass die Kreativitätsströme nur so fließen. »Dir steht das ganze menschliche Wissen zur Verfügung« – also müssen wir doch wohl alle gescheiter werden. »Wir haben ein volles Sortiment der besten Spielzeuge« – damit unser Kind ein Genie wird. Funktioniert das wirklich so?

Oder hat der Turm zu Babel nicht eher einen eingebauten Dinosaurier-Effekt, bei dem die menschliche Kreativität sich gerade in ihrer Grenzenlosigkeit zum Schluss totläuft? Die Angst vor der Grenze und der Langeweile treibt uns in eine Sackgasse des totalen Überdrusses hinein – denn wir haben ja schon alles ausprobiert.

Was, wenn es tatsächlich die *Zelle* wäre, die der Träger der Lebens- und Schaffenskraft ist – die bewusst gewählte Begrenzung, die unsere Schaffenskraft freisetzt? So war es zumindest, als die Kultur des Mittelalters entstand. Was, wenn das gleiche Potential heute vor unserer Tür läge, mitten in dem Angebotsgeflimmere der Informationsgesellschaft? Man kann Picasso manches vorwerfen, aber wohl kaum eine blockierte Kreativität. Einer seiner Frauen gab er den folgenden Rat für die Malerei:

> Du weißt, für eine bestimmte Arbeit brauchen wir ein bestimmtes Werkzeug. Wir sollten uns auf dieses eine Werkzeug beschränken. Dadurch gewöhnt sich die Hand daran, sie wird geschmeidig und geschickt, und wir erhalten dabei ein Gefühl für die Maßverhältnisse, das dann in jeder unserer Arbeiten zum Ausdruck kommen wird. Die Chinesen lehren, dass man für ein Aquarell oder eine Tuschzeichnung nur einen einzigen Pinsel benutzen darf. Auf diese Weise nimmt alles, was du malst, die gleiche Proportion an. Durch diese Proportion erhält das Werk seine Harmonie, und zwar auf eine viel augenfälligere Weise, als wenn du Pinsel verschiedener Größe benutzen würdest. Und wenn du dich dazu zwingst, dich in deinen Mitteln zu beschränken, wird gerade dadurch deine Erfindungskraft freigesetzt. Das führt dich zu Fortschritten, von denen du dir im Voraus keine Vorstellung machen kannst.[70]

Lesen Sie die letzten beiden Sätze ruhig noch einmal.

Wir haben die Wahl

Und Babel? Die Zelle ist ein Widerstandsnest. In einer Gesellschaft ohne Grenzen bewusst in eine Begrenzung hineinzugehen – darin liegt eine ungeahnte Sprengkraft. »Das Geringe vor der Welt und das Verachtete hat Gott erwählt, das, was nichts ist, damit er zunichte mache, was etwas ist, damit sich kein Mensch vor Gott rühme« (1. Korinther 1,28-29). Die Zelle gebiert eine Gegenkultur, die Punkt für Punkt eine Antwort auf den Babelturm ist:

»Mehr« – aber wir konzentrieren uns auf die Mitte, anstatt nach allen Richtungen zu drängen; wir suchen das Einfache, nicht den Überfluss.

»Flexibler« – aber wir wählen die Verwurzelung an einem bestimmten Ort, die uns eine Solidarität des Herzens ermöglicht, die alle Grenzen durchbricht.

»Schneller« – aber wir bremsen unser Leben und lernen es, auf das zu warten, was langsam wächst und beständige Frucht bringt.

»Effektiver« – aber uns sind Menschen kostbarer als Dinge, Beziehungen wertvoller als Betriebsamkeit, das Ziel wichtiger als die Mittel.

»Höher« – aber wir brechen aus dem Streben nach immer mehr Macht aus und bewegen uns nach unten hin, wo die Heilung unserer Beziehungen zu allem Lebendigen beginnen kann.

Der Wendepunkt kommt, wenn wir vom Thron herabsteigen und Gott Gott sein lassen. Ohne eine stabile innere Verankerung in ihm ist jeder Versuch, sich nach unten, in die umgekehrte Richtung wie die Babel-Gesellschaft zu bewegen, zum Scheitern verurteilt. Das Entscheidende beim Babelturm ist nämlich nicht die Technik, die Methoden, Werte, Ethik, das Menschenbild oder die Ideologie, sondern – die Anbetung. Welchen Gott beten wir an? Aus der Antwort auf diese Frage folgt alles andere.

Hier können wir viel von der Babylonischen Gefangenschaft lernen. Als die jüdische Führungsschicht nach Babylon deportiert worden war, machten die falschen Propheten, die die ganze Zeit die Menschen beschwichtigt hatten, munter weiter; ihre neue Botschaft: Das Exil wird bald vorbei sein. Und wieder reizt Jeremia sie zur Weißglut, indem er zeigt, dass sie falsch liegen. Er schreibt einen Brief an seine Freunde im Exil:

> So spricht der Herr Zebaoth, der Gott Israels, zu den Weggeführten, die ich von Jerusalem nach Babel habe wegführen lassen: Baut Häuser und wohnt darin; pflanzt Gärten und esst ihre Früchte; nehmt euch Frauen und zeugt Söhne und Töchter, nehmt für eure Söhne Frauen, und gebt eure Töchter Männern, dass sie Söhne und Töchter gebären; mehrt euch dort, dass ihr nicht weniger werdet. Suchet der Stadt Bestes, dahin ich euch habe wegführen lassen, und betet für sie zum Herrn; denn wenn's ihr wohlgeht, so geht's auch euch wohl. (Jeremia 29,4-7)

Erst wenn »siebzig Jahre« - also eine lange Zeit - vergangen sind, wird die Befreiung kommen und das Volk in seine Heimat zurückkehren. Darum gibt der Prophet eine weitsichtige Überlebensstrategie für die Jahre in Babel. Es ist ein schmaler Weg. Auf der einen Seite lauert das Risiko, durch passives Dasitzen und Warten auf die Befreiung die Identität als Gottes Volk preiszugeben, auf der anderen Seite die Gefahr, sich so gut an Babel anzupassen, dass man zu ihm überläuft. Dagegen stellt Jeremia ein positives Gestalten eines gerechten Lebens, ohne Angst vor der umgebenden Kultur und mit dem Horizont der Befreiung vor Augen. Anstatt sich verbittert in sich selbst zurückzuziehen, sollen die Menschen »das Beste der Stadt suchen«, in Gebet und Handeln die Gesellschaft in der richtigen Richtung beeinflussen.

Ein Beispiel dafür finden wir in dem Bericht über Daniel und seine Freunde. Sie gehörten zu den jüdischen Adligen, die am babylonischen Hof zu Amt und Ehren aufstiegen, dabei aber den Versuchungen der Macht widerstanden. Als die intellektuelle babylonische Elite die Träume des Königs nicht zu deuten vermag, tritt Daniel als ihr Retter auf – obwohl sie eine ganz andere Religion und Ideologie hatte als er.

So muss das Volk Gottes in allen Kulturen mehr tun als nur seine eigene Haut retten. Eine der Früchte von Daniels Großzügigkeit war, dass der König mehr als einmal etwas vom Geheimnis Gottes erahnte.

Doch man mache sich keine falschen Illusionen über Babel! Eines Tages lässt König Nebukadnezar ein riesiges goldenes Standbild anfertigen, das alle anbeten müssen. Als Daniels Freunde sich weigern, bekommen sie die alte Drohung aller totalitären Mächte zu hören: »Werdet ihr's aber nicht anbeten, dann sollt ihr sofort in den glühenden Ofen geworfen werden. Lasst sehen, wer der Gott ist, der euch aus meiner Hand erretten könnte!« Ihre Antwort kann man geradezu ein Manifest für die Bereitschaft der christlichen Kirche zum zivilen Ungehorsam gegenüber einer Gott lästernden Obrigkeit nennen:

> Es ist nicht nötig, dass wir dir darauf antworten. Wenn unser Gott, den wir verehren, will, so kann er uns erretten; aus dem glühenden Ofen und aus deiner Hand, o König, kann er erretten. Und wenn er's nicht tun will, so sollst du dennoch wissen, dass wir deinen Gott nicht ehren und das goldene Bild, das du hast aufrichten lassen, nicht anbeten wollen. (Daniel 3,15-18)

Wie es damals weiterging, kann man im Buch Daniel nachlesen. Und wie geht es bei uns weiter? Gott geht uns voran. Nach unten.

Ohne Körper

Berührung verboten

Es eilt. Was eilt? Ich weiß es nicht, aber das ist auch nicht so wichtig. Das Wichtige ist, dass man vorwärts kommt. Vorwärts wohin? Ich weiß es nicht, aber Hauptsache, man bleibt nicht zurück. Zurück hinter was? Keine Ahnung. Das Wichtige ist halt, dass es vorübergeht. Dass es blitzt und donnert, glitzert und glänzt. Dass die Oberfläche keine Flecken hat.

Ich rede vom Ende eines Jahrtausends, wo alles und alle pusten und sich anstrengen, um noch ein bisschen mehr zu schaffen. Alles rennt auf das große Unbekannte hin: eine unbekannte Zukunft, einen unbekannten Untergang. Was das genau ist, ist nicht so wichtig, das Wichtige ist, dass man mitrennt. Das Wichtige ist nicht mehr das Ziel, denn es gibt kein Ziel ...

Ich rede von einer Generation, wo der Traumberuf die eigene Talkshow ist, das eigene TV-Universum, durch das ich jagen kann. Wo man über nichts redet, seine Gäste beleidigt und alles ironisch sieht. Wer gut läuft, dem kann keiner was. Man steht im Rampenlicht, aber niemand kann einen wegen etwas, was man gesagt hat, anklagen, denn man hat ja nichts gesagt. Man ist gleichzeitig lebendig und tot, das Nichtsein ist das Sein. Lieber im Neonlicht Angst haben als unter der Küchenlampe ...

Das Fernsehen berührt einen nicht. Gut so, denn eine der wenigen Regeln, die wir Jungen haben, lautet: Berührung verboten. Berühren kann tödlich sein, es kann dich zu einem Menschen machen. Es kann richtig wehtun, und wir wollen doch keinen Schmerz spüren. Und doch schreien unsere Herzen nach Berührung – ein Urschrei, dem wir immer noch nicht entkommen sind; aber es ist schwer, ein Herz zu berühren, das im Marathontakt schlägt. Und wir steigern das Tempo noch und rufen einander zu, in was für einer phantastischen Zeit wir leben ...[71]

Dies schrieb Klara Grede, eine junge Schwedin, im Frühjahr 1996. Wie konnte es so weit kommen? In den letzten hundert Jahren sind wir von einem Alltagsleben mit Erde unter den Fingernägeln und einem dichten Beziehungsgefüge in eben die Richtung gereist, die die Gnostiker seit Jahrtausenden anpreisen. Die Fremde der Oberflächlichkeit, von der Klara Grede spricht, knallt wie ein Rückstoß gegen eine Kultur, die voller Ungeduld eine menschliche Kontaktfläche nach der anderen abgeschafft hat. Übrig bleibt ein gigantisches Spiegel- und Bilderlabyrinth, in dem wir immer schwerer zurück zu uns selber finden.

1870 waren 72 % der schwedischen Bevölkerung in der Landwirtschaft tätig.[72] Es war gewiss keine heile Dorfwelt, aber eine Welt voller Berührungen – von den warmen Leibern der Tiere und den Halmen der Ernte zu den täglichen Begegnungen am Esstisch und dem abendlichen Einschlafen, wenn man wie Sardinen zusammengepresst im Bett oder auf dem Sofa lag.

Dann kam die Industrialisierung mit ihren Fabriken, die die Menschen wie riesige Magneten in die Städte zogen. »Das Land« wurde zum Begriff für Kindheit und Ferien. Aber auch an den Maschinen arbeiteten wir noch mit den Händen, und das Gespräch beim Abendessen in der engen Zweizimmerwohnung war viel wirklicher als eine Talkshow. Wer hätte damals gedacht, dass uns die Plackerei einmal als romantisch erscheinen würde ...

Heute sausen wir mit Volldampf in die Informationsgesellschaft hinein. 1975 arbeiteten 40 % aller Schweden in der produzierenden Industrie. Im Jahre 2000 waren es noch 15 %.[73] Der Zukunftsforscher Åke E. Andersson beschreibt in einer Werbebeilage für Microsoft die Distanzierung von der materiellen Welt als eine wunderbare Entwicklung: »Das einzige Materielle an dem Produkt ist die CD, auf der das Programm gespeichert ist. Der eigentliche Wert liegt in dem neu geschaffenen Inhalt. Dieser Tausch von Materie gegen Wissen ist das Markenzeichen der Informationsgesellschaft.«[74]

Also *Materie gegen Wissen.* Der Gnostizismus ist heute nicht mehr eine kleine Sekte für die religiös Veranlagten. Wir liegen falsch, wenn wir die falschen Propheten nur in gewissen New Age-Gruppen sehen. Die ganze Gesellschaft steckt in einem Babel-Projekt mit gnostischen Vorzeichen – dem großen Auszug aus der »primitiven« Körperlichkeit in die reine, unbefleckte Welt des Wissens. Wie immer im Gnostizismus gibt es eine kleine Elite, die am besten klettert, aber die Folgen treffen diesmal alle.

Nur einen Knopf drücken

Diese Entwicklung dauert schon lange an. Im Grunde hat die Technik schon immer diesen eingebauten Zwiespalt gehabt: Einerseits spart sie uns Zeit und Kraft, andererseits entfremdet sie uns von der Langsamkeit und Körperlichkeit, die so zu unserem Menschsein dazugehört:

Essen: Vom Gang in den Gemüsegarten und eigenen Schlachten zur Fertigpizza, die man in die Mikrowelle schiebt. *Trinken:* Vom Wasser holen am Brunnen zum Drehen am Wasserhahn. *Heizen:* Vom Brennholz hacken zum Drehen am Thermostat. *Reisen:* Vom Wandern, Reiten oder Segeln zu 800 km/h über den Wolken. *Reden:* Vom persönlichen Besuch zur E-Mail. *Kaufen:* Vom Gang auf den Markt zum Warentausch zur Internetbestellung. – Der vielleicht entscheidende Keil zwischen dem Menschen und seinem Körper liegt im Geld. Irgendwo war dies ja die erste echte Distanzierung vom Körperlichen – dass eine Münze für eine Ware stand. Später wurde die Münze durch einen Papierschein ersetzt, und danach kam die Plastikkarte. Der Mammon treibt sich als gigantischer Keil zwischen uns, unsere Mitmenschen und die Schöpfung.

Zu dem Geld kommt die Technologie, die der Autor Gunnar Edman »eine Methode, die Wirklichkeit so zu organisieren, dass wir sie nicht mehr erleben müssen« nennt. »Fortschritt« nennen wir das, aber die Widersprüche in diesem Fortschritt werden immer sperriger, die Entfremdung von der irdischen Wirklichkeit immer tiefer.

Die Informationsgesellschaft wimmelt von diesen Widersprüchen. Die Technologie verspricht uns, die Abstände in Zeit und Raum immer mehr zu verkürzen – aber immer wieder stellen wir fest, dass wir, ohne es zu wollen, weiter weg voneinander kommen. Der Regisseur Kjell-Åke Andersson gibt ein Beispiel aus der Welt des Films, das auf die meisten heutigen Arbeitsplätze passt: »Viele neue Regisseure starren auf den Monitor, als hätten sie den Kopf in einem Hafersack, während irgendwo weit weg die Schauspieler agieren. Es ist eine Distanz, die aus der Werbung kommt.«[75]

Oder woher auch immer. Das gleiche Bild in der Zeitungsredaktion: »Früher waren Redaktionen laute, etwas wilde Orte, wo Menschen zusammensaßen und sich Zettel mit Textvorschlägen zuwarfen. Heute ist es still geworden; jeder sitzt für sich und starrt in seinen Computer.«[76]

Im 20. Jahrhundert sind nach Expertenberechnungen mindestens 183 Millionen Menschen als direkte Folge von Kriegen, Völkermorden und anderen Aktionen ums Leben gekommen. Der Historiker Peter Englund glaubt, dass moderne Bürokratie und Technologie gemeinsam eine nie gekannte Entfremdung von den Opfern geschaffen haben: »Ohne sie wäre ein Töten in dieser Größenordnung unmöglich gewesen.«[77]

Natürlich sind Kriege immer grausam und blutig gewesen, aber solange die Kämpfenden den eigenen Kopf hinhalten mussten, gab es noch Grenzen für das Abschlachten. Die moderne Technik hat diese Grenzen verwischt. Die Piloten über Hiroshima und Nagasaki brauchten bloß einen Knopf zu drücken, die Techniker in Auschwitz ein paar Kristalle in einen Behälter zu füllen, der Rest ging von alleine. Beschlüsse über Leben und Tod werden von Funktionären gefasst, die »irgendwo in einem kleinen grauen Büro sitzen, rechnen und zusammenzählen, Papiere ordnen, Mittagspause machen und den Telefonhörer abnehmen«.[77]

Und noch ein Paradox: Dieselbe Distanzierung, die es leichter macht, einen Menschen hinzurichten, macht es schwerer, ein Tier zu töten. Das Tier ist in der Geschichte des Menschen tödlicher Feind, notwendiger Lebenskamerad oder die tägliche Mahlzeit gewesen – oft mehreres davon gleichzeitig. Auf dem alten Bauernhof waren die Tiere ein selbstverständlicher Teil des Lebens – und des Todes. Eine Kuh zu füttern und ihr zu helfen, wenn sie sich in einem Gestrüpp verfangen hatte, war genauso selbstverständlich wie sie eines Tages zu schlachten und das Fleisch für den Winter zu trocknen.

In der heutigen Medien- und Großstadtkultur sind die Tiere woanders: im Zoo, als Kuscheltier im Bett, in einem Naturfilm im Fernsehen, in einer Skandalreportage über Viehtransporte oder als Akteure in Zeichentrickfilmen. Einen Menschen töten wird aus der Distanz leichter – ein Tier töten schwieriger. Der englische Kunsthistoriker John Berger kommentiert:

> Der Bauer freut sich über das Schwein im Stall und über das Fleisch, das er einpökeln kann. Das Wesentliche, was dem Städter so schwer in den Kopf will, ist, dass diese beiden Satzteile mit einem *und* und nicht mit einem *aber* verbunden sind.[78]

Daher ist der Veganer ein ausgeprägtes Stadtphänomen und völlig undenkbar auf einem Bauernhof mit Weidevieh und Misthaufen. Vielleicht trifft Maria Gummesson ins Schwarze, wenn sie im Kampf der Veganer eine tiefere Angst sieht:

> Der Stadtmensch, dessen Alltagskontakt zu Tier und Tod völlig abgerissen ist, beschwört die Angst vor dem Leiden und wehrt sich gegen seinen eigenen Tod, indem er auf Leiden und Tod der Tiere mit einem Zorn reagiert, der jedes Maß verloren hat.[79]

Die Distanz trennt uns von der Wirklichkeit und damit von der Wahrheit. Die Welt wird entweder zu einem romantisierten Idyll oder einer tödlichen Gefahr. Was genügend weit weg von mir liegt, wird entweder zum ersehnten Paradies oder zur Hölle, die es um jeden Preis zu bekämpfen gilt. Die Distanz malt alles schwarz-weiß; für die Grau-Werte der realen Nähe ist sie nicht empfänglich.

In einer solchen Gesellschaft gedeihen die Feindbilder, und die Menschen ziehen sich hinter ihre verschlossenen Türen zurück. Robert D. Putnam ist Professor für Politikwissenschaft an der Universität Harvard (USA). In den letzten Jahren hat er wie ein klassischer Detektiv an einem schweren Fall gearbeitet: »Das Phänomen des Rückgangs des Gemeinsinns und des mitbürgerlichen Engagements in den USA«[80] – also die Tatsache, dass die Menschen einander weniger vertrauen und sich weniger in Nachbarschaft und Gesellschaft engagieren. Putnam schreibt:

> Organisationen, die vor 25 oder 30 Jahren Brennpunkte der Gesellschaft waren – etwa die Kirchen, das Rote Kreuz oder die Gewerkschaften – haben im Laufe der Jahre 60 % ihrer aktiven Mitglieder verloren. Noch ominöser ist der Befund von Studien, dass die Amerikaner heutzutage weniger miteinander reden ... Zwei Drittel der Amerikaner geben an, dass sie anderen Menschen nicht trauen; vor einer Generation war es nur ein Drittel.[81]

Warum ist das so? fragt Putnam. Er untersucht eine Reihe Verdächtige: dass die Menschen immer beschäftigter und gestresster sind. Dass sie zu wenig (oder zu viel) Geld haben. Dass sie häufiger umziehen. Dass die Berufstätigkeit der Frau den Druck auf die Familie erhöht hat. Dass die Ehen weniger gut halten. Dass der Wohlfahrtsstaat die private Hilfe überflüssig zu machen scheint.

Doch keine dieser Erklärungen erweist sich als haltbar. Sie passen nicht zu dem Zeitpunkt dieses Zerfalls der Mitbürgerlichkeit oder zeichnen andere geographische Kurven als dieses flächendeckende Muster. Es stimmt zwar, dass Verheiratete sich gesellschaftlich mehr engagieren als Alleinstehende, aber, so Putnam, »die Auflösung der Ehe ist möglicherweise ein Komplize bei dem Verbrechen, aber nicht der Haupttäter«.

Das Einzige, was zu Zeitpunkt und Umfang des Phänomens passt, ist – das Fernsehen.

Erstens stimmt hier der Zeitfaktor. Die mitbürgerliche Generation war die letzte, die in den USA ohne Fernseher auf-

> wuchs. Der Fernseher schlug in den 1950er Jahren wie ein Blitz in die amerikanische Gesellschaft ein. 1950 hatten ganze 10 % der Haushalte ein Fernsehgerät, 1959 bereits 90 % – die wohl schnellste Verbreitung einer technischen Erfindung, die es je gegeben hat.

Heute schaut der Durchschnittsamerikaner vier Stunden pro Tag in die Röhre (der Durchschnittsdeutsche drei). Selbst wenn man nur von drei Stunden pro Tag ausgeht, »so bedeutet das, dass das Fernsehen etwa 40 % der Freizeit des durchschnittlichen Amerikaners beansprucht«. Und:

> Diese durchgreifende Veränderung des Freizeitverhaltens der Amerikaner fällt exakt mit dem Beginn des Zerfalls der mitbürgerlichen Gesellschaft zusammen ... Jede Stunde Fernsehen bedeutet weniger Zeit für andere Menschen und weniger Beteiligung in verschiedenen Gruppen und Vereinen, während jede Stunde Zeitung lesen zu dem genauen Gegenteil führt.

Putnam stellt fest, dass es einen gewissen Zusammenhang zwischen Teilnahme an den Medien und sozialem Engagement gibt. Aber:

> Das Fernsehen ist die große Ausnahme von dieser Regel; es ist die einzige Freizeitaktivität, die Aktivitäten außerhalb der eigenen vier Wände behindert. Das Fernsehen geschieht auf Kosten fast jeder äußeren sozialen Aktivität. Einfach ausgedrückt: Es privatisiert unsere Freizeit.

Und es beeinflusst unser Weltbild:

> Beeindruckend viele Untersuchungen weisen darauf hin, dass Menschen, die viel fernsehen, oft misstrauisch gegenüber anderen sind – zum Beispiel neigen sie dazu, die Zahlen der Verbrechensstatistiken für höher zu halten, als sie in Wirklichkeit sind.

Tausende von Meilen entfernt bestätigen sich Putnams Schlussfolgerungen im dünn besiedelten Norden Skandinaviens:

> Irgendwann im Laufe der Reise wurden unsere Dörfer stumm und tot. Selbst die, wo keine Häuser leer stehen, machen einen verlassenen Eindruck. Astrid und Mauritz Blom aus Södra Öhn in Ströms Vattudal berichten, dass der

erste Schlag gegen die Dorfgemeinschaft das Fernsehen war. Die Leute fingen an, zu Hause zu bleiben und fernzusehen und nicht mehr zum Nachbarn zu gehen und sich zu unterhalten.[82]

Wer kennt Marilyn Monroe?

Aber hat das Fernsehen denn nicht die Welt in unser Wohnzimmer gebracht? Zerbricht es nicht unsere Isolierung und falsche Idylle, macht es uns nicht sensibler für die anderen Menschen? Offenbar nicht. Jeder Pädagoge weiß, dass Herausforderungen, die den Menschen überfordern, mitnichten sein Bewusstsein schärfen, sondern ihn in reiner Notwehr seine Gefühle abriegeln lassen. Die Machtlosigkeit vor dem, was man da sieht, die Schuldgefühle und die Wut erstarren rasch zu einer passiven Gleichgültigkeit, die gefährlicher ist, als wir ahnen. Wie Hans Magnus Enzensberger sagt:

> Moralische Überforderungen, die in keinem Verhältnis zu den Handlungsmöglichkeiten der Menschen stehen, führen schließlich dazu, dass sie streiken und jede Verantwortung ablehnen. Hier liegt der Keim zu einer Barbarisierung, die sich zur rasenden Aggression steigern kann.[83]

Doch die Alternative zu allen so genannten bewusstseinserhöhenden Qualitätsprogrammen scheint nach wie vor selten die zu sein, den Fernseher auszuschalten oder abzuschaffen, sondern man flüchtet in die Unterhaltungssendungen. Und die wird man so leicht nicht wieder los. Lars Ragnar Forsberg ist ein freier Schriftsteller, der am liebsten abgeschaltet hätte, aber ...

> Wir leben im Zeitalter des Schunds. Eine endlose Flut von sinnlosem Zeug spült über mich hinweg. Völlig unwichtige Personen besetzen meine Gehirnzellen. Der öffentliche Raum ist voller bizarrer Helden. Sie schwätzen auf allen Kanälen. Ihre Münder bewegen sich, aber sie sagen nichts.
>
> »Schick uns ein Fax!«, tönen die Programmmacher im Radio. »Sag uns, was du denkst!« Aber keiner interessiert sich dafür, was der andere denkt. Nichts bedeutet mehr

etwas, es ist nur noch leeres Geplappere. Noch nie haben so viele über so wenig geredet.

Und ich kann mich nicht wehren, der Schund lässt sich nicht aussperren. Es gibt keine Schutzzonen mehr. Die Stille ist ein Sieb geworden, das fast alles durchlässt. Es wäre so schön, Colin Nutley und Helena Bergström los zu sein. Seine mittelmäßigen Filme sind mir egal, und ich scheiße was drauf, dass sie ein Kind erwartet. Aber drinnen in meinem Kopf drehen sich seine Meinungen und wächst ihr Kind. Es wäre wunderbar, sagen zu können, dass Ylva Maria Thompson nicht mehr hier wohnt, aber sie ist ausgerechnet zu mir gezogen; sie ist eine der Heldinnen unserer Zeit, berühmt für ihre eiskalten Pornofilme in *TV 1000* und von *Moderna Tider* hoch gelobt. Es wäre eine Befreiung, nicht mehr Alsings Witze und Åkesons Fragen zu hören, aber auch sie sind zu mir gezogen. Ein Zimmer nach dem anderen in meiner Seele ist von Menschen besetzt, die ich nicht treffen und nicht hören will ...

Man spricht nicht mehr, man keift und kichert und witzelt. Dauernd dieses Hohngelächter und Plastiklächeln. Keiner hört mehr auf den anderen oder tauscht Meinungen aus. Man schwadroniert vor sich hin wie ein Betrunkener um Mitternacht ... Im öffentlichen Gespräch herrscht die Berührungsangst. Die Plapperprogramme in Radio und Fernsehen öffnen Abgründe zwischen den Menschen – Glieder und Lippen, die sich bewegen, ohne einander näher zu kommen ...[84]

Noch nie in der Menschheitsgeschichte hat uns der Babelfluch mit solch unheimlicher Präzision getroffen. Wir wollten die perfekte Kommunikationsform schaffen, um einander verstehen zu können, die Menschen in einem elektronischen Netzwerk zusammenbinden, um nicht »in alle Länder zerstreut« zu werden – und das Ergebnis ist der völlige Zusammenbruch der Sprache; aus dem Babel-Turm ist der Babbel-Turm geworden.

Immer weiter fort von der Wirklichkeit, voneinander, von Gott sind wir gekommen. Wie Paulus sagt: »Sie verfielen in ihrem Denken der Nichtigkeit, und ihr unverständiges Herz wurde verfinstert. Sie behaupteten, weise zu sein, und wurden zu Toren. Sie vertauschten die Herrlichkeit des unvergänglichen Gottes mit Bildern ...« (Römer 1,21-22 Einheitsübers.)

Zum Schluss hält uns nur noch die nackte Leere zusammen. Der Philosoph Peter Sloterdijk nennt die Medien »die leeren Engel« und vergleicht sie mit den Engeln in der Bibel, die als Boten kommen. Die heutigen Engel kommen mit leeren Händen:

> Es ist ein Zustand, wo alle Boten sein wollen, aber niemand mehr das Hören fertigbringt. Alle wollen sie schaffen in den Medien, jeder will ein Megaphon nehmen und etwas rufen, jeder will einen Computer beherrschen können – aber sie haben nichts zu sagen.[85]

Sloterdijks Schlussfolgerung: »Das Zeitalter der Massenmedien hat kein Evangelium.« Dafür das genaue Gegenteil:

> Die schlimme Botschaft, die die Medien uns tagtäglich bringen, ist, dass es nichts zu sagen gibt außer diesem einen: dass die Welt ein schrecklicher Ort ist, der uns ständig Angst und Kummer macht. Dagegen herrscht eine massive Selbstzensur gegenüber allem, was gut ist und aufbaut.

Sloterdijk sieht darin einen deutlichen Sinn:

> In den modernen Nationalstaaten haben die Menschen nichts mehr, um das sie sich scharen können, sie haben nicht mehr das Gefühl, einer Gemeinschaft anzugehören. Das Einzige, was sie noch zusammenhält, ist das vage Gefühl, dass irgendwo ein namenloser Schrecken lauert, und genau diesem Gefühl gibt das Fernsehen Nahrung.

Die gnostische Hydra hat viele Häupter: Die reine Geistigkeit, die uns mit ihrem fleckenlosen Glanz von der schmutzigen Wirklichkeit wegführt. Die verdummende Unterhaltung, die uns vor dem grauen Alltag fliehen lässt. Die aufdringliche Gewalt, die uns zur besten Sendezeit in dem Bewusstsein erschauern lässt, dass alle anderen das jetzt auch sehen. Alles ist okay, solange es uns von der geschaffenen Wirklichkeit fortführt. Es ist wie in der griechischen Sage von dem König Midas, der die Gabe bekam, alles, was er berührte, in Gold zu verwandeln – sogar sein Essen und Trinken ... Alles, was die Medien berühren, verwandelt sich in Bilder.

Bis die Bilder anfangen, ihr eigenes Leben zu leben. Die Offenbarung des Johannes spricht von den Manifestationen des Bösen, einem Untier, das der Meister des Scheins ist: »Und ich sah ein zweites Tier aufsteigen aus der Erde; das hatte zwei Hörner wie ein Lamm und redete wie ein Drache« (Offenbarung 13,11). Das Bild sagt das eine, die Stimme etwas anderes.

»Und es tut große Zeichen, so dass es auch Feuer vom Himmel auf die Erde fallen lässt vor den Augen der Menschen« (Offenbarung 13,13). Das Wichtige ist das, was man sehen kann – die »Show«.

> Und es verführt, die auf Erden wohnen, durch die Zeichen, die zu tun ... ihm Macht gegeben ist; und sagt denen, die auf Erden wohnen, dass sie ein Bild machen sollen ... Und es wurde ihm Macht gegeben, Geist zu verleihen dem Bild des Tieres, damit das Bild des Tieres reden und machen könne, dass alle, die das Bild des Tieres nicht anbeteten, getötet würden. (Offenbarung 13,14-15)

Das redende Bild ist das Zentrum und Fundament einer strikt regulierten Kaufkultur:

> Und es macht, dass sie allesamt, die Kleinen und Großen, die Reichen und Armen, die Freien und Sklaven, sich ein Zeichen machen an ihre rechte Hand oder an ihre Stirn, und dass niemand kaufen oder verkaufen kann, wenn er nicht das Zeichen hat, nämlich den Namen des Tieres oder die Zahl seines Namens. (Offenbarung 13,16-17)

Wir beginnen vielleicht zu verstehen, warum im Alten Testament das Bilderverbot so stark war. Warum wird wohl gerade dieses Verbot so gerne weggelassen in modernen Versionen der Zehn Gebote?

> Du sollst dir kein Bildnis noch irgendein Gleichnis machen, weder von dem, was oben im Himmel, noch von dem, was unten auf Erden, noch von dem, was im Wasser unter der Erde ist: Bete sie nicht an und diene ihnen nicht! (2. Mose 20,4-5)

Nicht um die Kreativität des Menschen zu ersticken – das Alte Testament gibt mehrere Beispiele dafür, wie Menschen, vom Geist Gottes inspiriert, verschiedene Kunstgegenstände und

Bilder anfertigen (vgl. zum Beispiel 2. Mose 31,1-11; 35,30-35). Sondern als Abgrenzung und Schutz gegen den Herrn des Scheins, den großen Bildermagier, den Fürsten des Blendwerks, der immer wieder versucht, seine Bilder zwischen die Menschen und die Wirklichkeit zu schieben. Ob es nun Bilder von Gott, vom Menschen oder von etwas anderem sind – sie sollen uns blenden, in die Irre locken, unsere Welt mit Luftspiegelungen füllen, so dass wir schließlich nicht mehr *das* Bild sehen, das von Gott geschaffene Ebenbild: den Menschen. So schafft das Untier sein eigenes Abbild: den Un-Menschen.

Wer kennt Norma Jean Mortensen? Nicht viele. Aber Millionen wissen, wer Marilyn Monroe war. Man hat ihre Bilder die Ikone (griech. »Bild«) des 20. Jahrhunderts genannt. Einer ihrer wenigen Freunde ging eines Tages mit ihr in der Stadt spazieren. Sie war in diesem Augenblick Norma Jean, eine Privatperson, die in dem Gewimmele der Straße kaum einer bemerkte. Plötzlich drehte sie sich zu ihrem Freund um und sagte: »Willst du mal sehen, wenn ich *sie* bin?« Und im Nu verwandelte sich ihre ganze Körperhaltung und Ausstrahlung, und sie wurde – Marilyn Monroe. Es war wie ein Bild, in das sie hineinschlüpfen konnte. Und aus dem sie zum Schluss nicht mehr herausfand und das sie umbrachte.

Wir meinen mit unserem Image zu spielen, bis wir entdecken, dass der Schein ja unser eigenes Ich geworden ist. Wir bilden uns ein, dass wir selber über die Medien bestimmen und jederzeit unsere Ausflüge in die virtuellen Welten abbrechen und zurück nach Hause gehen können. Zu spät entdecken wir, dass es tausend Eingänge in das Babel-Labyrinth gibt, aber wenige Ausgänge.

Jetzt können alle reisen

Ein Mann kommt in die Hölle und ruft freudig überrascht aus: »Ich wusste ja gar nicht, dass ihr hier Fernsehen habt!« Der Dienst habende Dämon antwortet achselzuckend: »Wir haben hier *nur* Fernsehen.« Einer der frühen Kirchenväter, Ignatius von Antiochien, gibt eine zeitlos gültige Beschreibung der Scheinwelt des Teufels, wenn er von den »Körperlosen und Gespensterhaften« spricht.[86] Wie Olov Hartman gerne sagte: »Der Teufel ist lauter Geistigkeit.«

Da die irdische Schöpfung nach Gott duftet, Gott spiegelt, von Gott flüstert, Gott lobsingt, begegnet der Vater der Lüge ihr mit blindem Hass. Jeder Mensch, der über eine Blumenwiese geht, jede Hand, die die Rinde einer Eiche oder die sonnenwarme Klippe am Strand berührt, ist ein Risiko für den Teufel, und wo er uns nicht im Namen des reinen Materialismus davon fortlocken kann, tut er es halt im Namen des reinen Geistes.

Und wem die Sprache des Geistes nicht schmeckt, der bekommt diese Reinheit heute in technologischer Form serviert, garantiert frei von allen religiösen Assoziationen. Die Cyberwelt macht uns die gnostische Flucht per Mausklick verfügbar. Menschen, die irgendwo in den tristen Betonmauern der Machtpyramide ihr Dasein fristen, mit null Möglichkeit zu Kreativität, bekommen plötzlich Zugang zu ganz neuen Welten, wo sie König, Sportkanone, Liebhaber, Konzernchef, Mafiaboss, Urzeitjäger, Stadtplaner, Formel-1-Rennfahrer, Dämon oder Ritter sein können.

Genug gespielt? Willkommen im Internet, dem Tor zur ganzen Welt! Was ist der einsilbige Nachbar von nebenan schon gegen den flotten Typ aus Honolulu, der gerade eine E-Mail geschickt hat? Oder die stets meckernde Ehefrau gegen die spannende Dame aus Paris, die neuerdings ihre Fotos durch die Leitung schickt? Und was sind die paar Bücher auf dem Regal gegen den Surftrip durch das Universum der Dokumentarfilme, wissenschaftlichen Abhandlungen, Online-Nachrichten und Datenbanken? Besuchen Sie uns auf unserer Homepage!

»Besuchen«? »Heim«? Zwei erdverbundene Worte, die in der Geschichte der Menschheit stets den warmen Geruch des handfest Physischen hatten, der Begegnung Auge in Auge, in einem richtigen Haus, mit Wänden und Gerüchen und Erinnerungen. Doch heute kann die Seele frei schweben, ohne solch primitive Begrenzungen. Ich brauche nicht mehr das Wohnzimmer aufzuräumen, weil Besuch kommt. Ich kann reisen, ohne das Zimmer zu verlassen, sehen, ohne gesehen zu werden. Ich kann den schmerzlichen Erinnerungen an meine Menschlichkeit immer mehr ausweichen, ein Gott unter Göttern kann ich sein. Endlich haben wir es, das grenzenlose Wissen!

Göttliche Freiheit von Raum und Zeit – die Cybertechnologie macht sie auch für den Menschen möglich. Alles wird unmittelbar, alles wird übergreifend. Wir steigen heraus aus den lokalen Grenzen. Der französische Denker und Autor Paul Virilio führt uns die Folgen vor Augen:

> Durch die Internet-Technologie werden wir künftig nicht mehr nach unserer Ortszeit, sondern nach einer Weltzeit leben. Frühere Zivilisationen haben ihre Geschichte stets in einer Lokalzeit gelebt. ... In gewissem Sinne kann man sagen, dass wir heute das Ende der Welt erleben. Nicht im apokalyptischen Sinn, aber so, dass die Räumlichkeit der Welt auf Null reduziert wird. Die tatsächliche Räumlichkeit wird ganz verdrängt von der tatsächlichen Zeit: Die »Live-Zeit« löscht jede Vorstellung einer realen Räumlichkeit aus.
>
> Zur Zeit wird dies – zumindest von denen, die vom Markt leben – vielleicht noch als etwas Positives, als Fortschritt aufgefasst, doch mir scheint, dass wir es in der Zukunft unweigerlich als eine Verkümmerung unseres realen Lebensraums empfinden werden. Zukünftige Generationen werden sich eingesperrt fühlen in einer viel zu engen Welt, die von der absoluten Geschwindigkeit beherrscht wird und in der es mangels wirklicher, physischer Ortsveränderungen keine Distanz mehr gibt.[87]

Kennen wir das nicht schon? Wie der Versuch, in Gottes unbegrenzte Freiheit hinaufzuklettern, sich in unserer Lebenserfahrung unversehens in sein Gegenteil verkehrt und unsere Welt immer mehr schrumpft? Wie die große Vernetzung der Menschen in Wirklichkeit neue Glaswände zwischen uns aufbaut? Die Erfüllung unserer Wünsche ist nur noch einen Mausklick entfernt, aber der Preis ist hoch, meint Virilio:

> Gleichzeitig mit dem Verlust des Kontaktes zu unserer Umwelt verlieren wir auch den Kontakt zu unserem eigenen

Körper. Die Welt ist nach wie vor da, aber sie verwandelt sich zu anekdotischen Bruchstücken, zu Notausgängen und unbequemen Notlösungen – ungefähr so wie die Treppe im Verhältnis zum Aufzug. Die wirkliche Frau wird zur Notlösung gegenüber dem Ideal der Internetfrau.

Dieses neue Weltbild ist eine exakte technologische Entsprechung zum gnostischen Weltbild. Befreiung und Zukunft liegen in einer anderen Welt als der materiellen, und nun gilt es, herauszufinden, wie man den Begrenzungen der materiellen Welt – ob nun dem grauen Alltag des Einzelnen oder der altmodischen Fixierung einer ganzen Gesellschaft auf das Anfertigen von realen Gegenständen – entflieht und mit dem richtigen Wissen Eintritt in das neue, grenzenlose Dasein findet. Eines der gnostischen Passwörter auf dieser Reise war das Wort »Jesus«. Irenäus berichtet:

> Karpokrates und seine Schüler vertreten die Lehre, dass die Welt, und was in ihr ist, von Engeln stammt, die weit geringer sind als der ungezeugte Vater, und dass Jesus von Josef gezeugt und den Menschen gleich war, den anderen aber das voraus hatte, dass seine Seele stark und rein war, so dass sie sich an die Dinge erinnerte, die sie bei ihrem Umlauf beim ungezeugten Vater gesehen hatte, und deshalb wurde ihr von ihm [vom Vater] eine Kraft hinabgeschickt, damit sie den Weltschöpfern entkommen konnte. So ging sie durch sie alle hindurch, wurde in allen (Äonen-Räumen) freigesprochen und gelangte zu ihm hinauf; und die Seelen, die sich dasselbe wünschen wie sie, erleben dasselbe.[88]

Die antiken Gnostiker hatten verschiedene Meinungen darüber, wie diese Reise genau vonstatten ging, aber in einem waren sie sich einig: dass der Leib an dieser Befreiung unmöglich teilhaben konnte; das war bei ihnen ähnlich undenkbar wie die Vorstellung, dass man sich heutzutage buchstäblich mit seinem Körper ins Internet begeben könnte. Es geht ja gerade darum, dem Körper zu entkommen! Irenäus schreibt:

> Wieder andere sagen, weder ihre Seele noch ihr Leib könnten das ewige Leben bekommen, sondern nur der innere Mensch. Darin wollen sie aber den Verstand in ihnen sehen, der ihrem

Beschluss zufolge allein zur Vollkommenheit aufsteigt. Andere lassen aber bei der Rettung der Seele ihren Leib an dem von Gott kommenden Heil unbeteiligt bleiben.[89]

Im Laufe der Geschichte bildet dieses Denken vielfache Verzweigungen. Im 3. Jahrhundert lehrt in Alexandria und Rom der Philosoph Plotin, dass die Materie das Gefängnis der Seele ist; allein die intuitive Erkenntnis gibt dem Menschen Zutritt zu »dem Einen« – der göttlichen Wirklichkeit, die über Zeit und Raum erhöht ist. Diese stark gnostisch geprägte Bewegung, der so genannte Neuplatonismus, hat später unter anderem Augustinus stark beeinflusst.

In Asien finden wir ein ähnliches Weltbild unter anderem im Hinduismus. In der Wedanta-Philosophie des 9. Jahrhunderts ist das einzig wirklich Existierende das »Brahman«, eine unpersönliche, unfassbare Weltseele. Alles auf dieser Erde ist nur ein unwirklicher Schein, eine Illusion, die auf mangelnder Erkenntnis beruht. Auch hier führt der Erlösungsweg von der physischen Welt fort.

News total

Was geschieht mit der Gesellschaft, wenn die Menschen so zu denken beginnen? Wenn das Ziel die Flucht des Einzelnen aus dem irdischen Jammertal ist, wer kümmert sich dann um das, was in diesem Tal vor sich geht? Man braucht kein Marxist zu sein, um zu sehen, dass Religion manchmal wirklich Opium gewesen ist. Aber wie ist das mit dem Internet? Den Kopf in den Bildschirm statt in den Sand stecken – ist das nicht eine bösartige Horrorvision? Ist nicht die allgemeine Vernetzung im Gegenteil der Motor der Demokratie? Sie öffnet doch sämtliche Türen zum freien Meinungsaustausch zwischen allen Menschen ...

Der Journalist Olle Wästberg nimmt ein entscheidendes Kriterium für die Funktionsfähigkeit von Demokratie auf, nämlich unser Vermögen, zu entscheiden, was wahr und was falsch ist. Können wir dies nicht mehr, sind unserer Manipulierbarkeit keine Grenzen mehr gesetzt. Diese Unterscheidungsfähigkeit beruht jedoch nicht zuletzt auf dem, was der Computer so prächtig fortzaubert: genügend *Zeit.*

> Das Internet hat in den Medien den Redaktionsschluss abgeschafft. Immer mehr amerikanische Medien haben Homepages, in denen die Nachrichten so abgelegt werden, wie sie eingehen. Anstatt einen Ablieferungstermin zu haben, vor dem man überprüfen kann, ob eine Nachricht sich bestätigt oder nicht, wie sie darzustellen ist und welches Gewicht sie hat, schreibt man sie nun sofort auf die Homepage – Drucklegung rund um die Uhr. Selbst so angesehene Zeitungen wie das Wall Street Journal bringen auf diese Weise Nachrichten, die sie ein paar Stunden später zurücknehmen müssen, weil sie sich als nicht zutreffend erwiesen haben.[90]

Für jeden, der über den Kitzel des Allerneuesten hinausdenken kann, kann das Ergebnis nur beunruhigend sein. Wästberg weiter:

> Indem es das Nachrichtenmonopol der Medien bricht, verwischt das Internet gleichzeitig die Grenze zwischen Wahrheit und Lüge. Niemand ist so recht verantwortlich für das, was im Netz erscheint; es ist schwer, auszumachen, ob etwas wahr, Gerücht oder pure Unterhaltung ist.

Selbst die hoch angesehene Nachrichtenagentur Reuters bietet heute Börsengerüchte auf ihren Bildschirmen an:

> Der Journalist mag wissen oder glauben, dass die Angaben unwahr sind, aber da sie an den Börsen der Welt kursieren, müssen alle das gleiche Gerücht serviert bekommen. Das ist das Motiv dafür, dass so viele Unwahrheiten über die ganze Welt reisen.

Dies, so Wästberg, beeinflusst die Demokratie noch auf eine andere Weise:

> Der 24-Stunden-Redaktionsschluss hat auch eine Tendenz zur Gleichschaltung der Medien. Früher hatten verschiedene Medien in hohem Maße unterschiedliche Perspektiven. Jetzt liest man bei der Nachrichtenauswahl und -bearbeitung permanent die Nachrichten der anderen im Netz. Damit werden die Medien gleicher, weniger einander ergänzend. Sie schreiben immer mehr voneinander ab.

Grenzverwischung zwischen Lüge und Wahrheit, schleichende Gleichschaltung. Das Muster der totalitären Gesellschaft taucht dort auf, wo wir es am wenigsten erwartet hatten: im Hightech-Traum demokratischer Offenheit. Computer für alle! Wieder einmal schlagen Babels Versprechen in ihr Gegenteil um. Die Abschaffung der Zeit erweist sich als verhängnisvoller als wir ahnen, meint Paul Virilio etwas zugespitzt:

> Was nicht mehr da ist, ist gerade die Zeit, die in einer echten Demokratie so nötig ist: Zuerst muss man gemeinsam überlegen, Fragen stellen und Probleme formulieren; erst danach kann man sich zur Abstimmung zurückziehen. Es gibt keine Demokratie ohne gemeinsame Denkarbeit. Aber Internet und Fernseh-Meinungsumfragen schaffen die totale Unmittelbarkeit. Aus der Reflexion wird der Reflex: ein unmittelbares Antworten, ohne nachzudenken ...
>
> Die Cybertechnik birgt einen keimenden Totalitarismus, der weit gefährlicher ist als der Stalins oder Hitlers, da er global und damit total übergreifend ist. Jenseits der Cyberwelt gibt es keine Realität mehr, nur noch die Leere des Raumes ... Die Behauptung, das Internet befördere die Freiheit des Individuums, ist absurd. Was ist das für eine Freiheit, wenn wir zu herausgerissenen Atomen werden, die keinen Kontakt mehr mit der äußerst handgreiflichen Welt haben, die uns hier und jetzt umgibt?

Fitness total

Aber stimmt das denn wirklich mit der Flucht vor dem Körperlichen? Erleben wir heute nicht genau umgekehrt eine unglaubliche Fixierung auf den Körper? Jogging, Fitnesscenter, Kalorien zählen, Rad fahren, »Mach's mit« – vollzieht sich in unserer Gesellschaft nicht eher eine Massenflucht hinein *in* das Körperliche?

Hier stehen wir wieder vor einer der Schizophrenien unserer Zeit. Es stimmt, dass das gesamte 20. Jahrhundert auf hundert Arten »Materie gegen Wissen« getauscht und dem Menschen eine Tuchfühlung mit der Schöpfung nach der anderen weggenommen hat. Und es stimmt auch, dass unsere Zeit sich einem gigantischen Körperkult hingibt. Gibt es eine Verbindung zwischen diesen beiden Wahrheiten?

Gehen wir zurück zum Gnostizismus. Sein Grundmerkmal war die Distanzierung von dem Geschöpflichen, das ständige Streben nach Freiheit von den Grenzen des physischen Daseins, um immer »geistiger« zu werden. Was für Konsequenzen für die Gnostiker hatte das aber in der Praxis? So lange sie auf dieser Erde lebten, hatten sie ja ihren Körper immer noch. Was machten sie mit ihm?

Die Weigerung, den Körper als die von Gott gegebene natürliche Behausung zu akzeptieren, konnte zu zwei ganz gegensätzlichen Lebensstilen führen. Einerseits zu einer harten Askese, die die Freiheit von der vermeintlichen Tyrannei des Leibes in seiner Verleugnung suchte. Irenäus nennt zum Beispiel gnostische Sekten, die die Ehelosigkeit propagierten, die Fortpflanzung als Satanswerk betrachteten und das Essen von Fleisch verboten.[91] Bereits hier auf Erden sollte der Mensch so rein und vergeistigt wie nur irgend möglich werden.

Doch andere gnostische Strömungen gingen auf dem Weg zur reinen Geistigkeit gerade den umgekehrten Weg. Irenäus berichtet über die Anhänger des Karpokrates:

> Die Seelen müssen ... jedes Leben und jedes Tun durchmachen ..., so dass nach Aussage ihrer Schriften ihren Seelen beim Auszug (aus dem Leib) absolut nichts mehr fehlt, nachdem sie das Leben in jeder Hinsicht durchgemacht haben. Es muss darauf hingearbeitet werden, dass sie nicht etwa deshalb, weil zu ihrer Freiheit noch irgendein Erlebnis fehlt, gezwungen sind, noch einmal in einen Leib geschickt zu werden.«[92]

Bühne frei für die permanente Orgie – im Namen der reinen Geistigkeit.

Und genauso können heute der verstaubte Theoretiker und der Bodybuilder zwei gegensätzliche Ausdrucksformen der gleichen Entfremdung vom eigenen Körper sein. Wo ich meine Identität – einschließlich meines Körpers, der seit der Schöpfung untrennbar zu ihr gehört – nicht mehr als Gabe von Gott annehme, werde ich meinem Körper entfremdet; er wird vom Subjekt zum Objekt. Und dieses Objekt muss ich so verändern, dass es zu der Identität, die ich mir selber bastele, passt. Schauen wir durch das Schaufenster eines Fitnesscenters:

> Es ist ein unwirkliches Gefühl, draußen auf der Straße im dunklen Schneeregen zu stehen und dem Sisyphus-Drama da drinnen zuzuschauen. Wie sie mit mächtigen Maschinen kämpfen, ihr Äußerstes geben, ohne etwas zuwege zu bringen, wie sie rennen und laufen, ohne vom Fleck zu kommen! Überall Spiegel und Fenster, überall prüfende Blicke – die der anderen Akteure drinnen, die der Zuschauer draußen. Und sie spüren diese Blicke, und voller Stolz präsentieren sie ihre Schufterei und ihre schönen Körper.[93]

Was ist das eigentlich, was sie da tun? Der Soziologe Thomas Johansson, der viele Interviews durchgeführt und selber Fitnesstraining betrieben hat, spricht von der »Logik der Unzufriedenheit«. Hier treffen sich der Bodybuilder und die Magersüchtige:

> Hat man einmal damit angefangen, seinen Körper zu inspizieren und zu kasteien, findet man ständig neue Mängel und Defekte, die man wegtrainieren muss; ein geschwänzter Trainingsabend kann beim Bodybuilder die gleichen Schuldgefühle wecken wie ein üppiges Essen beim Magersüchtigen.[93]

Ein häufig wiederkehrendes Wort bei Thomas Johansson ist »hart«. Es ist wichtig, einen harten Körper zu haben, selbst für Frauen. Der Bodybuilder Sam Fussel gibt uns in seiner Autobiographie einen Schlüssel:

> Es gab nicht genügend Pomade, Mundwasser, Deodorant und Talkum in dieser Welt, um meine Sünden auszuwischen – aber was, wenn ich mir einen Panzer baute, um sie einzuschließen? Wenn meine Rüstung nicht nur die Welt draußen aussperrte, sondern auch mein Inneres?[93]

Es geht also eigentlich gar nicht um den Körper. Der Journalist Lars Linder sinniert vor dem Fitnesscenter:

> Vielleicht ist das Schwerste, womit die da drinnen kämpfen, in Wirklichkeit das Hantelgewicht des Schicksals, das sie in

> ihren eigenen Händen tragen. Die scheußliche Frage, wozu ich eigentlich da bin – man kriegt ja heute keine Antworten mehr auf sie, man muss sie selber beantworten ... Die Frage ist letztlich, ob das Fitnesscenter mit all seinen Riten und Opfern, seiner Körperverehrung, seiner Kontemplation und Gemeinschaft nicht eigentlich vor allem ein moderner Tempel ist. Wenn Gott, Nation und Familie uns keinen Halt mehr geben, müssen wir schließlich unseren eigenen Körper um Schutz und Sinn des Lebens bitten.[93]

Eine solche Religion der Unzufriedenheit kann gegenüber ihren Anhängern nicht sehr gnädig sein. Die Autorin Nina Björk beschreibt, wie ...

> ... ein neuer Körper in unsere Gegenwartsliteratur Einzug gefunden hat: der dünne Leib der Magersüchtigen. Wir treffen sie vor Toilettenschüsseln und auf Badezimmerwaagen an; ständig schrubbt sie ihre Haut sauber. Sie ist eine Frau, die sich zu helfen weiß: Mit fünf dünnen Fingern zählt sie die Kalorien einer aufgegessenen Birne, mit fünf dünnen Fingern bringt sie sie wieder hoch.[94]

Die Entfremdung von dem von Gott geschaffenen Leib kann also ganz unterschiedliche Formen annehmen. Allen gemeinsam ist das Unvermögen, sich im eigenen Körper heimisch zu fühlen, ihn als Teil meines Ichs anzuerkennen – und der ständige Kampf darum, mich über meine Grenzen zum Ideal hin zu erheben, ob dieses nun das gertenschlanke Model oder der Muskelmacho ist. Wieder sind es *die Bilder*, die uns unsere Menschlichkeit verlassen machen; ich will nicht ich sein, ich will wie das Bild werden. Nina Björk kommentiert:

> Nicht Frau sein wollen – es ist letztlich das Gleiche wie keinen Körper haben wollen. Ob wir nun »krank« sind und an Magersucht oder Bulimie leiden oder »gesund« sind und unserem Idealbild des weiblichen Körpers nacheifern – unser Körper ist eher ein Problem denn eine natürliche Wohnung für uns.

Es fragt sich, ob die Sexbesessenheit unserer Zeit nicht letztlich ein anderer Ausdruck dieser Körperentfremdung ist und kein Ausdruck des Zuhauseseins im Körper und seiner Sexualität.

Es ist eine sattsam bekannte Tatsache, dass viele Männer, die zu Prostituierten gehen, sich als unattraktiv empfinden, Angst vor tieferen Beziehungen haben und von unerreichbaren Traumbildern vom perfekten Sex getrieben werden. Und die Prostituierten selber geben oft an, dass sie die Erniedrigung dadurch zu bewältigen versuchen, dass sie innerlich aus ihrem Körper hinausgehen und gleichsam danebenstehen und woanders hinsehen. So wird aus der intimsten Begegnung zwischen Mann und Frau der eiskalte Gegensatz: die verzweifelte Einsamkeit zu zweit.

Flimmert solcher Geschlechtsverkehr über die Leinwand, heißt er nicht Prostitution, sondern Kultur. Liebe gegen Geld kann voll salonfähig sein, aber es ist immer noch die gleiche verzweifelte Gier nach Liebe – und dieselbe Entfremdung vom eigenen Körper. Die Schaupielerin Lena Olin berichtet in einem Interview:

> Ich habe ein unglaubliches Bedürfnis danach, beliebt und begehrenswert zu sein. Es ist nicht so, dass ich am liebsten Sexszenen spiele, aber sie stören mich auch nicht besonders. Das Nacktsein ist noch nie ein Problem für mich gewesen; es ist halt eines meiner Kostüme.[95]

Wenn mein Körper nicht mehr mein ganz persönliches Ich mit seinen schützenden Grenzen ist, sondern ein Kostüm unter anderen auf der Bühne des Lebens, dann gibt ihm das kaum einen hohen Stellenwert. Wenn Ikea in Schweden mit nackten Frauenhintern für seine Sofas wirbt, ist dies kein Zeichen dafür, dass unsere Kultur den Körper wertschätzt. Er ist zu einer Ware, einem Reklameobjekt, einer Requisite verkommen.

Vielleicht ist unsere Sexfixierung noch mehr: ein Hilferuf, dass uns alle andere Körperlichkeit weggenommen worden ist. Wenn unsere Finger keine Baumrinde und keine warme Haut von Kühen und Pferden mehr berühren, sondern monoton in Büchern blättern, wenn unsere Haut keinen Regen, Wind und Sonne mehr spürt, sondern nur noch das Einerlei der Klimaanlage, wenn wir nicht mehr gemeinsam heben, tragen, ernten, essen und schlafen, sondern mit der Computermaus als einzigem Gefährten durch den Tag gehen, wenn die natürliche

Müdigkeit der Muskeln nach einem harten Arbeitstag durch den Betäubungsschleier nach der Informationsflut am Schreibtisch ersetzt ist ...

... ist es dann so merkwürdig, dass unsere Körper schließlich förmlich nach Berührung schreien und die Sexualität mit Erwartungen beladen wird, für die sie nie gedacht war und die sie nie erfüllen kann?

So verirrt sich der Mensch immer tiefer in das Labyrinth der Widersprüche. Er streckt sich zu dem Spiegel seiner Traumbilder aus und versucht, sich von seinen körperlichen Grenzen freizumachen. Er dreht sich in die andere Richtung und versucht, seinen Körper auf das Geheimnis des Lebens zu pressen. Antwortet ihm auch die erotische Leidenschaft nicht, bleibt nur noch der Tod. So sucht die Körperbesessenheit zum Schluss den gleichen Ausweg wie die reine Geistigkeit: die Befreiung vom Körper.

Ein verlockender Ausweg

Paulus hat dem Schrei unserer Angst Worte gegeben: »Ich elender Mensch! Wer wird mich erlösen von diesem todverfallenen Leibe?« (Römer 7,24). Erst wenn wir diese Angst bis auf die eigene Haut gespürt haben, können wir verstehen, warum das gnostische Denken eine solche Anziehungskraft hat. Erst dann, wenn ein Mensch seinen Leib als ein Gefängnis *erlebt*, wird die Flucht aus dem Leib für ihn interessant; vorher ist sie nur ein grotesker Gedanke.

Darum ist ein Kind nie ein Gnostiker. Je kleiner das Kind, desto selbstverständlicher *ist* es sein Körper. Ich habe ein Erinnerungsbild an unsere Tochter, die als kaum Einjährige wegen ihrer Bronchien ein paar Tage ins Krankenhaus musste. Als ich in das Zimmer trat, wo meine Frau und sie waren, saß sie mitten auf dem Bett, einfach so, ohne jede Verspannung oder Hemmung, mit sich selber im Einklang, und lutschte an ihrem Daumen. Es war ein Bild, das Entspannungstherapeuten vor Neid erblassen lassen konnte – diese Selbstverständlichkeit des eigenen Körpers.

Inzwischen ist sie schon seit einigen Jahren von »erwachsenen« Schönheitsidealen umgeben, deren sichtbare oder unausgesprochene Bilder sie dazu bringen wollen, aus ihrer Selbstverständlichkeit aufzubrechen und ein Fremdling ihres Körpers zu werden. Und eines Tages wird auch sie es erleben, wie die Krankheit über das Heim ihres Leibes einbricht und ihre Fluchtinstinkte weckt.

Ja, wie ist das, einen Leib zu haben, wenn mein Rheuma auf meine Bitten um eine Stunde Linderung beharrlich schweigt? Wenn die Schlaflosigkeit mir die ersehnte Nachtruhe versagt? Wenn Hunger und Durst den Armen bis zur Erschöpfung plagen? Wenn die erotische Begierde in einer Richtung an mir reißt, von der ich mit meinem ganzen Wesen weiß, dass sie mein Beziehungsnetz zerfetzen wird? Wenn das Alter die eine Körperfunktion nach der anderen abklingen lässt? Wenn die Menschen lieber schönere Körper und Gesichter betrachten als mich?

Da kann die gnostische Verlockung schon unwiderstehlich werden. Aus all dem Elend, das mein Körper mir beschert, ausbrechen, ein geistiger Mensch werden, der sich auf den Schwingen der Sehnsucht hoch über dieses irdische Jammertal erhebt ...

Es ist die Zeit der späteren Lebensjahre und der großen Desillusionierung, in der das gnostische Angebot Widerhall findet. Beim Einzelnen wie in der Kulturgeschichte. Als das römische Reich noch dynamisch war und mit kreativer Spannkraft das kulturelle Leben im Mittelmeerraum beherrschte, gab es keinen größeren Markt für die Gnostiker. Das Angebot der Flucht aus allem Irdischen wurde erst gehört, als der innere Zerfall größer wurde. Als die Luft heraus war aus den alten Traditionen und die ökonomischen und politischen Probleme aus allen Richtungen herbeirollten, da scharten die Menschen sich um die gnostischen Lehrer in Alexandria und Rom, die ihnen den großen Ausweg versprachen.

Damit ist der Gnostizismus ein typisches Dekadenzphänomen. Wenn die Visionen von der neuen Gesellschaft verblasst sind, wenn die Menschen alles ausprobiert und alles durchschaut haben, beginnt der Blick nach innen zu gehen. Der Gnostizismus bietet dem Blasierten, der nichts mehr hat, für das zu kämpfen es sich lohnt, Trost. Er wird zur religiösen Luxusware einer Überflussgesellschaft, einer Religiosität für den, der schon alles hat.

Dies wird deutlich, wenn wir den Gnostizismus mit der Botschaft Jesu vergleichen. Jesus wendet sich vom ersten Wort an an Menschen, die im Kampf des Lebens stehen. Für die Jünger Jesu war Frömmigkeit kaum eine Luxusware, sondern eiserne Ration für ihr Alltagsleben, die völlig neue Verhaltensmuster im Umgang mit Mitmenschen, Geld, Arbeit usw. eröffnete.

Das christliche Evangelium als religiöser Fluchtweg – diese Möglichkeit ist erst viel später aufgekommen. Wir verwechseln so leicht unsere Sehnsucht nach Gott mit Flucht – Flucht vor unserer Vergangenheit, unserer Sexualität, dem Erwachsenwerden, den Beziehungen zu Mitmenschen, dem Tod. Darum lautet die Hauptfrage in der Benediktinischen Klosterregel, ob der Novize »*vere Deum quaerit*« – ob er wirklich Gott sucht.[96]

Denn Flucht ist Verrat. Verrat an uns selber, denn wir sind nun einmal auch Körper, und diesen Körper verleugnen heißt vor uns selbst fliehen. Verrat an der Gesellschaft, die sich selber überlassen wird, wo Menschen sich in ihre Frömmigkeit flüchten. Und Verrat an dem lebendigen Gott, der uns zu Menschen geschaffen hat, damit wir seine Herrlichkeit auf Erden widerspiegeln.

Darum besteht Gottes Antwort auf den Angstschrei des Paulus nicht darin, ihn von seinem todverfallenen Leib zu befreien, sondern diesen Leib lebendig zu machen: »Wenn nun der Geist dessen, der Jesus von den Toten auferweckt hat, in euch wohnt, so wird er, der Christus von den Toten auferweckt hat, *auch eure sterblichen Leiber lebendig machen* durch seinen Geist, der in euch wohnt« (Römer 8,11). Ein größerer Gegensatz zum Gnostizismus ist kaum denkbar. Hier ist der Geist nicht eine Methode, den Körper loszuwerden – sondern er macht den Körper lebendig!

Die gleiche Perspektive hat Paulus, wenn er über das schreibt, was noch kommen wird:

> Die Schöpfung ist ja unterworfen der Vergänglichkeit – ohne ihren Willen, sondern durch den, der sie unterworfen hat –, doch auf Hoffnung; *denn auch die Schöpfung wird frei werden* von der Knechtschaft der Vergänglichkeit zu der herrlichen Freiheit der Kinder Gottes. Denn wir wissen, dass die ganze Schöpfung bis zu diesem Augenblick mit uns seufzt und sich ängstet. Nicht allein aber sie, sondern auch wir selbst, die wir den Geist als Erstlingsgabe haben, seufzen in uns selbst und sehnen uns nach der Kindschaft, der Erlösung unseres Leibes. (Römer 8,20-23)

Der gnostische Weg wird blass und blutleer, wenn wir erst einmal ahnen, wie umfassend und durchgreifend das Evangelium Christi ist. Hier geht es nicht um eine organisierte Flucht aus der zusammenstürzenden Welt, sondern hier ist die ganze Welt das Objekt der neu machenden Erlösung Gottes. Der Garant des Körpers ist *Gott!*

Das Problem ist nur, dass die Christen mit dieser Körperlichkeit Gottes so wenig Ernst gemacht haben.

Vom Fischerboot zur Bücherwand

»Und das Wort ward Fleisch.« Es braucht einen heroischen Glauben, um sich dies vorzustellen, wenn man sich in einem so unkörperlichen Milieu wie der durchschnittlichen schwedischen Kirche befindet. (Der deutsche Leser vergleiche das Folgende mit seiner eigenen Kirche.) Wir treten in das Gotteshaus ein, und weiß gekalkte Wände empfangen uns. Bilder gibt es keine, bis auf die Altarplastik ganz weit vorne und ein paar in eine unbestimmte Ferne starrende Stifterporträts. Wir nehmen uns am Eingang ein Gesangbuch und ergattern problemlos einen Sitzplatz in einer der fast leeren Bänke.

Jetzt schwebt der Pastor herein, eingehüllt in seinen Talar, der den Körper verdeckt, aber immerhin das Gesicht frei lässt. Die hallende Lautsprecherakustik nimmt der Stimme jede Wärme. Hinter uns auf der Empore beginnt die Orgel zu spielen. Wir drehen uns neugierig um, aber der Organist ist unsichtbar.

Ein paar Mal dürfen wir aufstehen und uns wieder setzen. Das ist angenehm, denn die Bänke scheinen in einer Zeit gebaut worden zu sein, als die Menschen kein Gesäß hatten. Wir versuchen, in Augenkontakt mit unseren Nachbarn zu treten, aber sie schauen alle ernst nach vorne. Nun ja, einer der Vorteile der Volkskirche soll ja sein, dass man in ihr anonym bleiben kann.

Dann kommt das Abendmahl. Vielleicht kann man jetzt das Eis brechen – durch einen Handschlag oder, wer weiß, sogar eine rasche Umarmung beim Friedensgruß? Aber schon ist der Pastor fertig. Die Worte »Friede sei mit euch« hängen noch in der Luft, als wir auch schon wieder sitzen. Immerhin: Wir konnten ein paar Schritte gehen, die Knie beugen, auf Tuchfühlung nebeneinander stehen.

Und als die unerhörten Worte kommen: »Christi Leib, für dich gegeben« – was bekommen wir da in die Hand? Ein hauchdünnes kleines Ding, das rein nach nichts schmeckt. Der reine Geist selbst beim Abendmahlsbrot. Ja, was ist es eigentlich, wovor wir solche Angst haben?

> Als sie aber davon redeten, trat er selbst, Jesus, mitten unter sie und sprach zu ihnen: Friede sei mit euch! Sie erschraken aber und fürchteten sich und meinten, sie sähen einen Geist. Und er sprach zu ihnen: Was seid ihr so erschrocken, und warum kommen solche Gedanken in euer Herz? Seht meine Hände und meine Füße, ich bin's selber. Fasst mich an und seht; denn ein Geist hat nicht Fleisch und Knochen, wie ihr seht, dass ich sie habe. Und als er das gesagt hatte, zeigte er ihnen die Hände und Füße. Als sie aber noch nicht glaubten vor Freude und sich verwunderten, sprach er zu ihnen: Habt ihr hier etwas zu essen? Und sie legten ihm ein Stück gebratenen Fisch vor. Und er nahm's und aß vor ihnen. (Lukas 24,36-43)

Die Angst vor der Körperlichkeit hat im Evangelium nichts zu suchen. Gerade in seiner sinnlich erfahrbaren Leiblichkeit demonstriert der Auferstandene, dass er wirklich lebt. Er tut nach seiner Auferstehung keine großen Heilungswunder mehr, wirkt keine spektakulären Zeichen seiner göttlichen Macht. Er isst mit seinen Freunden, reicht ihnen die Hände und Füße, lässt sich von ihnen anfassen. Die Szene duftet nach gebratenem Fisch, frischem Brot, Knoblauch und Olivenöl. Starke Gefühle, die intensive Körpersprache des Mittelmeerraums, ein schroffer Übergang von der Verlassenheit zur Berührung. *So* entdeckten die Jünger, dass es wirklich Jesus war.

Und so wurde die christliche Kirche geboren. Nicht in einem Hörsaal, nicht in einer Bibliothek, nicht in einem Tempel. Gott wurde Mensch in einem Stall und lebte sein Leben in Schreinerwerkstätten, Booten, Küchen, Wüsten, auf Straßen und Wegen, an Stränden, Berghängen und auf Märkten. Noch deutlicher konnte Gott nicht zeigen, dass er seine physische Schöpfung liebt und all das, was um uns herum ist, zu Herzen nimmt. Wenn *er* dies tut – warum fällt es uns dann so schwer, dies auch zu tun? Sind wir etwa geistlicher als Gott?

Es ist schon ein merkwürdiger Wechsel von den nach Fisch riechenden Booten und dem Geschrei der Möwen zur Studierstube, in der das Gespräch über Gott sich in ein steriles Studienobjekt verwandelt, das in Buchmetern gemessen und mit der Lupe in immer feinere Interpretationen zerteilt wird. Irgendwo auf diesem Weg hört das Wort auf, Fleisch zu sein, und verwandelt sich in ein bloßes Gerede und Geschreibe.

Und wie können wir von den christlichen Spezialisten, die in diesem Milieu ausgebildet worden sind, erwarten, dass sie etwas anderes als gelehrte Worte zustande bringen, wenn sie hinaus in die Gemeinden kommen? Wie sollen sie ein »hautnahes« Evangelium vermitteln können, wenn sie es gelernt haben, im Namen der Wissenschaftlichkeit ihre Erfahrungen und ihre Sinne beiseite zu legen? Wie sollen sie eine Verkündigung bringen, die auf die dringendsten irdischen Fragen der Menschen antwortet, wenn sie in ihrem Studium diese Fragen verdrängen mussten, um ihre Prüfungen zu bestehen?[97]

Die wissenschaftliche Theologie ist ein wichtiges Werkzeug für die Kirche – und ein gefährlicher Herr. Dieselbe wissenschaftliche Objektivität, die so wichtig ist für das kritische Denken und freie Forschen, wuchert, wenn sie nicht ihren fest abgegrenzten Platz bekommt, zu einem alles durchdringenden Muster: der Kunst, sich die Wirklichkeit vom Leib zu halten. Berührung verboten!

Da studiert man »objektiv« die gnostischen Bewegungen der Antike – auf eine Art, die so klinisch rein von jeder Körperlichkeit ist, dass wir praktisch eine gnostische Sicht von der Wahrheit bekommen. Das von jeder Erfahrung, ob nun des Gebets oder der Gesellschaft, radikal losgelöste Forschen und Studieren schafft eine frei schwebende »höhere Wissenschaft«, die nur noch einer kleinen Elite zugänglich ist.

Was Wunder, wenn es den von der Gemeindearbeit gelangweilten oder erschöpften Theologen nach ein paar Jahren in der zähen Alltagswirklichkeit in die akademische Welt zurückzieht. Ich möchte hier nicht mit Steinen werfen, sondern zur Selbstprüfung auffordern: Wie viel an diesem Zurück ist wirklich Vertiefung und wie viel ist Flucht – Flucht vor der Ohnmacht und Frustration des allzu »körperlichen« Alltags mit ganz normalen Menschen? Menschwerdung bedeutet Widerstand. Für Jesus und für jeden, der ihm nachfolgen will.

In C. S. Lewis' Buch *Dienstanweisung für einen Unterteufel* schreibt der Oberteufel seinem Untergebenen:

> Es ist spaßhaft, dass die Sterblichen sich immer vorstellen, wir flößten ihrem Geist gewisse Dinge ein; dabei beruhen unsere besten Erfolge darauf, dass wir ihnen gewisse Dinge fernhalten.[98]

Vielleicht ist genau dies das Rezept der Säkularisierung: nicht die Verkündigung neuer, das Evangelium diametral angreifender Ideen, sondern das diskrete Beiseiteschieben fundamentaler Wahrheiten des Evangeliums. Der Teufel weiß, dass der Frontalangriff auf das Evangelium nur unseren Verteidigungsinstinkt wecken würde und dass es viel effektiver ist, wenn er die großen Glaubenssätze respektvoll als »wichtige« und »tiefe Wahrheiten« beschreibt und sorgfältig darauf sieht, sie ja nicht praktisch anzuwenden. So verliert das Evangelium unmerklich seine Kraft als Verkündigung des Fleisch gewordenen Wortes und verschwindet in der Schattengarderobe gnostischer Deckmäntel für jeden beliebigen Lebensstil.

In einem akademischen Milieu geschieht dies im Namen der Wissenschaft. Natürlich sagt niemand direkt, dass »Beten Quatsch ist« oder »Nachfolge Christi nicht in unsere Zeit passt«. Es reicht, rein sachlich zu konstatieren, dass »dies nicht unser Gebiet ist«, und jegliche praktische Gotteserfahrung dem Privatleben des Studenten zu überlassen. So wird das geistliche Leben viel effektiver für unwichtig erklärt als mit offenen Breitseiten gegen das Evangelium. Dann in der Gemeindepraxis aus dieser Nische herauszukommen und das Evangelium zur Mitte des realen Lebens zu machen, ist für den Nachwuchspastor eine buchstäblich übermenschliche Aufgabe, besonders in unserem Kulturklima, das seit der »Aufklärung« des 18. Jahrhunderts alles Geistliche zur Privatsache erklärt hat.

Und diese »schweigende Säkularisierung« funktioniert genauso gut in einem nicht akademischen Milieu. Ich fragte einmal einen älteren Mann aus einer Freikirche auf dem Land, ob er je eine Predigt gehört habe, die über den Ackerbau ging. Er schüttelte verwundert den Kopf; offenbar konnte er sich nicht vorstellen, dass man *darüber* predigen konnte. Dass in der hundertjährigen Geschichte der Gemeinde fast alle Glieder Bauern oder Ähnliches gewesen waren, hatte also die Verkündigung nicht berührt; das Evangelium war etwas rein »Geistliches« gewesen. Dass Gott wirklich Mensch wurde – die Geschichte vermeldet nicht, dass diese Leute sich darüber große Gedanken gemacht haben.

Exakt in dieser Art Milieu erstirbt schließlich auch das geistliche Leben. Die einseitige Betonung des Geistlichen und die Leugnung der Körperlichkeit des Menschen und des Evangeliums bereitet den Boden für das andere Extrem vor: die Gemeinde als Klub, die ihren nach menschlicher Wärme hungernden Gliedern nur noch Volleyball, Filmabende, Adventsbasare und Sommerfeste bietet – der sichere Hungertod für den, der etwas für seinen inneren Menschen sucht.

Die große Verschiebung

Offensichtlich geschieht etwas auf dem Weg vom Kind zum Erwachsenen. Wie gesagt, ein Kind ist nie gnostisch. Man merkt dies im Kindergottesdienst, wo es völlig natürlich ist, davon zu reden, wie Gott die Blumen und die Rehe geschaffen hat, die Lieder mit Körperbewegungen zu begleiten, Bilder über den Frühling zu malen und Gott für all dies Wunderbare zu danken. Doch dann, irgendwo in den Teenagerjahren, passiert etwas. Jetzt kommen plötzlich andere Reaktionen, wenn man in der Kirche über Blumen und Tiere spricht – von einer gewissen Verwirrung bis zu einem herablassenden: »Das ist doch nur was für kleine Kinder.« Sagt man dann, dass man das aber ernst meint mit den Tieren, wird der Widerstand heftiger: »Wir sind hier doch nicht bei den Bio-Gärtnern!«

Können wir das Band zur Schöpfung abschneiden, ohne dass dies Folgen für uns hat? Hat Gott etwas geschaffen, das unnötig ist? Neuere Forschungsberichte über das Verhältnis des Menschen zum Tier sprechen eine deutliche Sprache:

> Man weiß, dass Kinder, die mit Tieren aufwachsen, leichter Verantwortungsbewusstsein entwickeln, sich besser miteinander verständigen können und ein größeres Gespür für die Feinheiten der nichtverbalen Sprache haben. Sie kommen besser mit den verschiedenen Lebensphasen wie Liebe, Geburt, Krankheit und Tod zurecht. Senioren, die ein Haustier haben, haben eine bessere Lebensqualität, weil sie ja noch gebraucht werden; sie versinken nicht so leicht in Depressionen ...
>
> Tierbesitzer feiern weniger krank, weil sie weniger Stress im Leben haben. Das Tier ... ist das anspruchslose »Ventil«. Menschen mit Tiererfahrung können leichter mit anderen Menschen mitfühlen. Insassen von Gefängnissen, wo man mit Tieren umgehen kann, sind weniger aggressiv. Tiere wirken therapeutisch auf entwicklungsgestörte – zum Beispiel autistische – Kinder, die durch Tiere oft mehr aus sich herausgehen und zu sprechen beginnen. ... Tierbesitzer (vor allem männliche) haben deutlich niedrigere Blutdruck- und Blutfettwerte als Nichttierbesitzer.[99]

Auf der Halbinsel Onsala südlich von Göteborg hat die Schwedische Kirche eine Vorschule, die »Arche Noah« heißt. Einige Frauen dachten darüber nach, wie sie den Kindern das mit der Schöpfung am besten beibringen konnten, und beschlossen, eine Art Bauernhof mit Pferden, Hühnern, Schweinen und anderen Tieren sowie Pflanzen und Beeten anzulegen – so recht das Richtige, um über den Gott der Schöpfung zu reden. Als ich das meiner Tochter erzählte, rief sie: »Da will ich hin!« Und ich musste denken: Warum nur für Kinder? Warum gilt das Körperliche in unserer christlichen Tradition als kindisch? Wann wurde die Geringachtung von Tier und Natur ein Ausdruck geistlicher Reife? Dass die Gnostiker seit zweitausend Jahren so reden, ist das Eine – aber das Evangelium?

Ein ähnlicher Keil zwischen Körper und Evangelium ist, wie wir im letzten Kapitel gesehen haben, der Mammon. In der Urgemeinde war das Geld eine potente Methode, die Kirche als *Leib* Christi zu verkündigen, wenn jeden Sonntag jeder eine Kollekte gab, wie er es konnte, und die Bedürftigen bekamen, was sie brauchten. Tausende Arme, Gefangene und Arbeitslose bekamen ihren Lebensunterhalt direkt von der Gemeinde. Dieses Geld war eine konkrete Demonstration, dass Gott wirklich Mensch geworden war. Man lebte nahe genug zusammen, um die ganz praktischen Bedürfnisse sehen und stillen zu können. So wurde die Kirche der ersten 300 Jahre eine Gegenkultur gegen die enormen Klassenunterschiede im Römerreich.

Heute gehen die Kollekten an die kirchliche »Arbeit«, nicht mehr an konkrete Menschen. Dadurch ist eine Distanz und Anonymisierung entstanden, die den Leib Christi nur zu oft in eine in der Luft hängende »Solidarität der Christen« verwandelt. Es ist paradox: Geld für Menschen auf anderen Kontinenten zu sammeln, ist völlig in Ordnung, und oft steigt die Kirche auf die Barrikaden der globalen Verantwortung – aber wenn wir unsere Rechnungen nicht mehr bezahlen können, gehen wir lieber zur Bank oder zu unserem Arbeitgeber als zu unserer Gemeinde.

Mit zerfurchter Stirn untersuchen wir das Phänomen der grassierenden Privatfrömmigkeit in unserem Land. Warum nur kommen (in Schweden) auf jeden Christen, der regelmäßig eine Gemeinde besucht, zwei, die dies nicht tun?[100] Und man munkelt etwas von New Age und anderen Entwicklungen, die die Menschen dazu bringen, nicht mehr in die Kirche zu gehen, sondern ihren Glauben privat zu gestalten.

Aber mal ehrlich: Ist der typische Kirchgang heute eigentlich eine Alternative zur Privatfrömmigkeit? Wo wird denn in unserer Art, Kirche zu sein und Gottesdienst zu feiern, die Unkörperlichkeit und Anonymisierung in unserer Gesellschaft durchbrochen? Ist nicht vielmehr die kirchliche Betonung des *eigenen* Glaubens, den die anderen nicht zu stören haben, eine Wurzel der heutigen Privatfrömmigkeit? Wer sagt denn, dass jemand, der sich in eine fast leere Kirche setzt und eine abstrakte Predigt anhört, ein deutlicheres Bild vom Gott der Schöpfung bekommt als jemand, der ein Picknick am Waldrand macht?

Die Unkörperlichkeit der Gesellschaft findet sich in der Kirche in vielerlei Gestalt wieder. Steht der Computer im Pfarrbüro wirklich nur für Effektivitätssteigerung? Was würden die Kollegen sagen, wenn der Pfarrer stattdessen einen Hammer schwingen oder Unkraut jäten würde? Hier haben die Freikirchen zumindest früher dem Körper viel mehr Raum gegeben, wenn etwa bei der Kirchenrenovierung alle mit anpackten.

Aber heute scheint es ein ökumenisches Phänomen zu sein, dass geschriebene und ungeschriebene Regeln unsichtbare Keile zwischen Spiritualität und Körperlichkeit treiben. Ein »Geistlicher« ist jemand, der sich um das Seelenheil kümmert und folglich nichts mit den Händen tut. Was geschieht mit uns, wenn wir in solche Rollen hineinfallen? Was geschieht mit unserem Gottesbild und unserer Verkündigung?

Nur zu oft in der Kirchengeschichte ist Vertiefung der Seele mit Verachtung des Körpers einhergegangen; näher zu Gott kommen hieß weg von der Erde gehen. Wie ein guter Freund es einmal ausdrückte: »Hier muss man wählen, ob man Christ oder Mensch sein will.« Die Geschichte zeigt immer wieder, dass diese Wahl vom Teufel ferngesteuert ist.

Wie fing dies alles an? Wie konnte eine Bewegung, die in einem Stall geboren wurde, so oft in die Verleugnung des Menschlichen und Körperlichen hineinfallen? Wie war es möglich, das heilende Licht von dem, der wahrer Gott und wahrer Mensch ist, so zu verdunkeln?

Machen wir einen Ausflug ins Römerreich des 3. Jahrhunderts n. Chr. Nach Jahrhunderten der Expansion, die die römische Kultur nach Afrika und Syrien, nach Spanien und an den Rhein brachte, ging der »römische Friede« in eine Krise über, die der Anfang vom Ende des Reiches war: Invasionen und Plünderungen in den Grenzregionen durch einfallende Nachbarstämme, Morde, Staatsstreiche und ständig neue Kaiser in Rom, Inflation und drückende Steuern und Gesetze. Gewaltsame Auseinandersetzungen, Aufstände und ethnische Gegensätze schlugen Risse in die glänzende Marmorfassade.

Wie reagierten die Römer darauf? Mit der Flucht nach innen. Dieses Reich, das der Urtyp einer »praktisch« orientierten Zivilisation gewesen war, mit Wurzeln in dem Bürgergeist und der Debattierkultur der alten griechischen Stadtstaaten, begegnete den gigantischen Problemen, die sich da auftürmten, mit abgewandtem Blick. Wie so oft ist es die Kunst, die die Veränderungen am deutlichsten spiegelt.

Nehmen wir nur die klassischen Marmorstatuen der Kaiser. In den ersten Jahrhunderten nach Christus zeigen sie greifbare, lebendige Menschen mit einem Körper und einem Gesicht; fast ist man versucht, sie anzusprechen. Sie stehen mit beiden Beinen auf der Erde und betrachten das bunte Leben in dem mächtigen Reich. Wir müssen viele hundert Jahre weitergehen, um wieder derart realistische Porträts zu finden.

Aber im 3. Jahrhundert geschieht etwas. Die Augen beginnen in eine unbestimmte Ferne zu schauen, die sinnlichen Gesichter lösen sich in schemenhafte Schatten auf, die muskulösen Körper ziehen sich hinter immer steifere Drapierungen zurück.

Der norwegische Kunsthistoriker H. P. L'Orange beschreibt ein typisches Porträt eines römischen Politikers aus diesem Jahrhundert:

> Die asketische Distanzierung vom Leben wird hier besonders deutlich. Der Körper hat seine plastische Räumlichkeit verloren und ist flach geworden. Das magere, lang gezogene Gesicht sieht bleich und blutlos aus. Der lange, zusammengepresste Mund mit den nach unten hängenden Winkeln und den scharf konturierten Falten ist das fanatische Nein des transzendenten Seelenlebens zur Wirklichkeit, ein Ausdruck einer aktiven Weltverleugnung und eines verbitterten Rückzugs in die Innerlichkeit.[101]

Wenn der Mensch die physische Wirklichkeit nicht mehr aushalten kann, kommt es zur Flucht. Zu allen Zeiten war dies ein Markenzeichen falscher Frömmigkeit: Sie hilft den Menschen nicht, zu leben, sondern zu fliehen. Anstatt den Menschen zu helfen, der Krise zu begegnen, fangen die Religionen an, vom »Schauen« zu reden. Die neuen Mysterienkulte aus dem Orient und die neuplatonischen Philosophen malten das »Schauen« (griech. *theoria*) als das große geistliche Ziel auf ihre Fahnen – das Verschmelzen mit der Gottheit, weit weg vom irdischen Jammertal. Das Auge wird der Spiegel der Seele, im Leben wie in der Kunst.

L'Orange entlockt den antiken Porträts eine nur zu bekannte Geschichte:

> Die Menschen, denen wir in den ersten beiden Jahrhunderten begegnen, richten mit ganz wenigen Ausnahmen den Blick auf die sie umgebende Wirklichkeit. Im 3. Jahrhundert bekommt der Blick ein neues Ziel: Er starrt nun an der sinnlich erfassbaren Wirklichkeit vorbei, ja durch sie hindurch in eine weite Ferne.[102]

Diese Veränderung findet sich auch in den christlichen Bildern. Anstatt die gnostischen Fluchtmechanismen zu entlarven, nimmt die Kirche das kraftvolle Bekenntnis der ersten beiden Jahrhunderte zu dem Fleisch gewordenen Wort Schritt um Schritt zurück. Die Christusbilder der ersten Zeit sind genauso körperlich präsent wie die Kaiserporträts. Sie zeigen die lebendig diskutierenden und unterweisenden Handbewegungen, wie wir sie von den heutigen Italienern und Franzosen kennen, die Muskeln seines Körpers malen sich deutlich unter den Falten ab, die Augen sind ganz natürlich auf die Jünger gerichtet. Aber dann ...

... erstarrt die unterweisende Handbewegung zu einer passiven Segnungsgeste, der Körper verschwindet hinter dem flachen Faltenwurf, der Blick geht in eine unbestimmte Ferne. Diese Bilder sagen mehr als tausend Worte über den Erdrutsch, der unter dem Druck der schweren Krise des Römerreiches in der christlichen Wegweisung vor sich ging.

Die kleinen, unscheinbaren Verschiebungen

Wir wenden uns nach Alexandrien, der großen Experimentierwerkstatt des 3. Jahrhunderts. Seit ihrem Namensstifter Alexander d. Gr. war diese ägyptische Stadt mit ihrer weltberühmten Bibliothek ein intellektuelles Zentrum gewesen. Hier blühte nun, in einem Schmelztiegel der verschiedensten Philosophen und geistlichen Lehrer, die aus dem Osten gekommene neue Religiosität. Hier gab es auch mehrere starke christliche Persönlichkeiten, die die christliche Gemeinde leiteten und den Dialog mit den Köpfen der neuen Bewegungen aufnahmen, darunter nicht zuletzt die beiden großen Kirchenväter Clemens und Origenes, die einen großen Einfluss auf ihre Zeit und auf die späteren Generationen ausübten.

Ihre Aufgabe war nicht leicht. Die neuen Ideen klangen ja so geistlich, wurden mit einer solchen intellektuellen Prägnanz vorgebracht und schienen so befreiend zu sein in der Situation, in der die Gesellschaft sich nun einmal befand. Clemens und Origenes standen auch als Pioniere auf den Barrikaden – und es gab kleine Lücken in ihrer Verteidigung des Evangeliums, durch die ein anderes Wasser eindrang, das den urchristlichen Quellen einen fremden Trunk beimischte.

Es handelte sich um keine großen Verleugnungen, keine plötzlichen Kehrtwendungen in der Verkündigung. Aber um gewisse diskrete Verlagerungen unter dem Druck der Umgebung, die sich mit der Zeit als schicksalsschwer erweisen sollten. Der Auszug aus der urchristlichen Körperlichkeit begann mit kleinen Schritten, hauptsächlich auf drei Gebieten:

1. Das Gottesbild

Clemens schreibt Folgendes über Jesus:

> Der geistliche Mensch wird von keinen Leidenschaften berührt, außer denen, die für seine Reise im Leib nötig sind – Hunger, Durst und dergleichen. Aber was unseren Heiland angeht, wäre es absurd anzunehmen, dass sein Leib dergleichen Dinge bedurft hätte. Wenn er aß, dann nicht, weil er dessen bedurfte, wurde doch sein Leib von einer heiligen Kraft erhalten. Sondern er aß, damit nicht seine Jünger falsche Vorstellungen von ihm bekämen, wie gewisse Menschen sie später hatten – nämlich dass er sich nur scheinbar offenbarte. Selbst war er allezeit »von Leidenschaften unberührt«. Keine Gefühlsstürme, ob des Genusses oder des Schmerzes, konnten ihn berühren.[103]

Erstens: Dies ist offenkundig völlig anders als der Jesus, von dem die Evangelisten berichten. Und zweitens: Das Ideal der »Apatheia«, das Clemens Jesus hier beilegt, kommt nicht aus den Evangelien, sondern von den stoischen Philosophen, für die der ideale Mensch so über alle Gefühle erhaben ist, dass ihn die Wirrnisse des Lebens nicht mehr erschüttern können. Hier begegnet uns dieses Ideal zum ersten Mal in einem christlichen Gewand. Es sollte fortan eine große Rolle in der Kirche spielen.

Ein paar Jahrzehnte später geht Origenes noch weiter:

> All die Abschnitte, wo steht, dass Gott traurig ist, sich freut, hasst oder jubelt, müssen so verstanden werden, dass die Schrift hier in menschlichen Bildern spricht. Denn das göttliche Wesen ist fern von allen Gefühlsregungen und bleibt ewig unberührt und ungestört in seiner eigenen erhobenen Seligkeit.[104]

Wieder ein Gottesbild, das recht wenig mit dem Gott der Bibel zu tun hat, der sich von der Schöpfung an und durch die ganze

Geschichte hindurch leidenschaftlich in der Welt der Menschen engagiert. Er ist in eine weite Ferne gerückt, der Gott, der sich in Jesus in den Nahkampf mit dem Leiden in der Welt begab und der seine Jünger durch all ihre Krisen hindurchliebte. Der Gott, von dem Origenes redet, hat viel mehr mit dem Gottesbild seines Mitstudenten Plotin gemein; der beschreibt Gott als »Den Einen«, der hoch über dem Weltgewimmele erhaben in seiner Unbeschreiblichkeit thront.

Diese Verschiebung im Gottesbild hat direkte Konsequenzen für das Leben des Christen. Er soll ja Gott ähnlich werden! Und so beginnt ein Generationen dauernder Abweg. Ein so fern thronender Gott braucht keine Nachfolger auf den staubigen Wegen der Erde, sondern Leute, die ihn in wohlbehüteter Muße schauen.

2. Der Leib und die Natur

Wie vergesslich sind wir doch! Hundert Jahre nach Irenäus' geschliffener Abwehr der gnostischen Verachtung der Schöpfung läuft Origenes dieser Verachtung voll in die Arme:

> Sonne, Mond und Sterne und die Engel Gottes sollten der Welt ihren Dienst leisten und jenen Seelen, die wegen der großen Mängel ihrer Intelligenz der dichten und festen irdischen Körper bedurften; und um derer willen, die solches nötig hatten, wurde diese sichtbare Welt eingerichtet.[105]

Die Sünde ist für Origines mit dem Leib verbunden: »Der ›Leib der Sünde‹ ist also unser Leib, denn auch von Adam heißt es nicht, dass er Eva erkannt und Kain gezeugt habe, außer nach der Sünde.«[105]

Für Origenes ist unsere Sexualität eine Folge des Sündenfalls. Wie er es sich vorgestellt hat, wie Adam und Eva im Paradies Gottes Gebot, »ein Fleisch zu werden« (1. Mose 2,24), wohl erfüllt haben, vermeldet die Geschichte nicht. Origenes selber zog aus seiner Sicht sehr praktische Konsequenzen, als er sich als junger Mann kastrieren ließ.

Klar, dass er anschließend große Schwierigkeiten mit der Erotik des Hohenliedes hatte. Dieser herrliche Lobgesang auf die körperliche Liebe, mit seiner ganzen orientalischen Flut duftender Gewürze, sinnlicher Bilder und heißen Begehrens, kann in einer so gnostisch gefärbten Theologie nur ein Schicksal erleiden: Er wird flugs zu einem Gleichnis vergeistlicht. Origenes war der Pionier einer bis in unsere Zeit reichenden Tradition, die die Erotik des Hohenliedes schamhaft verschweigt und es nur als Allegorie der Liebe der Seele zu Gott deutet.

Eine weitere Konsequenz der Geringachtung der Körperlichkeit ist, dass ein Christ nicht seinen Geburtstag feiern sollte:

> Man findet es nirgends, dass einer der Heiligen seinen Geburtstag feiert ... oder den Geburtstag seines Sohnes oder seiner Tochter als Anlass zur Freude betrachtet. Nur Sünder feiern ihren Geburtstag.[106]

Diese so tief pessimistische Sicht vom Erdenleben färbt natürlich auf das ganze Bild vom Christenleben ab. Wieder bringt Origenes fast wortgetreu gnostische Formulierungen:

> Sie [die unverständigen Menschen] wollen nicht gelten lassen, dass es eine Verwandtschaft des Geistes mit Gott gibt, dessen geistiges Bild der Geist selbst ist, und dass dieser durchaus etwas von der Natur Gottes wahrnehmen kann, vor allem wenn er besonders rein und von körperlicher Materie abgeschieden ist.[107]

Dies geschieht durch Askese, die jetzt nicht mehr die ursprüngliche Bedeutung von »Training« hat (das Wort *Askese* stammt aus dem Sport), sondern die Seele von der schnöden Welt befreien soll, »damit wir uns nicht von der Eitelkeit dieser Welt aufhalten lassen und uns nicht über den Genuss freuen, indem wir sehen oder hören, anfassen, riechen oder schmecken, so dass unsere Tage auf diese Art davonfliegen ...«[108]

Versuchen wir einmal, dies mit Gottes Augen zu sehen. Er hat die Welt mit einer Flut von Leben erfüllt: farbenprächtige Papageien, grazile Antilopen, duftende Orchideen, saftige Pfirsiche, und all das, um seine Herrlichkeit zu offenbaren und uns Menschen zu erfreuen, damit wir ihn, die Quelle des Lebens, anbeten und ihm danken. Und was tut der Mensch? Er rümpft die Nase darüber und ergreift im Namen der Spiritualität die Flucht. Wie mag Gott wohl darüber denken?

3. Elitedenken

Clemens wie Origenes waren hingebungsvolle Menschen. Vor allem Origenes war von der brennenden, kompromisslosen Sorte, die alles Halbe scheut. Seine Gottessehnsucht färbte auf viele Menschen ab und hatte große Auswirkungen auf spätere Generationen. Wir finden bei ihm noch etwas von der Christusliebe der ersten Jünger.

Aber gerade diese Kompromisslosigkeit förderte ein Elitedenken, das eine mehr als nur äußere Ähnlichkeit mit der gnostischen »Klettermentalität« hatte. Wieder sind es kleine, fast unmerkliche Richtungsänderungen, die später verheerende Folgen haben werden. Für Clemens erreichen nur solche Menschen die tiefere geistliche Erkenntnis,

> die für dieses Vorrecht geeignet und auserwählt sind aufgrund ihrer Sehnsucht nach einer reicheren Vorbereitung und Übung. Es sind die, die bereit sind zu hören, was man ihnen sagt, ihr Leben in Zucht zu nehmen und durch treues Befolgen des Gesetzes der Gerechtigkeit Fortschritte zu machen.[109]

Da wundert es einen nicht mehr, wenn Clemens den Himmel in verschiedene Abteilungen aufteilt, je nachdem, wie geistlich einer gewesen ist.

Origenes geht wie meistens einen Schritt weiter und formuliert eine Zweiteilung der christlichen Verkündigung, die eine treue Umsetzung des gnostischen Wahrheitssystems ist:

> Daher ist es notwendig, dass es sowohl eine »fleischliche« als auch eine »geistliche« Verkündigung des Christentums gibt. Wir müssen dieses »fleischliche« Evangelium dort predigen, wo wir müssen, mit dem Vorsatz, »vor denen, die fleischlich sind, nichts anderes zu kennen als Jesus Christus, den Gekreuzigten«. Wo wir aber auf Menschen treffen, die im Geist reich ausgerüstet sind und so reiche Frucht bringen und die die himmlische Weisheit lieben, müssen wir diese des Wortes teilhaftig machen, das aus dem Stand der Fleischwerdung aufgestiegen ist zu dem Stand, den es »am Anfang bei Gott« hatte.[110]

Garantiert bilderfrei

Wie viele Seelsorgeprobleme, theologische Dummheiten und Kirchenspaltungen wären uns erspart geblieben, wenn ein paar Brüder Origenes ähnlich barmherzig, aber fest wieder auf die Füße gestellt hätten, wie man das mit supergeistlichen Wüstenmönchen tat. Palladios berichtet über den armen Valens:

> Valens war in die Wüste gegangen, wohnte dann mehrere Jahre mit uns zusammen, gelangte aber zu einem solchen Hochmut, dass ihn die Dämonen betrügen konnten. Sie brachten es nämlich zustande, dass er allmählich der Täuschung erlag und sich stolz einbildete, es würden Engel mit ihm verkehren. – Eines Tages nun – so hat man mir berichtet – arbeitete er im Finstern und verlor dabei die Nadel, mit welcher er gerade seinen Korb zusammennähte. Da er sie nicht finden konnte, ließ ihm der Dämon ein Licht aufleuchten, und Valens fand die Nadel. Nun blähte er sich noch mehr auf, war des Stolzes voll und brachte es in seinem Hochmut so weit, dass er die Teilnahme an den heiligen Mysterien [Abendmahl] verachtete ...
>
> Tags darauf geriet er von neuem in solchen Wahn, dass er in die Kirche ging und den versammelten Brüdern erklärte: »Ich bedarf nicht der Gemeinschaft mit dem Leibe des Herrn, denn heute habe ich Christus gesehen!« Da banden ihn die Väter fest, legten ihm Eisen an und brachten ihn in einem Jahr zu voller Gesundung, indem sie ihn mit Gebeten, gleichgültigem Verhalten ihm gegenüber und einer ruhigeren Lebensführung von seinem Wahn befreiten, nach dem Grundsatz: »Gegensätzliches heilt Gegensätzliches.« [111]

Doch so ging es mit Origenes nicht. Stattdessen wurde er der Chefideologe der späteren Generation der Wüstenväter und durch seine Nachfolger Evagrios und Cassianos der gesamten mittelalterlichen geistlichen Wegweisung. Natürlich gab es in all dem unerhört viel Gutes, wie die überwältigend reiche Frucht beweist, die die Wüste und die Klöster der Kirche und der ganzen Gesellschaft über Jahrhunderte hinweg trugen.

Unmengen an in der harten Wirklichkeit bewährter Wegweisung lassen sich aus diesen Quellen schöpfen.

Aber ... hier finden wir auch den Keim zu den Kehrseiten der Klosterfrömmigkeit: der Leibes- und Frauenverachtung, der Neigung zur Selbstgerechtigkeit durch geistliche Übungen, dem Elitetum gegenüber den »einfachen« Christen, der Blindheit für die Ungerechtigkeiten in der Gesellschaft, der Fixierung auf den eigenen geistlichen Prozess statt der Konzentration auf Jesus.

Der Mann, der Origenes' Gedanken konkret auf die geistliche Wegweisung anwandte, war Evagrios von Pontus, einer der so genannten kappadozischen Väter in Kleinasien Ende des 4. Jahrhunderts. Er fasste die Ideen des Origenes und die vermischten Erfahrungen der Wüstenväter zu einem einheitlichen theologischen Schema zusammen, dessen Ziel das »Schauen« Gottes ist. Dort sind alle Gedanken und Bilder verboten, denn die Seele hat eine Vereinigung mit Gott erreicht, die jenseits aller Vorstellungen liegt. Dies führt zu einer Sicht vom Gebet, die alles außer der reinen Stille ausschließt:

> Wenn du betest, darfst du in dir kein Bild von der Gottheit bilden und deine Gedanken von keiner Form prägen lassen ... Sei auf der Hut vor der List der bösen Geister. Wenn du rein und still betest, können sie plötzlich eine merkwürdige und fremde Gestalt vor deine Augen malen, dass du vermeinst, die Gottheit sei da. Sie wollen dir weismachen, dass das, was du da siehst, die Gottheit sei, die doch weder Menge noch Gestalt hat ... Verlange nicht, ein sinnliches Bild der Engel oder Mächte oder Christi zu sehen. Dies wäre wahnsinnig; es hieße, einen Wolf zum Hirten zu nehmen und deine Feinde, die Dämonen, anzubeten ... Gesegnet ist das Herz, das während des Gebets gänzlich frei ist von allen Bildern.[112]

Nehmen wir einen Augenblick an, der Apostel Petrus hätte diese Theologie gehabt. Dann wäre keiner von uns heute ein Christ; das Christentum hätte als jüdische Sekte dahingesiecht und wäre schließlich ausgestorben. Denn just durch sichtbare Bilder konnte Gott Petrus zeigen, dass das Evangelium auch für die Heiden da war. Eines Tages, als Petrus betete, geriet er in Verzückung und sah den Himmel aufgetan und etwas wie ein großes leinenes Tuch herabkommen, an vier Zipfeln niedergelassen auf die Erde. Darin waren allerlei vierfüßige und kriechende Tiere der Erde und Vögel des Himmels. Und es geschah eine Stimme zu ihm: Steh auf, Petrus, schlachte und iss! Petrus aber sprach: O nein, Herr; denn ich habe noch nie etwas Verbotenes und Unreines gegessen. Und die Stimme sprach zum zweiten Mal zu ihm: Was Gott rein gemacht hat, das nenne du nicht verboten. Und das geschah dreimal; und alsbald wurde das Tuch wieder hinaufgenommen gen Himmel. (Apostelgeschichte 10,10-16)

Aufgrund dieser so handgreiflichen Demonstration, dass die alttestamentlichen Abgrenzungen des Judentums gegenüber der übrigen Welt nicht mehr galten, konnte die Kirche den welthistorischen Schritt in die Heidenmission tun. Gott hat hier wie so oft ganz offensichtlich Bilder gebraucht und auf diese Weise Petrus für diese Aufgabe gewonnen.

Das Alte und das Neue Testament wimmeln von Beispielen dafür, wie Gott in Gebet und Traum mit Bildern und Visionen spricht und so die Menschen auf seinen Wegen führt. Wenn man akzeptiert, dass Gott der Schöpfergott ist, der in Christus Mensch wurde, ist dies eigentlich nicht weiter merkwürdig. Sieht man dagegen die physische Schöpfung als primitives Vorstadium im geistlichen Leben oder sogar als ein Gebetshindernis, muss man natürlich alles, was mit der Schöpfung zu tun hat, in den Papierkorb fegen.

Der katholische Theologe Hans Urs von Balthasar schreibt über Evagrios: »Es kann kein Zweifel bestehen, dass seine Mystik, denkt man sie logisch weiter, ihrem Wesen nach näher zum Buddhismus als zum Christentum steht.«[113] Man vergleiche dazu nur ein klassisches Zitat von Buddha:

Dieses, ihr Mönche, ist die heilige Wahrheit über das Leiden: Geboren werden ist Leiden, alt werden ist Leiden, die Vereinigung mit dem, was einem nicht lieb ist, ist Leiden, die Trennung von dem, was man liebt, ist Leiden. Kurz: Alles, was Ursache unseres Strebens nach Sein ist, ist Leiden.[114]

Für den Buddhismus ist es die sinnlich erfahrbare Welt, die unser Begehren und damit unser Leiden erweckt. Erst wenn wir dies eingesehen haben, können wir die Welt der Sinne genügend verabscheuen, um frei zu werden von Freude wie Leid. Das Endstadium dieses Auslöschens ist das Nirwana.

Ein solcher totaler Weltpessimismus ist begreiflich in der Welt, wie sie nun einmal ist. Er war sehr begreiflich im späten Römerreich, wie in allen Perioden des Niedergangs. Wenn man nicht mehr glaubt, dass die Welt verändert werden kann, und das Elend nicht mehr mit ansehen kann, bleibt nur noch die Flucht.

Aber diesen »Notausgang« hat uns Jesus von Nazareth nicht gegeben. Durch ihn wurde die Welt geschaffen, und er hat sie ganz offensichtlich nicht losgelassen. Wer ihm folgen will, muss in derselben Richtung gehen wie er.

Als die Trachten verschwanden

Der von Clemens und Origenes gebahnte Weg hat auf spätere Erneuerungsbewegungen in der Kirche eine große Anziehungskraft ausgeübt. Sobald jemand in der Nachfolge Christi etwas weitergehen wollte als der Durchschnitt, kam früher oder später die Versuchung, den Kompass ein klein wenig umzujustieren – beim Gottesbild, bei der Leiblichkeit und beim Elitedenken. Man hatte ja eine tiefere geistliche Wirklichkeit entdeckt ... So ist der gnostische Sonderweg der Kirche wie ein Schatten gefolgt.

Im 16. Jahrhundert konnte Luther mit dem Klostermilieu, aus dem er ausgestiegen war, hart ins Gericht gehen. Er durchschaute die christliche Zwei-Klassengesellschaft der Kirche – hier die Klöster, dort der Rest – und behauptete mit Nachdruck, dass ein Schuster seiner Berufung durch Gott genauso gewiss sein konnte wie ein Mönch und dass der eine gerade so geistlich war wie der andere.

Doch gleichzeitig entrissen Luther und die anderen Reformatoren der Kirche die »Körpersprache«, die sie im Mittelalter zu solch einem sinnennahen Milieu für die einfachen Menschen gemacht hatte. Der Weihrauch wurde abgeschafft, Prozessionen und Wallfahrten verboten, Fasten und andere körperliche Übungen mit großer Skepsis betrachtet. Anders als Luther lehnten einige der Reformatoren auch Malereien und Skulpturen in den Kirchen strikt ab. Das Motiv für diese Säuberung war, dass all diese Äußerlichkeiten Gott verdeckt hatten, der allein durch das gepredigte Wort erfahren werden kann.

Dass ein Teil der Gläubigen diese Säuberung nicht als geistliche Befreiung, sondern als Angriff auf ihren Glauben empfanden, deuteten die Reformatoren nicht als Warnsignal – und hätten sie geahnt, dass sie in ihrem Eifer zu weit gegangen waren, hätte dies zumindest in Schweden auch nichts genützt, denn zu spät entdeckten sie, dass sie im eisernen Griff des Königs gelandet waren, der genaue Vorstellungen davon hatte, wie mit dem Reichtum der Kirche umzugehen war.

Und so kam es zu dem typischen Gottesdienst-Bild unserer Breiten: Vorne steht einer und redet, während die anderen alle zuhören. Jahrhundertelang war, wenn Kinder Kirche spielten, die erste Frage: »Wer ist der Pastor?« Worauf dieser sich auf einen Stein oder Stuhl stellte und den anderen Kindern etwas vorpredigte. *Das* verstehen wir unter Gottesdienst. Die einzigen Körperteile, die zählen, sind das Gesäß und die Ohren; alles andere landet außerhalb des wahren Geistlichseins.

Wenn es heute im südschwedischen Bohuslän (Skagerrak) teilweise recht schwierig ist, die alten Volkstrachten zu rekonstruieren, dann liegt das nicht an der Reformation, aber daran, dass seit der Erweckung im 19. Jahrhundert die Menschen dort sonntags schwarze Kleider trugen. Die farbenfrohen alten Feiertagskleider hatte man als weltlichen, sündigen Tand abgeschafft. Dass man diese Kleider auch zum Dorftanz getragen hatte, machte die Sache nicht besser. Und so senkte sich ein grauer Grabesernst über die Fischerdörfer im Bohuslän. Das Einzige, was niemals falsch sein konnte, war, dazusitzen und auf das Wort zu lauschen.

Dass dieses Wort einst in einem Viehstall mit blökenden Schafen und duftenden Heuballen Fleisch geworden war, war zum Schluss nur noch ein Katechismuspunkt in der rechten Lehre. Dabei hatten die lutherischen Väter keine gnostischen Schriften gelesen und waren von keinen gnostischen Bewegungen ihrer Zeit beeinflusst gewesen. Aber wie gesagt: Der Gnostizismus ist mehr eine Denkweise als eine fertige Lehre. Mit dem Fazit der Geschichte in der Hand müssen wir einfach feststellen, dass der Sturmangriff der Reformation auf den körperlichen, äußeren Ausdruck von Frömmigkeit einmal mehr in eine Leibesverachtung umschlug, die trotz völlig anderer Voraussetzungen in der Praxis tiefe Parallelen zu den antiken Gnostikern zeigte. Es war die gleiche Richtung für das Christenleben: fort von der Welt, fort vom Körper, fort vom Menschlichen.

Man beachte vor allem den letzten Punkt. Es kam zu einer verhängnisvollen Verwechslung von »menschlich« und »sündig«. Hier begehen die Welt und die Kirche jeweils den umgekehrten Fehler: Die Welt glaubt, dass Sünde menschlich und folglich gut ist. Die Kirche glaubt, dass das Menschliche sündig und daher böse ist. Beide Fehler verletzen Menschen und machen es ihnen schwer, an den Gott zu glauben, der Mensch wurde.

Ein typisches Beispiel findet sich in Bo Giertz' Buch *Und etliches fiel auf den Fels*. Es ist ein wunderbares Buch, aber wie alle unsere Bücher hat es seine weißen und schwarzen Flecken. Ein junger Pastor ist an das Bett eines Sterbenden gerufen worden. In dem Zimmer ist auch eine Frau mit einem vielleicht sechs oder acht Monate alten Kind. Plötzlich wird das Kind wach und beginnt zu schreien.

> Die Frau nahm ihn auf den Schoß, lullte ihn ein, plauderte mit ihm und legte ihn dann wieder hin. Sie wollte ja frei sein, um sich dem Alten zu widmen. Viel Zeit blieb ihm wohl kaum mehr. Aber der Junge wurde wild vor Zorn, als er seinen Willen nicht bekam. Er versuchte sich aus den Kissen zu rollen, und sein ergrimmtes und despotisches Geschrei schnitt in die Ohren. Es war, als hätte sich eine böse Macht mit sinnloser Grausamkeit vorgenommen, den Frieden beim Hingang des alten Mannes zu stören ...
>
> So kam es, dass der junge Erweckungsprediger sich plötzlich mit einem wie wild schreienden Kinde auf seinen unge-

schickten Armen in dem Blaubeergestrüpp vor dem Seehaus fand. Der Kleine zeigte auf alle erdenkliche Weise seine Wut, verkrampfte sich und übertönte alle kläglichen Versuche Fridfeldts, zu ihm zu reden, völlig. Der Pastor wurde schier von Zorn gegen dieses halsstarrige und eigensüchtige Wesen ergriffen, das noch nicht ein Jahr alt war und doch so deutlich ganz denselben Eigenwillen und dieselbe grausame Herrschsucht zeigte wie die Erwachsenen. Jeder sich selbst der Nächste, alle darauf eingestellt, ihren Willen durchzusetzen und andere auszunutzen, das war die menschliche Natur, von der Wiege bis zum Grabe![115]

Die Frage ist hier, wo die »böse Macht« ihren größten Sieg errang: in dem kreischenden Kleinkind oder in einem Pfarrer, der nicht zwischen Sünde und Menschlichkeit zu unterscheiden vermochte. Wenn der Ruf eines kleinen Kindes nach seiner Mutter als Ausdruck menschlicher Herrschsucht verstanden wird, ist es kein Wunder, wenn die Kirche die Menschen schließlich dazu gezwungen hat, zwischen Christsein und Menschsein zu wählen. Wenn man die rein menschlich-kreatürlichen Bedürfnisse, mit denen Gott uns alle geschaffen hat, nicht mehr als solche sehen kann, sondern sie für sündige Regungen hält, die es zu bekämpfen gilt, ist es nur logisch, wenn die Menschen sich ihre Antworten woanders suchen.

So sind der schreiende Säugling und der unverständige Pastor ein Bild für die Glaubwürdigkeitskrise der Kirche. Wer will sich schon so »ungeschickten Armen« überlassen? Wenn die Christen nicht begreifen, was menschlich ist, wie sollen sie dann begreifen, was geistlich ist?

Die freikirchliche Bewegung hat ein vielleicht noch stärker gnostisch geprägtes Erbe. Elitedenken: Wir sind die Leute, die erkannt haben, was wahre Frömmigkeit ist, im Gegensatz zu der verweltlichten Kirche. Leibesverachtung: Wir müssen total mit der Welt brechen, auf allen Ebenen, um nicht denselben Weg zu gehen wie sie. Der Bruch mit dem Missbrauch der Welt, der für die erste Generation eine Befreiung war, wird für spätere Generationen zu einem Gefängnis. Es ist nur eine Frage der Zeit, bis die Bewegung sich umkehrt und die Enkelkinder der Freikirche hinaus in die Welt ziehen, um zu entdecken, wie toll sie ist. Zu viel Frömmigkeit schlägt früher oder später in zu wenig Frömmigkeit um.

Daher tut jede geistliche Erneuerungsbewegung gut daran, das gnostische Denken zu studieren, um sich gleichsam dagegen zu impfen. Man lese nur einmal, wie Irenäus über die Weltverachtung der Gnostiker schreibt:

> Jede Seele, die es fertigbringt, so wie Jesu Seele die weltschöpferischen Archonten [Art Engel] zu verachten, empfängt ganz genauso eine Kraft, um das Gleiche zu tun. Dabei haben sie sich in eine derartige Arroganz hineingesteigert, dass die einen behaupten, Jesus gleich zu sein, und andere, ihm überlegen zu sein, und etliche, seine Jünger zu übertreffen, zum Beispiel Petrus und Paulus und die übrigen Apostel, die ihrerseits in nichts hinter Jesus zurückstehen. Ihre Seelen stammen nämlich aus demselben Umlauf [Sphäre] und verachten darum genauso die Weltschöpfer; sie haben sich dieselbe Kraft verdient und gehen an denselben Ort zurück. *Wenn einer aber noch mehr als Jesus die hiesige Welt verachtet, dann kann er ihn noch übertreffen.*[116]

Diese Weltverachtung baut auf der geistlichen Blindheit auf, die nicht zwischen Sünde und Menschlichkeit zu unterscheiden vermag. Die Konsequenz ist, dass die Gnostiker zum Schluss die Sünde bejahen und den Körper verachten. Für den gnostischen Theologen Marcion waren die Sünder die eigentlichen Helden im Alten Testament, denn sie leisteten ja dem Schöpfergott Widerstand! Irenäus berichtet:

> Ein künftiges Heil gibt es nur für die Seelen, und zwar für diejenigen, die seine [Marcions] Lehre kennen. Der Leib ist dagegen völlig vom Heil ausgeschlossen, weil er ja von der Erde genommen ist. Und Markion ging über diese Lästerung gegen Gott noch hinaus und ergänzte, wobei er sich wahrhaftig zum Sprachrohr des Teufels machte und in totalem Widerspruch zu aller Wahrheit redete: Kain und seinesgleichen, die Sodomiter und Ägypter und ihresgleichen und überhaupt alle Völker, die in aller Art Bosheit gelebt haben, sind vom Herrn gerettet worden, als er in die Unterwelt

> hinabstieg und sie dort auf ihn zuliefen, und er hat sie in sein Reich aufgenommen. Aber Abel, Henoch und Noach und die anderen Gerechten und die Patriarchen um Abraham, zusammen mit allen Propheten und den Menschen, die Gott gefielen, die haben keinen Anteil am Heil bekommen. So hat es die Schlange in Markion ausposaunt.[117]

Jede Leibesverachtung wird früher oder später zur Leugnung der Menschwerdung Gottes. Wenn wir behaupten, dass der Leib und das Menschliche nichts wert sind, leugnen wir den Kern im christlichen Evangelium: dass das Wort Fleisch wurde. Damit aber leugnen wir auch das Kreuz, denn wenn Jesus keinen wirklichen Leib hatte, konnte er auch nicht leiden – was genau der Standpunkt der Gnostiker war. Damit aber gibt es keine Erlösung mehr zu verkündigen; es bleibt, exakt wie bei den Gnostikern, ein Wirrwarr aus Mythen, spirituellen Geschichten, Deutungen und einem allgemeinen mystischen Gefühl.

Das kalkulierte Risiko

Zurück zur Frage am Anfang dieses Kapitels: Wovor haben wir eigentlich solche Angst? Es ist ja so viel Angst in dem, was wir gerade durchgegangen sind: Angst vor dem Leib, vor der Welt, vor der Sexualität, vor störenden Bildern und Gedanken beim Beten, vor dem physischen Leiden usw. Die Angst scheint geradezu ein Angelpunkt des gnostischen Denkens zu sein. Wir haben Angst vor etwas, und da wir diese Angst nicht formulieren wollen oder können, versuchen wir stattdessen, das Problem zu vergeistlichen.

Wenn wir mit unserer Angst zurecht kommen wollen, müssen wir offen über die Risiken sprechen können, vor denen wir stehen. Schauen wir uns die beiden Grundpfeiler des Gnostizismus an:

Das Risiko der körperlichen Schöpfung

Das erste Gebot – »Du sollst keine anderen Götter haben neben mir« – basiert auf einem offensichtlichen Risiko – dass nämlich all das Wunderbare, das wir um uns herum auf der Erde haben, Gottes Stelle einnehmen und zu einem Abgott werden kann. Die Geschichte der Menschheit zeigt, dass dieses Risiko nur zu real ist. Wie vermeiden wir dieses Risiko?

Das gnostische Rezept ist, alles, was mit Gott verwechselt werden könnte, kurzerhand aus dem Leben zu entfernen. Wenn der Leib, die Natur und alles andere Irdische potentielle Feinde der Seele sind, macht man am besten kurzen Prozess mit ihnen. Askese als totaler Krieg gegen alles Materielle. Die Folgen haben wir bereits beschrieben.

Die biblische Reaktion auf dieses Risiko ist wesentlich schwieriger. Sie basiert auf der vollen Bejahung unserer Leiblichkeit; wir schöpfen nach Herzenslust aus den irdischen Reichtümern und nehmen in der Nachfolge Jesu den Nahkampf mit den Problemen der Gesellschaft auf – *mit dem Risiko, dass dies schief gehen kann.* Das sexuelle Leben bejahen heißt Fehltritte riskieren. Ein Hobby aufnehmen bedeutet, dass es zu einer Manie werden kann. Sich politisch engagieren kann dazu führen, dass wir unsere geistlichen Wurzeln verlieren. Das schöne Eigenheim kann zum Götzen werden. Und doch weist uns die Bibel keinen anderen Weg, als mit diesen Risiken zu leben – mit offenen Augen.

Das Gleiche gilt für das Gebet. Natürlich hat Evagrios in gewisser Weise Recht: Bilder und Offenbarungen können den Gläubigen so auf seine eigenen Erfahrungen fixieren, dass er statt Gott das nächste geistliche »High« sucht. Aber er liegt falsch, wenn er daraus schließt, dass man folglich beim Beten alle Bilder und Gedanken konsequent abweisen muss. Dies ist eine Flucht vor dem Risiko, die den Menschen lähmt und Gottes Geist daran hindert, zu ihm zu sprechen – gewissermaßen eine geistliche Variante des Sexverbots, weil ja etwas schief gehen könnte.

Nein, es ist besser, wir lernen es, mit den Risiken zu leben und »Böses zu verwerfen und Gutes zu erwählen« (Jesaja 7,15). Auch wenn der Preis ist, dass wir uns zuweilen die Finger verbrennen.

Das Generalgebot in der Bibel lautet so: »Höre, Israel, der Herr ist unser Gott, der Herr allein. Und du sollst den Herrn, deinen Gott, lieb haben von ganzem Herzen, von ganzer Seele und mit all deiner Kraft« (5. Mose 6,4-5). Wie kann dies geschehen? Es gibt ja so unerhört viel in uns und um uns herum, das mit dieser Liebe in Konkurrenz liegt. Wäre nicht eine einsame Insel, ohne jede Ablenkung durch andere Dinge und Menschen, der perfekte Ort für die Praktizierung dieser Liebe? Nun, die folgenden Verse zeigen uns, *wo* wir Gott über alles lieben sollen:

> Und diese Worte, die ich dir heute gebiete, sollst du zu Herzen nehmen und sollst sie deinen Kindern einschärfen und davon reden, wenn du in deinem Hause sitzt oder unterwegs bist, wenn du dich niederlegst oder aufstehst. Und du sollst sie binden zum Zeichen auf deine Hand, und sie sollen dir ein Merkzeichen zwischen deinen Augen sein, und du sollst sie schreiben auf die Pfosten deines Hauses und an die Tore. (5. Mose 6,6-9)

Will sagen: In dem ganz normalen irdischen Alltag, den wir um uns herum haben und der von Versuchungen, etwas anderes als Gott zu lieben, nur so wimmelt – *dort* sollen wir Gott lieben.

Dass es Menschen gibt, die ins Kloster gehen oder hin und wieder in eine Einkehrfreizeit, widerspricht dem nicht. Wir alle brauchen dann und wann eine Umgebung der Stille, die uns daran erinnert, um was es im Leben im Tiefsten geht, und die uns zeigt, wo wir uns in unserem Alltag den Blick auf Gott haben trüben lassen.

Die Sache mit der geistlichen Elite

Wo Menschen ein vertieftes geistliches Leben suchen, entsteht immer das Risiko, dass sie zu einer selbstgerechten Elite werden, die sich von den anderen abhebt und die geistliche Gemeinschaft spaltet. Genau wie bei den körperlichen Versuchungen gibt es auch hier zwei mögliche Strategien.

Die eine besteht darin, das Risiko als so ernst einzuschätzen, dass man es lieber gar nicht erst eingeht. Besser eine oberflächliche Frömmigkeit als eine Elite, die sich für etwas Besseres hält und den anderen das Gefühl vermittelt, zweite Wahl zu sein.

Geistliche Vertiefung – das ist eine Bedrohung, und nicht eine Tür zu neuen Möglichkeiten.

Die zweite Strategie liegt auf derselben Linie wie der biblische Umgang mit dem Materiellen: Wir gehen mit wachen Augen in das Risiko hinein und lassen uns von nichts an der Liebe zu Gott hindern. Der Weg zur Bekämpfung der Elitementalität verläuft nicht über die Betäubung des geistlichen Hungers der Menschen, sondern über das Ausschauhalten nach dem Unkraut des Hochmuts. Ein guter Gärtner verzichtet nicht aus lauter Angst vor Unkraut auf sein Möhrenbeet. Er sät seine Möhren – und jätet das Unkraut.

Ich möchte dieses Kapitel mit einer Begebenheit aus der Zeit der Wüstenväter beschließen:

> Man erzählte vom Altvater Johannes Kolobos, dass er einmal zu seinem älteren Bruder sagte: »Ich will ohne Sorgen sein, so wie die Engel sorglos sind, und nicht arbeiten, sondern unaufhörlich Gott dienen.« Er legte sein Kleid ab und ging in die Wüste. Nachdem er eine Woche dort verbracht hatte, kehrte er zu seinem Bruder zurück. Als er an die Türe klopfte, erkannte ihn sein Bruder, bevor er öffnete, und sprach: »Wer bist du?« Er antwortete: »Ich bin Johannes, dein Bruder!« Der Bruder antwortete: »Johannes ist ein Engel geworden und gehört nicht mehr zu den Menschen.« Da flehte er ihn an und sagte: »Ich bin es doch!« Der andere aber öffnete ihm nicht, sondern ließ ihn bis zum Morgen in dieser unbequemen Lage. Erst später öffnete er und sagte: »Wenn du ein Mensch bist, dann musst du arbeiten, damit du deine Nahrung findest.« Da bereute Johannes und sagte: »Verzeihe mir!«[118]

Wenn die Kirche nicht mehr körperlich sein will, klopft sie vergebens an die Tür der Menschen. Wenn wir dann sagen, dass wir doch eigentlich genauso menschlich sind wie die anderen auch, erinnern sich die Leute, wie wir ihrer Wirklichkeit den Rücken gekehrt haben, und antworten: »Die Kirche wohnt nicht mehr unter den Menschen.« Es kann lange dauern, bis sie uns einlassen. Johannes Kolobos zeigt uns, wie wir uns verhalten sollen, wenn die Tür aufgeht.

Meinen Sie das ernst, Herr Noah?

Eines schönen Herbsttages vor fünf Jahren rief mich ein guter Freund aus dem Nachbardorf an und fragte, ob ich eine Reittour mit ihm machen wollte. Er hatte zwei Pferde und wollte das eine loswerden. Hatte ich Interesse an einem Proberitt? Nun, ich war während meines Wehrdienstes in der Freizeit viel geritten, und ich hatte so einen alten Kindheitstraum. Ich sagte also ja, und nach zwei Runden durch den prächtigen Herbstwald war es um mich geschehen.

Und so ist es geblieben. Mit der Hilfe meines Vaters baute ich mir eine Box in der Garage, und das Pferd wurde mein. Es war ein schnelles Tier, mehr wild als zahm, und meine Schutzengel mussten Überstunden machen. Ich machte viele Fehler, lernte einiges über die Pferde und das Reiten und fühlte mich wunderbar. Da dieses Pferd eine nicht auszurottende Neigung zum Leben in freier Wildbahn zeigte und da Pferde Herdentiere sind, verkauften wir es nach drei Jahren und schafften dafür zwei andere an. Das ist eine lange Geschichte, aber jetzt haben wir also einen Araber und einen New Forest, die rund um das Haus grasen (als Western-Liebhaber ziehe ich die kleineren Pferde vor). In unserer Familie haben mehrere mit dem Reiten angefangen, und wir lassen unsere Freunde im Dorf an unserer Freude teilhaben.

Und an der Arbeit. Der Unterschied zwischen dem Naturtouristen und dem Naturbewohner ist ja, dass Letzterer auch die weniger idyllischen Seiten der Schöpfung kennen lernt. Jeden Morgen Mist schaufeln. Heu und Stroh fahren. Zäune bauen und reparieren. Zum Tierarzt fahren und mit Frakturen und Augeninfektionen kämpfen. Versuchen, die Tiere vor den Millionen Fliegen zu schützen, die die Wunden nicht heilen lassen (auf einmal begreife ich, warum einer der Namen des Teufels »Herr der Fliegen« ist – in einer Kultur mit Viehzucht ist das eine sprechende Bezeichnung für den Quälgeist, der von unseren Wunden lebt). Und nicht zuletzt: Versuchen, eine Beziehung zu dem Pferd zu finden, so dass wir einander die Freiheit geben, uns recht zu entwickeln. Geduld, Geduld ...

Inmitten all dieser Plackerei habe ich Entdeckungen gemacht, die mich weitergebracht haben. Die Pferde haben mir geholfen, meine Körperlichkeit wiederzuentdecken, ein ganzes Stück meiner Menschlichkeit. Am Schnittpunkt zwischen dem Bildschirm-Geflimmere der säkularen Gesellschaft und den grauen Büchertheorien der Kirche haben sie mich ein um das andere Mal zurück zur Schöpfungswirklichkeit geführt, manchmal brutal und schmerzlich, häufiger mit Lebenslust-Gefühlen.

Und allmählich ahne ich, dass es hier um mehr geht als im Sattel zu bleiben. Es geht darum, nicht aus Gottes Schöpfung herauszufallen in einer Zeit, wo der Lavastrom der Mediengesellschaft alles Erschaffene zu begraben und zu stummen Bildern zu machen droht, wie die Gipsabdrücke im zerstörten Pompeji. Und wenn ich die Tiere sehe, muss ich hinauf in die Augen des himmlischen Vaters blicken und denken: »Gott muss ein Genießer sein, sonst hätte er nie das Pferd geschaffen.« – Aus meinem Tagebuch:

> Der Abend eines strahlenden Sommertages. Bin ganz allein noch losgeritten. Wie ein Traum, wo alles sich weitet und keine Wand sagt: »Anhalten!« Eine unendliche Abfolge von Mustern, Farben, Lichtnuancen, Vogelgesang, Düften.
>
> Das weiße Pferd trägt mich ruhig und stark durch eine ständig wechselnde Szenerie, und die Szenerie ist kein Theater, sondern lässt alles andere wie Theater erscheinen. Wir reiten im Schritt durch ein duftendes Meer von Maiglöckchen. Ein leichter Schenkeldruck, und wir sausen im Galopp durch den aufsteigenden Nebel über dem Feld, wo Rehe und Elche die Weite unserer Freiheit mit ihren lautlosen Sätzen messen.
>
> Und ich spiele mit dem Gedanken, dass das Paradies nicht eine bessere Welt ist als diese, sondern dieselbe, nur mit dem unerhörten Unterschied, dass wir mit allem, was wir sind, diese totale Herrlichkeit *sehen.*

Und ich muss an Noah denken. Er kann es nicht leicht gehabt

haben. Zunächst einmal natürlich all der Widerstand, den er erlebt haben muss, als er seine Arche baute. Was müssen sie ihn ausgelacht haben, diesen neurotischen Miesmacher und Untergangspropheten, der so unfähig war, das Positive im Leben zu sehen!

Aber dann kam es noch lächerlicher: Der Mann fing an, sein Schiff mit *Tieren* zu füllen! Wenn es noch wenigstens ein Passagierdampfer gewesen wäre ... Ja, was hätte eine vom gnostischen Virus angesteckte Kirche gesagt, als Noah und seine Söhne störrische Esel, brüllende Kühe und skeptische Bären in den Kasten schoben? »Sieht der nicht, dass die Seele des Menschen das Wichtigste ist? Wäre es nicht besser, seine Kräfte darauf zu verwenden, die Arche mit Menschen zu füllen? Die Tiere und all das – das wird ja so oder so vergehen ...«

Aber so tief hatte sich der gnostische Keil noch nicht zwischen die Menschen und den Rest der Schöpfung getrieben. Das Geistliche war noch nicht in eine dünne Glasur auf der Oberfläche des Irdischen verwandelt worden. Warm und kräftig floss es durch alle Zellen des Lebens, wie ein starker Saft der Sinnlichkeit aus den Quellen Gottes selber. Wo sonst soll man Gott anbeten als mitten im Leben?

> Du lässest Wasser in den Tälern quellen, dass sie zwischen den Bergen dahinfließen, dass alle Tiere des Feldes trinken und das Wild seinen Durst lösche. ... Du machst das Land voll Früchte, die du schaffest. Du lässest Gras wachsen für das Vieh und Saat zu Nutz den Menschen, dass du Brot aus der Erde hervorbringst, dass der Wein erfreue des Menschen Herz und sein Antlitz schön werde vom Öl und das Brot des Menschen Herz stärke. Die Bäume des Herrn stehen voll Saft, die Zedern des Libanon, die er gepflanzt hat. Dort nisten die Vögel, und die Reiher wohnen in den Wipfeln. ... Du machst Finsternis, dass es Nacht wird; da regen sich alle wilden Tiere, die jungen Löwen, die da brüllen nach Raub und ihre Speise suchen von Gott. Wenn aber die Sonne aufgeht, heben sie sich davon und legen sich in ihre Höhlen. So geht dann der Mensch aus an seine Arbeit und an sein Werk bis an den Abend. Herr, wie sind deine Werke

so groß und viel! Du hast sie alle weise geordnet, und die Erde ist voll deiner Güter. (Psalm 104,10-24)

Hier trinken das Wild und die Menschen aus denselben Quellen, und dass Löwen ihre Speise von Gott suchen, ist nicht merkwürdiger, als dass der Mensch das tut. Gott pflanzt seine Bäume, und der Mensch seine. Der Lobgesang der Vögel in den Baumwipfeln und der des Menschen auf dem gepflügten Acker vermischen sich mit unzähligen anderen Stimmen aus allen Enden der Erde und steigen auf zu dem Gott, der seine Schätze über seine Schöpfung ausschüttet.

Gottesdienst – was bedeutete das, als man noch nicht auf die Idee gekommen war, dass die Erde eine sündige Fata Morgana ist, die man so schnell wie möglich loswerden muss? Als man noch nicht eine Frömmigkeit erfunden hatte, die den Leib zum Feind des Gebets und die sinnliche Erfahrung zum Hindernis für geistliche Erkenntnis machte?

Nehmen wir nur ein Beispiel aus dem Alten Testament. Wir finden es im 5. Buch Mose – in dem Buch, das auf Griechisch »Wiederholung des Gesetzes« heißt. Der Text beginnt mit der Aufforderung, zehn Prozent der Ernte an Gott zurückzugeben, als Dank für seine Gaben und zum Zeichen, dass eigentlich alles ihm gehört. Die Israeliten sollen diesen Zehnten an den Ort bringen, den Gott sich zu seiner Wohnung erwählt hat, und dort ein Festmahl damit feiern. Aber das Gesetz ist nicht pingelig; ist der Weg zu weit, um all die Naturalien vor Gottes Angesicht zu bringen, »so mache es zu Geld und nimm das Geld in deine Hand und geh an die Stätte, die der Herr, dein Gott, erwählt hat, und gib das Geld für alles, woran dein Herz Lust hat, es sei für Rinder, Schafe, Wein, starkes Getränk oder für alles, was dein Herz wünscht, und iss dort vor dem Herrn, deinem Gott, und sei fröhlich, du und dein Haus« (5. Mose 14,22-26).

Das Fest vor dem Gott des Lebens ist nicht knickerig bemessen, und alle drei Jahre ist der Priester, der keinen eigenen Grundbesitz hat, zu dem Mahl einzuladen »und der Fremdling und die Waise und die Witwe, die in deiner Stadt leben, und sollen essen und sich sättigen, auf dass dich der Herr, dein Gott, segne in allen Werken deiner Hand, die du tust« (5. Mose 14,29).

Das ist Frömmigkeit im Alten Testament! Und im Neuen! Es gibt in der Bibel keine Wegkreuzung, wo die irdische Schöpfung geradeaus auf ihr Ende zuläuft, die Seele sich verabschiedet und die Bergtour zu den Höhen des Geistes beginnt. Genauso natürlich wie die Zellen in unserem Körper mit allen lebendigen Organismen auf der Erde verwandt sind, ist unsere Geschichte mit der der Erde verflochten. Jesus kam nicht, um uns *von* der Erde zu erlösen, sondern um seine ganze Schöpfung zu erlösen – inklusive der Menschen.

Und er rührte ihn an

Deutlicher konnte Gott dies nicht sagen als durch das Wunder von Bethlehem: »Und das Wort ward Fleisch und wohnte unter uns, und wir sahen seine Herrlichkeit, eine Herrlichkeit als des eingeborenen Sohnes vom Vater, voller Gnade und Wahrheit« (Johannes 1,14). Gott wäre nicht Fleisch und Blut geworden, wenn der Körper nur ein primitives Vorstadium wäre, das der »geistlich« gewordene Mensch hinter sich lässt. Jesus hätte sich nicht in unsere irdischen Begrenzungen hineinbegeben, wenn sie nur lauter Sünde und Leid bedeuteten, an die wir ohnmächtig gefesselt sind.

Es stimmt nicht, dass Jesus für das Geistliche im Dasein steht; Jesus steht für das *ganze* Dasein. In der von den Mächten der Finsternis besetzten Welt ist Jesus die Freiheitstür, die Gott weit geöffnet hat. Durch diese Tür geht der Weg zurück in Gottes Herrlichkeit und Gemeinschaft, von der der Mensch sich am Beginn seiner Geschichte abwandte, und durch diese Tür geht auch der Weg zurück in die irdische Schöpfung, von der wir uns im Namen von Technologie und Frömmigkeit immer mehr abgewandt haben. Paulus macht all unsere Versuche, Jesus auf die reine Innerlichkeit zu begrenzen, zunichte, wenn er schreibt:

> Er ist das Ebenbild des unsichtbaren Gottes, der Erstgeborene vor aller Schöpfung. Denn in ihm ist alles geschaffen, was im Himmel und auf Erden ist, das Sichtbare und das

Unsichtbare, es seien Throne oder Herrschaften oder Mächte oder Gewalten; es ist alles durch ihn und zu ihm geschaffen. Und er ist vor allem, und es besteht alles in ihm. (Kolosser 1,15-17)

»... alles ... alles ... vor allem ... alles ...« In Christus öffnet sich eine Vertrautheit mit allem Erschaffenen, ein Zuhausesein in der ganzen Welt, die ihm gehört. Es gibt nichts Erschaffenes, das außerhalb seiner leidenschaftlichen Fürsorge und kreativen Energie läge. Ein Pferd zu satteln und in den Wald zu reiten kann nie etwas sein, für das Gott sich nicht interessiert. Er hätte keine Pferde erschaffen, wenn sie ihn nicht interessierten ...

Natürlich stoßen wir hier auf das Risiko in allem Geschaffenen, das wir bereits im letzten Kapitel berührt haben: dass wir Schöpfer und Geschöpf verwechseln und durch unsere eigene Wahl Gottes gute Gabe in einen Abgott verwandeln. Aber wie gesagt: vor diesem Risiko zu fliehen, indem wir der Schöpfung den Rücken zukehren, würde heißen, Christus selber den Rücken zuzukehren.

Christus suchen bedeutet *nicht*, die geistliche Abteilung des Daseins zu wählen, sondern den Punkt zu finden, wo die ganze Wirklichkeit sich trifft und zusammengehalten wird. In Christus wird all das versöhnt, was wir nicht durch eigene Kraft zusammenbringen: Leib und Seele, Wissen und Materie, Mensch und Gott, Himmel und Erde.

Nun gibt es in uns eine tief verwurzelte gnostische Neigung, dies flugs in eine zu nichts verpflichtende »christliche Ganzheitssicht« zu verwandeln, ein leeres Theorie-Geplappere in Büchern und von der Kanzel. Die mittelalterlichen Theologen konnten sehr herabsetzend über den Körper und das Menschliche reden, aber in der Praxis war so manches Kloster ein wunderbares Beispiel dafür, wie die Fülle des Evangeliums leibliche Gestalt gewinnen kann. Heute machen wir es oft genau umgekehrt: Wir sagen all die richtigen Worte über die Schöpfung und das Menschliche – und halten uns krampfhaft an unseren Bücherregalen und Tastaturen fest. Dass es so schwer sein kann mit der Körperlichkeit ...

Berührung erlaubt. Die Schöpferkraft Jesu Christi bricht nicht durch schöne Predigtworte über das ganzheitliche Verflochtensein der Dinge in diese Welt hinein, sondern dadurch, dass er ganz konkret seine Hand auf einen Menschen und dessen Not legt. *So* geht er durch diese Welt.

Zur Zeit Jesu war es verboten, einen Aussätzigen zu berühren. Aber auch ohne das Verbot wäre kaum jemand auf diesen Gedanken gekommen angesichts dieser stinkenden, eiternden Geschwüre. Aber da sieht »ein Mann voller Aussatz« Jesus, und er fällt vor ihm nieder und bittet ihn: »Herr, willst du, so kannst du mich reinigen.« Jesus hätte darauf nur ein Wort zu sagen brauchen, um nicht diese eklige Haut berühren zu müssen. Aber ...

> ... er streckte die Hand aus und rührte ihn an und sprach: Ich will's tun, sei rein! Und sogleich wich der Aussatz von ihm. (Lukas 5,12-13)

Ein anderes Mal ist Jesus zu ein paar Theologen eingeladen, die ein gepflegtes Gespräch mit diesem tiefen Denker wünschen. Da taucht auf einmal eine Frau auf, der die Risiken mit dem Berühren im Leben zum Fallstrick geworden sind und die plötzlich eine Chance sieht, wieder auf die Beine zu kommen. Sie benutzt die Sprache, die sie am besten kann: Sie nimmt eine ihrer Kosmetikflaschen ...

> ... und trat von hinten zu seinen Füßen, weinte und fing an, seine Füße mit Tränen zu benetzen und mit den Haaren ihres Hauptes zu trocknen, und küsste seine Füße und salbte sie mit Salböl. (Lukas 7,38)

Wir sind blind vor lauter Frömmigkeit, wenn wir nicht die erotische Spannung in dieser Szene spüren. Doch Jesus geht das Risiko ein, sowohl das der Berührung durch die Frau als auch das der Verachtung durch die Theologen. Dass heute manche Autoren und Filmemacher sich nicht mehr vorstellen können, dass Jesus deutliche Grenzen in seinem Umgang mit Frauen zog, sagt mehr über sie als über ihn. Hier in dieser Szene ist die physische Berührung ein Leben gebender Kanal für Vergebung und Dankbarkeit.

Bei einer anderen Gelegenheit ist Jesus draußen auf der Straße, und die Menschen drängen sich um ihn. In der Menge ist eine Frau, die seit zwölf Jahren an Blutungen leidet. »Die hatte alles, was sie zum Leben hatte, für die Ärzte aufgewandt und konnte von keinem geheilt werden. Die trat von hinten an ihn heran und berührte den Saum seines Gewandes; und sogleich hörte ihr Blutfluss auf.« Jesus fragt: »Wer hat mich berührt?« Die Jünger scheinen das für eine dumme Frage zu halten; Petrus sagt: »Meister, das Volk drängt und drückt dich.« Aber eine *Berührung* ist etwas anderes, als zufällig mit jemandem zusammenzustoßen, und Jesus antwortet: »Es hat mich jemand berührt; denn ich habe gespürt, dass eine Kraft von mir ausgegangen ist« (Lukas 8,42-48). So kraft- und bedeutungsgeladen ist die Berührung Jesu, dass sie nicht unbemerkt bleiben kann – weder bei uns noch bei ihm.

Und es geht weiter. Es kommen Eltern mit ihren Kindern zu Jesus, »damit er sie anrühren sollte« (Lukas 18,15). Was erwarteten sie von dieser Berührung? Was erwarteten die Kinder? Und als Jesus wieder einmal bei einem Theologen eingeladen ist, kommt ein Mann, der die Wassersucht hat. Es entsteht eine gespannte Stille, denn es ist gerade Sabbat – arbeiten verboten! »Und er fasste ihn an und heilte ihn und ließ ihn gehen« (Lukas 14,1-6).

Vielleicht liegt in den Worten Jesu an die damalige religiöse Führungsschicht mehr, als wir ahnen: »Weh auch euch Schriftgelehrten! Denn ihr beladet die Menschen mit unerträglichen Lasten, und ihr selbst rührt sie [die Lasten] nicht mit einem Finger an« (Lukas 11,46). Wie oft ist es in der Kirchengeschichte nicht zu einer »Pastorisierung« gekommen, zu theologischen Gedankensystemen, die die physische Wirklichkeit auf Abstand halten. Immer nur über die Wirklichkeit reden, aber sie nie mit den Fingern anfassen verwandelt geistliche Wegweisung aus einer Hilfe in eine Bürde. Die professionelle Berührungsangst greift zu allen Mitteln, um die Erde und die Menschen auf Abstand zu halten: Theologie, Bücher, Organisation, technische Hilfsmittel. Alles, nur keinen Dreck unter die Fingernägel und keine Tränen in die Augen bekommen ...

Jesus zeigt eine andere Art, die Menschen zu führen. Er lässt sich innerlich berühren, in Tränen, in Zorn, in jubelnder

Freude. Er lässt sich körperlich anfassen, von Männern, Frauen, Kindern, und er erwidert die Berührung, ohne jede Angst. So sicher und geborgen ist er in seiner Beziehung zum Vater, dass er keine wohldurchdachten Schutzzäune braucht. Seine Autorität beruht nicht auf der richtigen Imagepflege, sondern auf seiner inneren Verankerung.

Was Wunder, dass die Menschen seine Berührung als so befreiend erfuhren! Es war wie in dem Märchen von dem Bild, das lebendig wurde: Wenn Jesus ihr versteinertes Selbstbild berührte, schoben sie prüfend den einen Fuß nach vorne, und dann stiegen sie heraus aus dem Rahmen, in ihrer vollen, lebendigen Menschlichkeit. Wie sagte Irenäus noch: »Gottes Ruhm ist der lebendige Mensch.«

Der leibliche Gott

Letztlich läuft es auf unser Gottesbild hinaus. Wenn der Gott, den wir bekennen, der der Gnostiker ist – in unberührbarer Majestät über alles Menschliche erhöht –, kann es kaum ein geistliches Ideal sein, einen widerspenstigen Kartoffelacker zu bebauen oder zum hundertsten Mal einem Menschen zuzuhören, der von seiner verpfuschten Jugend erzählt. Irenäus berichtet über Basilides von Alexandrien, einen Gnostiker, der beschrieb, wie Jesus angeblich auf die Erde kam,

> um seine Gläubigen aus der Gewalt derer zu befreien, die die Welt hergestellt haben. Deren Völkern ist er auf der Erde als Mensch erschienen und hat Wunder getan. Darum hat auch nicht er gelitten, sondern ein gewisser Simon von Zyrene, den man zwang, sein Kreuz für ihn zu tragen. Der wurde dann aus Unwissenheit und Irrtum gekreuzigt, nachdem er von ihm (Christos) so verwandelt worden war, dass man ihn für Jesus hielt; Jesus selbst hatte die Gestalt Simons angenommen, stand dabei und machte sich über sie lustig. Denn weil er die körperlose Kraft war und der Nous [Geist] des ungezeugten Vaters, konnte er sich beliebig verwandeln und ist so zu dem aufgefahren, der ihn gesandt hatte, und

> lachte dabei über sie, da man ihn nicht festhalten konnte und er für alle unsichtbar war. Also sind alle, die das wissen, von den weltschöpferischen Archonten befreit. ... Wenn also einer den Gekreuzigten bekennt, sagt [Basilides], dann ist er noch immer Sklave unter der Gewalt derer, die die Körper geschaffen haben. Wer das nicht tut, ist frei von ihnen und erkennt die Heilsordnung des ungezeugten Vaters.[119]

Streichen wir die phantastischeren Elemente aus dieser Geschichte, so erhalten wir eine Theologie, die klassisch ist und noch heute ihre Anziehungskraft ausübt: ein Gott, der keinen Leib hat und daher nicht leiden kann, und ein Jesus, der uns nicht mit Gott versöhnt, damit wir heile Menschen werden, sondern der uns von unserem schnöden Leib zur reinen Geistigkeit erlöst. Das Bild vom unsichtbaren Jesus, der neben dem Kreuz steht und das Irdische auslacht, ist eine treffende Illustration der »höheren Spiritualität«, die das Markenzeichen des Teufels ist. Was Wunder, dass die frühen Kirchenväter die Dämonen »die Körperlosen und Gespensterhaften« nannten.

Die ganze Verteidigung des Irenäus gegen die Gnostiker gründet darauf, dass Gott in Christus wirklich Mensch geworden ist. Die Inkarnation war nicht eine bizarre Episode in Gottes Heilshandeln, sondern der konsequente Ausdruck seiner Einstellung während der gesamten Menschheitsgeschichte:

> [Christus] ist es, der zu Mose spricht: »Ich habe diese Misshandlung meines Volkes in Ägypten gesehen, und ich bin hinabgestiegen, um sie herauszuholen.« Seit Beginn ist das Wort Gottes es gewöhnt, des Heils derer wegen, die unglücklich sind, hinauf- und hinabzusteigen.[120]

Auch die Jungfrauengeburt war keine Zufälligkeit, sondern ein Ausdruck des tiefen Zusammenhangs zwischen dem Beginn der Menschheitsgeschichte und ihrer Befreiung. Anstatt außerhalb der Menschlichkeit stehen zu bleiben, um uns aus ihrer Sklaverei herauszuführen, ging Christus geradewegs in sie hinein, um sie in ihrem ursprünglichen Reichtum wiederaufzurichten:

> Denn er sah nicht nach etwas anderem aus, als er war, wie die möchten, die ihn als ein Scheinwesen auffassen. Sondern was er war, danach sah er auch aus. Als er Lehrer war, hatte

er auch das Alter eines Lehrers, weil er uns Menschen weder verachtete noch überbieten wollte noch in sich das Gesetz des Menschengeschlechts aufhob. Er hat vielmehr alle Altersstufen durch die Ähnlichkeit mit sich geheiligt.

Er ist nämlich gekommen, um alle durch sich zu retten; alle heißt, die durch ihn zu Gott wiedergeboren werden, Säuglinge, kleine Kinder, Knaben, junge Männer und reife Männer. So durchlebte er jede Altersstufe, und indem er unter den Säuglingen ein Säugling wurde, heiligte er die Säuglinge; indem er unter den kleinen Kindern ein kleines Kind wurde, heiligte er die Menschen in diesem Alter und wurde ihnen zugleich ein Vorbild von Frömmigkeit, Gerechtigkeit und Gehorsam; als junger Mann unter den jungen Männern wurde er den jungen Männern ein Vorbild und heiligte sie für den Herrn, und genauso als reifer Mann unter den reifen Männern, um ihnen in jeder Hinsicht ein idealer Lehrer zu sein, nicht nur in der Entfaltung der Wahrheit, sondern auch, was sein Alter betraf, indem er auch die reifen Männer heiligte und auch ihnen ein Vorbild wurde. Danach ging er in den Tod, um als »Erstgeborener aus den Toten in allem den Vorrang zu haben«, der »Anführer des Lebens«, als erster von allen und allen voran.[121]

Die Gnostiker zitierten gerne das Wort des Paulus, dass »Fleisch und Blut das Reich Gottes nicht ererben können; auch wird das Verwesliche nicht erben die Unverweslichkeit« (1. Korinther 15,50). Was doch wohl bedeutete, dass die Erlösung rein geistlicher Natur ist – meinten die Gnostiker. Was antwortet Irenäus darauf?

Aber weil der Apostel nichts gegen die Substanz von Fleisch und Blut selbst sagen wollte, als er erklärte, sie könnten das Reich Gottes nicht erben, darum benutzte derselbe Apostel im Zusammenhang mit unserem Herrn Jesus Christus überall die Begriffe Fleisch und Blut, teils um den Menschen in ihm darzustellen, denn er nannte sich selbst Menschensohn, teils aber, um das Heil für unser Fleisch sicherzustellen. Wenn nämlich das Fleisch nicht hätte gerettet werden sollen, wäre Gottes Wort keineswegs Fleisch geworden ...[122]

Irenäus betont, dass der Hirte die verlorenen Schafe sucht:

> Denn das, was stirbt, und das, was lebendig gemacht wird, sind nicht zwei verschiedene Dinge, wie das, was verloren geht, und das, was wiedergefunden wird, nicht zweierlei sind. Vielmehr kam der Herr, um das bekannte verlorene Schaf zu suchen. Was war es denn nun eigentlich, was starb? Auf jeden Fall doch die Substanz des Fleisches, die den Lebenshauch verloren hatte ... und tot war. Darum kam der Herr, um sie lebendig zu machen ...[123]

Irenäus gibt eine klassische Zusammenfassung, wenn er davon spricht, dass unser Herr Jesus Christus, das Wort Gottes, »wegen seiner grenzenlosen Liebe das geworden ist, was wir sind, um uns zu dem zu vollenden, was er selbst ist«.[124]

Wie ist das mit dem »Fleisch«?

Aber geht nicht zum Beispiel Paulus sehr ungnädig mit dem Leib und der Sexualität um? Kommt er nicht ständig auf die »Verlockungen des Fleisches« und ähnliche Dinge zu sprechen? Handelt es sich hier nicht doch um mehr als nachträgliche gnostische Verdrehungen?

Es kann einen schon verwirren, wenn Paulus unsere sündigen Neigungen mit dem Wort »Fleisch« umschreibt. »Fleisch« liegt so nahe zu »Leib«, dass es einen nicht überrascht, dass das Christentum so viel von der Leibesverachtung im Abendland zu verantworten hat. Es brauchte nicht viel gnostische und neuplatonische Einflüsse, um in die Leibesverachtung zu fallen, und schon wurde die rechte Frömmigkeit eine Methode, aus unserer Menschlichkeit herauszugehen. »Geist« – das bedeutet ja in unserer Kultur, dass man sich über die irdischen Grenzen erhebt, sich nicht von den Bedürfnissen des Körpers leiten lässt, hinaufsteigt in die Welt der reinen Ideen und des unbefleckten Wissens. Meint das die Bibel nicht auch, wenn sie vom »Geist« redet?

Vielleicht können zwei Skizzen uns helfen.

Hier die erste Skizze:

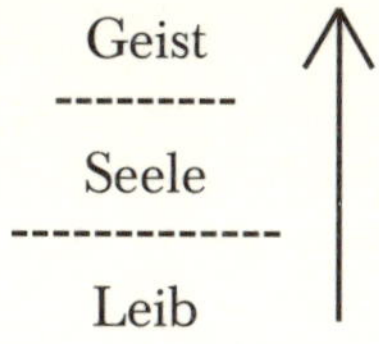

Dies ist, vereinfacht dargestellt, das gnostische Menschenbild. Die »niedrigste« Stufe ist der Leib, dieses unser durch einen bösen Fehler entstandene Gefängnis. Für den Gnostiker geschah der Sündenfall nicht *nach* der Schöpfung, die Schöpfung selber *ist* der Sündenfall. Das Paradies war der reine Geist – bis die Schöpfung kam und alles kaputtmachte, und die Erlösung besteht darin, dass der Mensch es lernt, zu einer immer reineren Geistlichkeit emporzusteigen. *Wie* dieser Aufstieg sich vollzieht, das variiert zwischen den verschiedenen gnostischen Schulen, aber über die *Richtung* sind sich alle einig: weg vom Körper und über den Zwischenzustand der Seele hin zum reinen Geist.

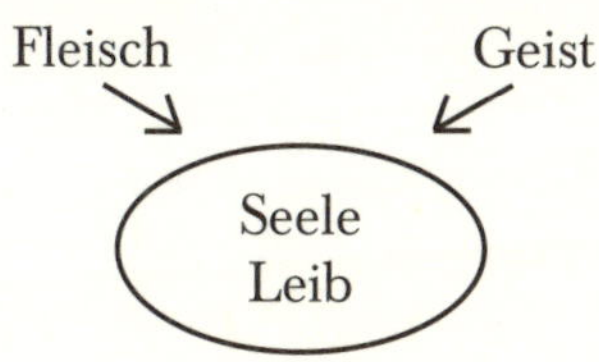

So ungefähr kann man das christliche Menschenbild, das wir zum Beispiel bei Paulus finden, darstellen. Er ist viel zu tief im Boden des Alten Testaments verwurzelt, um ein negatives Leibbild zu haben, und sieht den Menschen als Einheit. Die Ausdrücke wechseln – vielleicht ganz absichtlich, damit wir uns nicht einbilden, die große Formel für das Geheimnis Mensch gefunden zu haben. Mal spricht die Bibel von drei Aspekten: Geist, Seele, Leib, mal von zweien: dem »inneren« und dem »äußeren« Menschen. Der gemeinsame Nenner ist einerseits unsere Unzerteilbarkeit, andererseits unsere Unergründlichkeit. Man kann uns nicht in gleichsam separate

Stücke aufteilen (hier der »geistliche Kern«, dort die »körperliche Schale« usw.) und nicht auf nur eine Dimension reduzieren (der Mensch *nur* als Leib oder *nur* als Geist). Das Paradox liegt in unserer Gottesebenbildlichkeit: Gott ist ja der Dreieinige, der Geoffenbarte und der Verborgene.

Dieser Gott ebenbildliche Mensch ist nun zwei Kräften ausgesetzt. Die eine nennt Paulus »Fleisch«; sie ist das Wesen des sündigen Menschen, wie es sich nach dem Sündenfall entwickelt hat und seinen vielleicht deutlichsten Ausdruck im Turm zu Babel findet. Die andere nennt Paulus »Geist«; sie ist die Vereinigung mit dem Geist Gottes, der uns zurück zu unserer ursprünglichen Menschlichkeit im Garten Eden führen will. Der *ganze* Mensch steht in diesem Zweikampf, und sein Leib ist entweder ein Schauplatz der verzerrten Menschlichkeit des Fleisches oder ein »Tempel des Heiligen Geistes« (1. Korinther 6,19), der unsere wahre Menschlichkeit wiederherstellt.

Der Geist steht in der Bibel also nicht für eine »höhere« Alternative zum Körperlichen, für einen göttlichen Fluchtweg aus der Leiblichkeit, sondern *der Geist macht den Leib lebendig.* Wir finden dieses Grundmuster bereits im Schöpfungsbericht: »Da machte Gott der Herr den Menschen aus Erde vom Acker und blies ihm den Odem des Lebens in seine Nase. Und so ward der Mensch ein lebendiges Wesen« (1. Mose 2,7).

In der großen Vision des Propheten Hesekiel von der Auferstehung des Gottesvolkes von den Toten finden wir das gleiche Verhältnis zwischen Körper und Geist. Hesekiel sieht ein Feld voller Totengebeine. Er sieht, wie den Gebeinen Sehnen, Fleisch und Haut wachsen, »aber es war noch kein Geist in ihnen«. Erst als Antwort auf das Gebet des Propheten um Gottes Geist geschieht es: »... es kam Geist in sie. Sie wurden lebendig und standen auf« (Hesekiel 37,8-10 Einheitsübers.).

Diese Beziehung zwischen dem Himmlischen und dem Irdischen erhält ihre letzte Verdichtung in Jesus Christus. Das Himmlische ist nicht das Ziel der Flucht von der Erde, es ist die Lebensquelle der Erde. Die Richtung ist nicht die gnostische Kletterei nach oben, sondern die »Jesusbewegung« vom Himmel hinab auf die Erde: »Gottes Brot ist das, das vom Himmel kommt und gibt der Welt das Leben« (Johannes 6,33). Alles, was Jesus sagt und tut, müssen wir in diesem Licht sehen.

Als Jesus den Tod besiegt hat, kehrt er nicht um, um die Jünger nachzuholen: »Kommt her, ich habe einen Ausweg aus diesem Jammertal gefunden«, sondern er bläst sie mit seinem neuschaffenden Heiligen Geist an und sendet sie zurück in die Welt:

> [Da] kam Jesus und trat mitten unter sie und spricht zu ihnen: Friede sei mit euch! Und als er das gesagt hatte, zeigte er ihnen die Hände und seine Seite. Da wurden die Jünger froh, dass sie den Herrn sahen. Da sprach Jesus abermals zu ihnen: Friede sei mit euch! Wie mich der Vater gesandt hat, so sende ich euch. Und als er das gesagt hatte, blies er sie an und spricht zu ihnen: Nehmt hin den heiligen Geist! (Johannes 20,19-22)

Die Parallele zum Schöpfungsmorgen ist deutlich: Gottes Geist macht den Menschen lebendig. Die Gnostiker glaubten, dass der Mensch seinem Wesen nach unsterblich sei. Nicht so, sagt die Bibel: Allein Gott ist unsterblich (vgl. 1. Timotheus 6,16). Wir brauchen Gottes Geist, um Teil am ewigen Leben zu bekommen. Wie Irenäus sagt:

> Vorerst erhalten wir aber bloß einen Teil von seinem Geist zur Vervollständigung und Vorbereitung der Unverweslichkeit, indem wir uns allmählich daran gewöhnen, Gott zu fassen und zu tragen. Der Apostel nennt das auch ein Unterpfand ... Das geht nicht unter Verlust des Fleisches [Leibes] vor sich, sondern entsprechend der Gemeinschaft mit dem Geist.[125]

Daher besteht die christliche Zukunftshoffnung auch nicht darin, dass die unsterbliche Seele frei aus dem Gefängnis des Körpers wird und gen Himmel reist. Dies ist eine platonisch-gnostische Sicht, die seit dem 3. Jahrhundert die ursprüngliche Zukunftsvision der Kirche verdrängte: die Auferstehung der Toten, wenn Jesus wiederkommt, um sein Reich auf Erden zu errichten. Irenäus nimmt die gnostische Sicht unverblümt aufs Korn, wenn er die leibliche Auferstehung Jesu als die Hoffnung auch für uns beschreibt:

> Wenn der Herr sich also an das Gesetz der Toten hielt, um der Erstgeborene von den Toten zu werden, und sich bis

zum dritten Tag in den Tiefen der Erde aufhielt, dann aber im Fleisch auferstand, um den Jüngern auch die Male der Nägel zu zeigen, bevor er zum Vater hinaufstieg, muss das denn nicht diejenigen durcheinander bringen, die behaupten, die Unterwelt sei nichts anderes als diese unsere Welt, ihr innerer Mensch lasse aber seinen Leib hier zurück, um an einen Ort oberhalb des Himmels aufzusteigen?[126]

Nicht zuletzt in unserer Zeit, wo der Mensch vor lauter Technologie und Vergeistigung unterzugehen droht, liegt eine gewaltige Kraft in diesem urchristlichen Auferstehungs-Evangelium. Das Evangelium nimmt den Menschen und seinen Leib so ernst wie nichts anderes. Die Wahrheit des Evangeliums bekräftigen, heißt die Wirklichkeit des Menschen bekräftigen, sagt Irenäus:

> Da es sich nämlich um wirkliche Menschen handelt, muss auch ihre Versetzung [in das Reich Gottes] wirklich sein. Sie dürfen nicht in eine [Welt] ausweichen, die es nicht gibt, sondern müssen in derjenigen, die es gibt, ihre Fortschritte machen.[127]

Aber sagt Paulus nicht, dass »das Wesen dieser Welt vergeht« (1. Korinther 7,31)? Dies bedeutet nicht das Ende der Schöpfung, erklärt Irenäus, sondern nur das Ende der Sünde, die sie besetzt hält. Das Ziel ist ein neuer Himmel und eine neue Erde, »in denen der neue Mensch fortleben wird und ewig neu Umgang mit Gott hat«.[128]

Jedes Mal, wenn wir das Abendmahl feiern, weitet sich unsere Welt. In diesen »Gaben von der Frucht des Ackers und der Arbeit der Menschen« schmecken wir mitten in unserer menschlichen Begrenzung den unbegrenzten Gott, der uns sein Leben gibt. Und wir gehen hinaus aus den Grenzen der Gegenwart und schmecken unsere reiche Geschichte, vom ersten Passamahl beim Auszug aus Ägypten bis zu der Stunde, wo Jesus seinen Jüngern das Brot und den Wein gab, für alle Abendmahlstische der Geschichte. Und wir schmecken unsere Zukunft, in der wir mit Jesus von dem neuen Wein trinken werden. Wo die Zukunftsträume der Gnostiker unkörperlich-blass sind, ist die Zukunftshoffnung des Irenäus sinnlich-stark. Jesu

Verheißung von dem Wein, den die Jünger mit ihm im Reich seines Vaters trinken werden (Matthäus 26,29), deutet er so:

> Damit zeigte er beides, nämlich die Erbschaft der Erde, in der die Frucht des Weinstocks neu getrunken wird, und die fleischliche Auferstehung seiner Jünger. Denn das Fleisch, das neu ersteht, ist dasselbe wie das, das auch den neuen Trank zu sich nimmt.[129]

Diese Verheißung bezieht sich auf ...

> ... die Zeiten des Reiches, da die Gerechten von den Toten auferstehen und herrschen werden und auch die Schöpfung, erneuert und befreit, eine Menge Frucht und jede Art von Speise aus dem Tau des Himmels und der Fruchtbarkeit der Erde bringen wird.[130]

Aber werden wir denn nicht zu der himmlischen Stadt emporfahren? Nein, sie kommt herab auf die Erde. Wie der Apostel Johannes es sagt:

> Und ich sah einen neuen Himmel und eine neue Erde; denn der erste Himmel und die erste Erde sind vergangen, und das Meer ist nicht mehr. Und ich sah die heilige Stadt, das neue Jerusalem, von Gott aus dem Himmel herabkommen, bereitet wie eine geschmückte Braut für ihren Mann.
> (Offenbarung 21,1-2)

Die Jesusbewegung geht weiter: »Lasst uns herniederfahren.«

Im Dreiertakt

Warum also soll der Teufel die besten Pferde haben? Warum soll die Welt Ackerbau, Handwerk und Kunst für sich besetzen, während die Christen sich ängstlich hinter ihren Bücherregalen und Kirchenbänken verstecken? Die ganze Schöpfung wartet auf uns. Worauf warten wir da noch? Auf Jesu Wiederkunft? Umso mehr Anlass, den Spaten zu nehmen und an die Arbeit zu gehen. Wie soll die Welt glauben können, dass Gott eine neue Erde schaffen wird, wenn die Christen der alten Erde den Rücken kehren und bei der allgemeinen »Gnostifizierung« der Gesellschaft munter mitschwimmen?

Vielleicht muss unser erster Bußschritt nicht der Erde gelten, sondern der Zeit. Es kostet nämlich Zeit, die Erde zu bebauen, mit den Händen etwas herzustellen, den Körper Körper sein zu lassen. Der französische Denker Paul Virilio stellt fest, dass der Computer uns die Zeit wegnimmt, und damit den Leib. Wollen wir wieder leiblich werden, müssen wir akzeptieren, dass dies Zeit braucht. Alles Gerede von der »Wiedereroberung der Langsamkeit« ist bloße Romantik, solange wir uns nur in der Bücher- und Multimedia-Landschaft aufhalten und die Welt mit unserer Tastatur beherrschen wollen. Ideen reisen schnell, Körper langsam. Wollen wir lernen, was Langsamkeit ist, müssen wir beim Körper in die Schule gehen.

Die »Ökowelle« hat einen konkreten Gegenstand, solange es sich um den Traum von der privaten Idylle jenseits der Autobahnen handelt. Aber hier geht es um viel mehr: um die Wiedereroberung unserer Menschlichkeit, die Wiedereinwurzelung in der Schöpfung, um Menschen, die als Jünger Christi der Welt Gottes Liebe bezeugen. Es geht um eine Gegenkultur zum Babelturm, in der wir entschlossen nach unten steigen, um wieder Bodenkontakt zu bekommen.

Der Widerstand, auf den wir dabei treffen werden – in uns selber wie bei der Welt um uns herum –, wird jede bloße Idylle im Keim ersticken. Auf uns wartet harte, unsentimentale Arbeit mit vielen Rückschlägen und Enttäuschungen. Aber sie ist viel wirklicher als die flimmernde Bildschirmvision von der perfekten Informationswelt.

Der geringste Ansatz in dieser Richtung hat große Kraft, wenn wir ihn in Gottes Hand legen. Dann wird es hörbar, unser Bekenntnis, dass Gott der Gott der ganzen Schöpfung ist. Wir weigern uns, Gott als weniger zu bekennen, in einer privatisierten, rein geistigen Version. *Er* hat die Welt erschaffen. Und die Zeit. Den Stress hat der Teufel erfunden, der »weiß, dass er wenig Zeit hat« (Offenbarung 12,12).

Der Weg zu dieser neuen Nachfolge kommt vielleicht aus einer unerwarteten Richtung. In der gigantischen Zerfallsperiode, die nach dem Fall Westroms über Europa kam, wuchsen kleine geistliche Gemeinschaften heran, die sich als verblüffend stabil erweisen sollten. Benedikts Klosterregel ließ mitten im Chaos der Völkerwanderung Kernzellen des friedlichen Zusammenlebens von Menschen entstehen. Die Benediktinerklöster wurden zu prophetischen Zeichen: Hier harrte man aus, während alle anderen weiterjagten.

Das Leben in einem Benediktinerkloster pulsierte im Dreitakt von *Gebet – Studium – Arbeit*. Wo eines von diesen dreien zu dominierend wurde oder ausstarb, nahm die ganze Gemeinschaft Schaden; wo die richtige Balance blieb, entstanden erstaunlich gute Voraussetzungen für ein Leben in der Nachfolge Christi.

Die Arbeit war, wohlgemerkt, körperliche Arbeit. Schon die Wüstenmönche hatten deren heilende Wirkung auf den inneren Menschen entdeckt. Das bloße Flechten eines Korbes konnte viele dunkle Gedanken vertreiben und dem Herzen eine gelassene Offenheit für Gott schenken. In einem Benediktinerkloster praktizierte man diese Wahrheit in vollem Umfang, mit einer ganzen Palette von Tätigkeiten aus Handwerk und Landwirtschaft, und es ist bezeichnend, dass die Niedergangsperioden der Klosterbewegung durch eine »Vergeistigung« der Arbeit hin zur Gelehrtenstube gekennzeichnet waren; kam es dann zur Erneuerung, kehrte man nicht nur zu seinen geistlichen Wurzeln, sondern auch zum Feld und in die Werkstatt zurück.

Die Antike hatte die Menschen gelehrt, dass körperliche Arbeit die niedrigste Form von Arbeit war, etwas für Sklaven. Der freie, gebildete Mensch machte sich nicht die Hände schmutzig, sondern verbrachte seine Zeit in der Bibliothek oder in den öffentlichen Bädern. Es war daher ein prophetisches Zeichen, wenn man Adlige und Akademiker plötzlich mit dem Ochsengespann auf dem Acker pflügen sah. So wurden die Klöster nicht nur zu Schulen des geistlichen Lebens, sondern auch der Arbeit mit den Händen und des rechten Gebrauchs der Erde. Doch die Arbeit darf nicht das Übergewicht bekommen:

> Hört man das Zeichen zum Gottesdienst, lege man sofort alles aus der Hand und komme in größter Eile herbei, aller-

dings mit Ernst ... Dem Gottesdienst soll nichts vorgezogen werden.[132]

Welch eine befreiende Regel! Die Arbeit ist wichtig, aber sie gibt nicht, wie im Turm zu Babel, dem Menschen seine Identität. Diese Identität bekommt er allein aus der Beziehung zu Gott. Deshalb hat das Gebet die erste Priorität; hier trinken wir aus der Quelle des Lebens, die alles andere, was wir in Studium und Arbeit tun, bewässert, so dass es gute Frucht bringt.

Dieser benediktinische Dreiklang kann auch in unserer Zeit das Grundmuster christlicher Gemeinschaft sein. Die Formen werden mannigfach variieren müssen, aber diese drei tragenden Elemente gelten nach wie vor. So können Christen an allen Orten in aller Schlichtheit etwas vom Wunder der Menschwerdung Gottes gestalten.

Wo Erde und Himmel sich treffen

Jede christliche Gemeinschaft kann ein Ort sein, wo Gott uns nahe ist. Hier ein paar Orientierungsmarken:

1. *Aus der Mitte meines Lebens.* So lautet der Titel eines Buches über das Abendmahl. Das Abendmahl ist nicht ein geistlicher »Nachtisch«, nachdem wir uns an allem anderen im Leben satt gegessen haben, sondern es steht im Zentrum unseres geistlichen Lebens; hier kommen Himmel und Erde zusammen zu dem Brot, das allen Hunger stillt. In der Mitte des christlichen Gottesdienstes steht ein körperliches Bekenntnis zu dem Gott, der Fleisch und Blut geworden ist. Jesus befreit uns nicht von der Schöpfung; er rührt die Schöpfung an und macht sie lebendig.

2. *Der Leib ist unsere Gebetskammer.* Oder wie Paulus es ausdrückt: »Wisst ihr nicht, dass euer Leib ein Tempel des heiligen Geistes ist, der in euch ist?« (1. Korinther 6,19). Die gnostische Sicht vom Leib als Hindernis für unser inneres Leben hat viel Schaden in der christlichen Kirche angerichtet. Sie hat uns hinausgejagt aus dem Tempel, wo der Heilige Geist auf uns war-

tet, und unsere Anbetung heimatlos gemacht. Ein Tempel – das ist kein Schlachtfeld für den Kampf zwischen Gott und Mensch, sondern ein Ort, wo Gott und Mensch sich begegnen.

Die modernen Erkenntnisse über die psychosomatischen Zusammenhänge bestätigen die uralte Weisheit der Bibel: Wir *haben* nicht nur einen Leib, wir *sind* ein Leib, und anstatt ihn im Namen des Geistes zu bekämpfen, sollten wir auf seine Signale hören und ihn unseren Verbündeten im geistlichen Kampf sein lassen. Zum Beispiel mit Hilfe eines Gebetsschemels entspannt und bewusst in seinem Körper zu sein, ist eine vorzügliche Hilfe gegen das Fortflattern der Gedanken und Gefühle. Wenn der Heilige Geist bereits Wohnung in meinem Körper genommen hat, ist es vielleicht Zeit, dass ich das auch tue ...

Der Leib ist unser nächstliegender »Gebetsraum«. Kein christliches Leben ist möglich, wo wir nicht im Gebet Gott Raum geben. Unzählige Experimente mit einem alternativen Lebensstil endeten in Frust und Enttäuschung, weil man glaubte, es ginge nur um die Umsetzung gewisser Ideale. Aber alles christliche Leben ist *Antwort* – auf das, was Gott ist und was er tut. Und wenn die Mitte leer ist, worauf soll man da antworten? Auf die Probleme der Welt? Dann werden wir bald selber eines von ihnen.

3. *Wir treffen uns unter der Rose.* Wir leben in einer Zeit, wo das Gespräch zwischen den Menschen in Seifenopern entehrt, von E-Mail-Notizen ersetzt, bei Sparmaßnahmen in der Firma für unnötig erklärt wird. Hier führt uns Jesu Fußspur in das stille Kämmerlein des Vertrauens. Im Mittelalter war in die Beichtstühle eine Rose eingeschnitzt, als Zeichen für die Schweigepflicht. Hier kann ich in Frieden und ganz offen reden, ohne Gefahr zu laufen, dass meine Geschichte ausgebeutet oder zum Klatschgegenstand gemacht wird.

Dass das Gespräch in den Gemeinden so verstummt ist, hängt auch mit der Technologiegesellschaft zusammen. Miteinander reden braucht Zeit; da bleiben wichtige Dinge womöglich liegen. Aber nach dem Gespräch mit Gott kann nichts wichtiger sein als das Gespräch mit einem Menschen. So wie die hohen Klostermauern ein Schutz vor dem Lärm der Umwelt waren, kann die stille Rose den »Schutzraum« in der christlichen Gemeinde signalisieren. Dort begegnen wir einander, von Angesicht zu Angesicht.

4. *Einander dienen.* Solange das Gemeindeleben nur aus Gottesdiensten und sonstigen Aktivitäten besteht, aber die physischen Bedürfnisse der Mitglieder Privatsache sind, geben wir dem Gnostizismus stillschweigend grünes Licht: Das Geistliche geht nur die Seele an. Und solange Anonymität höher steht als Teilen und kirchliche Mitarbeiter als Dienstleister für den »religiösen Konsumenten« betrachtet werden, bejahen wir in der Praxis die Babel-Kluft zwischen der kleinen Elite und der großen Masse.

Diese Struktur durchbrechen setzt den Willen zu Nähe und Abhängigkeit voraus. Erst dann, wenn wir einander in persönlichen Beziehungen genügend nahe kommen, können wir die Bedürfnisse des anderen sehen und uns genügend sicher fühlen, um die eigenen auszudrücken. Die alte Kirche lehrt uns, dass dergleichen nicht ein bisschen privater Austausch neben dem Gemeindeleben ist, sondern dies *ist* das Gemeindeleben!

Erst wenn die Hilfe untereinander funktioniert, wird die Hilfe »draußen« glaubwürdig. Dies ist der Unterschied zwischen der Kirche und einer normalen Hilfsorganisation. Die Mönche und Nonnen lebten hinter den Klostermauern ihr eigenes Leben, aber dorthin konnten auch die Armen kommen und wurden wie Christus selber empfangen. Und so wie tausend Jahre vor der Europäischen Union die Klöster ein europäisches Netzwerk bildeten, so sprengt heute die Verantwortung für die Not des Nächsten alle geographischen Grenzen. Wir können das nicht mehr hören? Jesus sagt: »Was ihr getan habt einem von diesen meinen geringsten Brüdern, das habt ihr mir getan« (Matthäus 25,40).

5. *Sex ist Beziehung.* Gegen eine unverbindliche Sexualität in oberflächlichen Beziehungen setzen wir die warme Körperlich-

keit des Evangeliums. Gegen den beziehungslosen Kitzel als Ersatz für die verlorene Leiblichkeit setzen wir die sexuelle Verdichtung der Alltagssinnlichkeit einer gewachsenen, verbindlichen Beziehung. Die sexuelle Gemeinschaft ist ein Lobgesang für den Gott des Lebens, heiliger Boden und nicht zertrampelter Lustgarten.

So wie es ein Ausdruck der Gottesverachtung ist, das Abendmahlsbrot in sich hineinzuschlingen, um satt zu werden[133], ist es ein Ausdruck der Verachtung des Leibes und des Menschen, wenn man sich in eine sexuelle Vereinigung hineinstürzt, nur um seine Begierde zu befriedigen.

Aber Beziehung ist nicht Sex. Ein obligatorisches Gleichheitszeichen kann hier nur zur Verarmung unserer Beziehungen führen, die so viele andere Sprachen haben als nur die sexuelle. Auf diese Sprache zu verzichten, ist nicht ein Ausdruck von Sexfeindlichkeit, sondern eine bewusste Wahl, Gott und die Menschen auf eine andere Art zu lieben.

6. *Mit eigenen Händen.* Für die Informationsgesellschaft ist das Handwerk eine primitive Entwicklungsphase, die wir hinter uns gelassen haben. Jetzt sind es nichtmaterielle Ressourcen, die uns Arbeit geben: Information, Know-how, Medien, Software. Wer sich zu seinem Körper und der physischen Schöpfung bekennen und etwas mit seinen Händen schaffen will, muss gegen den Strom schwimmen. Selber ein Bücherregal zimmern, anstatt es im Möbelmarkt zu kaufen, heißt nicht nur Geld sparen (was gar nicht so sicher ist) oder zeigen, was man alles kann, und schon gar nicht geht es darum, Zeit zu sparen ...

»Put your hands to work and your hearts to God«, war das Motto der amerikanischen Shakers-Sekte im 19. Jahrhundert, deren vorzügliche schlichte Möbel heute unter Designern Kultobjekte sind. Versuchen wir, Plastik zu vermeiden und stattdessen natürliche Materialien zu wählen: Keramik, Holz, Leder, Naturfasern usw. Oder ein einfaches Handwerk zu erlernen, wo wir unsere Kreativität entfalten können, und zu entdecken, wozu die Hände da sind. Gemeinsam zu bauen, zu reparieren, zu experimentieren in einer Welt, wo das Streben nach Professionalität uns einen Bereich unseres Schöpfungsauftrags nach dem anderen wegnimmt.

7. *Einen Baum umarmen.* Noah ist der Vater aller Baum- und Tierumarmer. Wenn die Gesellschaft die Natur nur noch als Rohstoff-Lieferanten betrachtet, erweckt das tief in uns eine Reaktion. Es gehört zur Nachfolge Christi dazu, zusammen mit Noah und all den anderen die Natur in unsere Umgebung hineinzuholen, sie zu schützen und zu bewahren, auf sie zu hören und von ihr zu lernen.

Das Tier ist dem Menschen durch seine ganze Geschichte gefolgt – als Wächter, Speise, Gefährte, Materiallieferant. Wie können wir in einer Zeit, wo die Landwirte nur noch 3 % der Bevölkerung ausmachen, die verlorene Beziehung zum Tier wiedergewinnen? Oder die zum Acker und Obstbaum, wenn wir alles im Supermarkt einkaufen? Hier müssen wir experimentieren: vom Aquarium in der Wohnung bis zur Schafherde auf dem Land, von Kräutern auf dem Balkon bis zum Kartoffelacker.

»Einen Baum umarmen« meint, dass wir diesen Baum retten wollen. In dieser Bedeutung ist dies ein selbstverständlicher Teil des Auftrags der Christen auf dieser Erde. Aber der Baum kann auch den Menschen retten. Fern von aller aufgesetzten Naturromantik ist tief in uns etwas, das in der Nähe zu Gottes Schöpfung heil wird. Der Baum ist nicht göttlich; die Grenze zwischen Schöpfer und Schöpfung ist in der Bibel eindeutig. Aber die tiefen Wurzeln der Eiche verflechten sich mit meinen eigenen verborgenen Wurzeln in Gott, wenn wir beide einen Anker suchen gegen die Unkörperlichkeit der modernen Technologie.

8. *Leiter aus Erfahrung.* Der Abt eines Klosters wurde nicht nach seiner wissenschaftlichen Qualifikation oder seinem Dienstalter gewählt oder danach, wie viele Management-Kurse er absolviert hatte. Für die Regel des Benedikt ist das Entscheidende »Bewährung im Leben und Weisheit in der Lehre, mag

einer in der Rangordnung der Gemeinschaft auch der Letzte sein«.[134] Der raue Alltag zeigte rasch, wer mit anderen Menschen gut auskam, wer nicht nur theologisch daherredete, sondern ein tiefes Frömmigkeitsleben hatte, wer Verantwortung übernehmen und die Ärmel hochkrempeln konnte. Diese Menschen zog es selten zum Leitungsamt hin, oft musste man sie überreden; aber sie wurden meist gute geistliche Leiter.

Der praktische Alltag in Gemeinde und Gesellschaft muss wieder zur Haupt-Schule der geistlichen Leiter werden. Die Kirche ruft nach Leitern, die in ihrem eigenen Leib zu Hause sind und ihn zu einem Tempel des Heiligen Geistes haben werden lassen. Niemand von uns hat Patentrezepte, wie man das macht, aber die Geschichte gibt uns viele Vorbilder, von denen wir lernen können. Ausgangspunkt muss die biblische Sicht vom Wissen und Können sein, in der erst die Erfahrung und dann die Reflexion kommt. Bücher können keine Erfahrung ersetzen, aber sie können eine gute Hilfe zum Nachdenken über unsere Erfahrungen sein.

Im Kreuzgang

Man könnte hier noch vieles nennen; dies soll reichen, um die vielen Wege hinein in die Erfahrung des Reichtums der Schöpfung anzudeuten, die sich in Christus öffnen. Er ist der Abglanz von Gottes Herrlichkeit (Hebräer 1,3), und in ihm leuchtet die Herrlichkeit der ganzen Schöpfung auf. In Christus sein heißt freien Zugang zu allem Erschaffenen haben – nicht als sein Herr, sondern als sein Verwalter. In ihm finde ich den Weg zu der reichen Welt des Gebets. Er zeigt mir, wie ich den Boden so bebauen kann, dass er nicht verdirbt. In ihm öffnen sich Möglichkeiten des Schaffens, wo die Bilder nicht mehr ein Ersatz für die Wirklichkeit sind.

Nehmen wir noch ein Bild aus dem Kloster. Der *Kreuzgang* ist der arkadenartige Gang, der um den viereckigen Garten in der Mitte des Klosters geht. Im Mittelalter war er oft mit schönen Gewölben versehen, zum Garten hin wie nach innen zu der Kirche an der Nordseite und den anderen Gebäuden an den übrigen Seiten. Genauso ist Jesus Christus die große Klammer, von der aus alle Dimensionen des Lebens sich öffnen. Thomas Merton erläutert:

> Alles im Kloster war um den Kreuzgang herum angeordnet und wurde von der Kirche dominiert. In der Kirche beteten die Mönche, im Kreuzgang lebten sie. Der Kreuzgang war in gewisser Weise das Wichtigste. Er war der Treffpunkt der verschiedenen Bereiche im Leben des Mönches, die Wegscheide, [...] wo er sich hinsetzte, um den Übergang zwischen Arbeit und Gebet, Gebet und Arbeit zu glätten.
>
> Er kam vom Feld herein, zog seine Holzschuhe aus und setzte sich unter das sonnengewärmte Gewölbe, um zu lesen und zu meditieren, während seine Muskeln sich von der Arbeit entspannten und seine Gedanken sich von der äußeren Welt in die Stille des Nachsinnens und Betens zurückzogen. Nach dieser Vorbereitung ging er in die dämmrige Kirche hinein, und sein Verstand und Wille sanken in die Tiefe, hinab unter die Gedanken und Begriffe, und er suchte Gott, [...] während der Chor mit geschlossenen Augen die feierlich-ewigen Strophen der Liturgie anstimmte.
>
> Kehrte er dann zurück aus den unergründlichen, von ihm selbst nicht auszulotenden Tiefen der Kontemplation, ging er in den Kreuzgang zurück, um dort zu sitzen oder langsam durch die hohen Gewölbe oder in den offenen Garten hineinzugehen, während die Frucht seines Gebetes in ihm wuchs und sein ganzes Wesen durchdrang, wie Öl einen Wollstoff, bis alles von seinem Leben spendenden Reichtum durchtränkt war.[135]

So ist es mit Jesus. In ihm treffen sich unser körperliches und geistliches Leben, in ihm laufen alle unsere Beziehungen in einem stillen Mittelpunkt zusammen. Dort finden wir unsere tiefste Identität wieder – als seine geliebten Jünger, unter den dunkel-lichten Gewölben seiner Liebe und Weisheit, die sich unendlich in alle Richtungen öffnen ...

Nur unter seinem Schirm können wir in der Schöpfung frei atmen. Verleugnen wir ihn, ob nun in der Theorie oder in der

Praxis, dauert es nicht lange, bis die Luft bei dem, was wir tun, dick wird. Ich habe in Hundezüchter-Vereinen und auf Kursen für Pferdebesitzer prächtige Menschen kennen gelernt, die mir viel über meine vierbeinigen Freunde beigebracht haben. Aber wenn ich merke, dass der Hund oder das Pferd für einige der ganze Lebensinhalt ist, ziehe ich mich erschrocken zurück. Gott hat das Pferd erschaffen, um den Körper des Menschen zu tragen, aber nicht, um ihm den Sinn des Lebens zu geben; das kann kein Pferd der Welt.

Allein unter Gottes offenem Himmel bekommen das Pferd und alles andere Erschaffene seine richtigen Proportionen zurück. Das Pferd ist schön, zart und stark – aber es ist nicht Gott. Es schenkt mir Freude, Frust und Herausforderungen – aber das ist nur ein Anfang. Paulus spricht von einer fundamentalen Fremdheit, die uns nie mit dem zufrieden sein lässt, was wir hier in dieser Welt anfassen:

> Wenn auch unser äußerer Mensch verfällt, so wird doch der innere von Tag zu Tag erneuert. Denn unsre Trübsal, die zeitlich und leicht ist, schafft eine ewige und über alle Maßen gewichtige Herrlichkeit, uns, die wir nicht sehen auf das Sichtbare, sondern auf das Unsichtbare. Denn was sichtbar ist, das ist zeitlich; was aber unsichtbar ist, das ist ewig. (2. Korinther 4,16-18)

Der Gnostiker misstraut der erschaffenen Welt, weil sie für ihn ein Fehler, unwirklich und eitel ist. Die Distanz des Christen von der Welt ist eine andere. Wir wissen, dass sie wirklich ist, denn Gott hat sie erschaffen. Wir sehen, dass sie herrlich ist, denn sie spiegelt seine Herrlichkeit. Aber sie ist endlich. Sie ist nur ein Vorgeschmack auf etwas viel Größeres und Dauerhafteres.

So ist unser Leib ein Zuhause, das wir pflegen, schmücken und ernähren. Aber er ist nicht unser endgültiges Heim – das bekommen wir am Morgen der Auferstehung, wenn unser Leib endlich die Ketten des Todes sprengen wird.

Ohne Gewissen

»Die Zukunft gehört den Cleveren«

In den letzten Tagen des Landes Narnia lebte weit oben in der Westlichen Mark hinter dem Laternendickicht und nahe am großen Wasserfall ein Affe. Er war so alt, dass niemand wusste, wann er zum ersten Mal in diese Gegend gekommen war. Sein Name war Listig, und er war der klügste, hässlichste und runzligste Affe, den man sich nur vorstellen kann. Er bewohnte ein kleines Holzhaus, mit Laub gedeckt, in der Astgabel eines großen Baumes.

Es lebten nur wenige sprechende Tiere, Adamssöhne und Evastöchter, Zwerge oder sonstige Geschöpfe in diesem Teil des Waldes. Einen Freund und Nachbarn aber hatte Listig doch, einen Esel namens Wirrkopf. Jeder sagte von sich, er sei des anderen Freund. Aber Wirrkopf war mehr Listigs Diener als sein Freund, denn er verrichtete alle Arbeit. Wenn sie zusammen zum Fluss gingen, füllte Listig die großen Fellflaschen mit Wasser, aber Wirrkopf musste sie tragen. Hatten sie irgendetwas aus den Orten weiter unten am Fluss zu besorgen, so stieg Wirrkopf hinab. Auf seinem Rücken trug er die leeren Körbe und kam mit schweren, gefüllten Körben wieder. Und all die leckeren Dinge, die er mitbrachte, verzehrte Listig allein.

»Du siehst doch ein, Wirrkopf«, sagte Listig, »dass ich kein Gras und keine Disteln fressen kann, so wie du. Ich brauche andere Sachen.«

Und Wirrkopf erwiderte stets: »Natürlich, Listig, natürlich. Das sehe ich ein.«

Wirrkopf beklagte sich nie, weil er wusste, dass Listig viel klüger war als er. Er fand es nett von Listig, dass er sein Freund sein durfte. Hatte Wirrkopf aber doch einmal etwas einzuwenden, so erklärte Listig einfach:

»Ich verstehe besser als du, was getan werden muss. Du weißt, du bist nicht klug, Wirrkopf.«

Und Wirrkopf antwortete darauf: »Du hast ganz Recht, Listig, ich bin nicht klug.« Er seufzte und tat dann alles, was Listig wollte.[136]

So beginnt C. S. Lewis' Roman *Der Kampf um Narnia.* Und so beginnt vielleicht der letzte Kampf in unserer Welt. Wenn die Intelligenz zum Herrn wird, befreit von allen Fragen nach Gut oder Böse, kann alles passieren. Wenn die Klugen automatisch Recht haben und die weniger Begabten nicht, ist unsere Schutzmauer gegen das Böse eingestürzt. Dann können alle möglichen Ideen an die Macht kommen, wenn sie nur hinreichend intelligent und durchdacht sind, und jeder Einwand wird zum Schweigen gebracht, wenn er unbeholfen formuliert ist.

Die Tyrannei der Intelligenz geht Hand in Hand mit der der Ästhetik. Lieber eine spannende und profimäßig durchgestylte Hölle als ein fade beschriebener Himmel. Wenn wir einen Film oder Roman nicht mehr danach beurteilen, was er inhaltlich sagt, sondern nur noch danach, *wie* er es sagt, sind auch hier die Dämme gerissen: Alles Mögliche kann sich über uns ergießen, wenn es nur elegant, attraktiv, toll, kitzelnd und wohlformuliert ist.

Hinter dieser Entwicklung liegt der Übergang von der Industrie- zur Informationsgesellschaft. 1994 bestanden 58 % der schwedischen Exporte aus den so genannten Grundstoffgütern: Holz, Zellstoff, Papier, Eisen, Stahl. Dieser Anteil wird bis zum Jahr 2010 voraussichtlich auf 19 % zurückgehen; die verbleibenden 81 % werden auf die hochtechnologische elektronische, chemische und maschinentechnische Produktion entfallen.[137]

Was eine »dramatische Steigerung des Ausbildungsniveaus« bedingt. Åsa Sohlman von dem schwedischen Institut Nutek gibt die Richtung an: »Unser Ziel muss sein, dass künftig 60 bis 70 % eines Jahrgangs ein Hochschulexamen ablegen.« In ihrem Buch *Framtidens utbildning* (»Ausbildung der Zukunft«) schreibt sie, dass eine solide Grundausbildung, zum Beispiel Gymnasium plus Hochschule, unerlässlich sein wird, »um überhaupt noch auf den Arbeitsmarkt zu kommen«.[137]

Und das ist erst der Anfang. Es folgt die lebenslange Bereitschaft zur Weiterbildung. Åsa Sohlman schätzt sie auf 500 Stunden pro Jahr. Wer da nicht mithält, »dem kann es übel ergehen. Bei Umstrukturierungen riskiert er, seinen Job zu verlieren und dauerarbeitslos zu werden und vielleicht nie wieder Fuß auf dem Arbeitsmarkt zu fassen.«

500 Stunden? Nun ja, »es müssen nicht immer Fortbildungskurse sein. Kompetenzentwicklung kann auch heißen, dass ich jeden Tag ein oder zwei Stunden vor dem Bildschirm verbringe, um in meinem Fach auf dem Laufenden zu bleiben, einen Aufsatz im Internet lese oder mich mit Kollegen aus der weiten Welt austausche.«

Zum gleichen Trend gehört, dass die Firmen nur noch ungern feste Anstellungen anbieten. Das Just-in-time-Prinzip bedeutet, dass man sich seine Leute dann holt, wann man sie braucht. Und um für den Arbeitgeber interessant zu sein, muss man sich ganz oben halten, sonst kriegt jemand anderes den Job. Den Zuschlag kriegen die Intelligentesten und Bestausgebildeten. Und die anderen?

»Die Zukunft gehört den Cleveren. Die Schichtung der Gesellschaft erfolgt mehr und mehr nach der Intelligenz.« Sagt Zukunftsforscher Lorentz Lyttkens, der die heutige Gesellschaft mit einer ununterbrochenen Folge von Examina vergleicht, wo man ständig in Gefahr ist, durchzufallen. Sein Kollege Gunnar Adler-Karlsson pflichtet ihm bei: »Eine hoch technisierte Gesellschaft erfordert hohe Intelligenz. Die natürliche Tendenz der Marktwirtschaft zu Klassenunterschieden wird in Zukunft immer stärker von Unterschieden in der Intelligenz bestimmt werden.«[137]

Aber es wird doch nach wie vor Kellner geben und sonstige Berufe für die, die nicht so gut ausgebildet sind? Nicht unbedingt, meint Lyttkens:

> Cafés, Imbissketten und Service-Unternehmen werden in Zukunft bevorzugt Studenten einstellen. Sie lernen schnell, sind sprachlich geschickt, haben Benimm und sind nett zu den Kunden. Und sie wollen keine feste Anstellung und haben nichts gegen ungünstige Arbeitszeiten – es ist ja nur ein Zeitjob. Die idealen Arbeitskräfte.[137]

Das große Aussieben wird in Zukunft vielleicht schon beim Embryo beginnen. Adler-Karlsson erwähnt das gigantische Forschungsprojekt »Hugo«, das alle ca. 100.000 Gene des Menschen entschlüsseln soll. In zehn Jahren werden wir wissen, wo in den Chromosomen die Gene sitzen, die über die potentielle Intelligenz eines Individuums entscheiden. Man kann dies bereits zu einem frühen Stadium der Schwangerschaft feststellen. Und schon heute gibt es Firmen, die feste Normen für das Intelligenzniveau ihrer Angestellten vorgeben. So ist es in der US-Armee gesetzlich verboten, Personen mit einem IQ unter 80 anzustellen. Adler-Karlsson kommentiert:

> Was werden wir in Zukunft mit denen unter IQ 80 machen? Was machen wir, wenn das Minimum auf 85 oder 90 angehoben wird, weil der technologische Fortschritt immer höhere Anforderungen stellt? Ich bekomme Angst, wenn ich mir vorstelle, was für Eingriffe es geben wird, wenn Eltern bereits zu Beginn der Schwangerschaft die Intelligenz ihres Kindes feststellen können, während die Gesellschaft immer deutlicher macht, dass sie keine unintelligenten Menschen haben will. Wie viele werden der Versuchung zur selektiven Abtreibung von Embryonen mit niedriger Intelligenz widerstehen können?«[138]

Das große Sieben

Die »Selektierung« erfolgt heute nicht zuletzt in der Schule. In einer Kultur, die das Arbeiten mit den Händen öffentlich verachtet, das Graben in Büchern höher schätzt als das in der Erde und wo die theoretische Begabung stets über die praktische siegt, wird die Schule schließlich zu einem gigantischen Sieb. Das Ausbildungssystem wird von theoretisch orientierten und begabten Menschen gestaltet, zielt auf die Entwicklung eben dieses Menschentyps und arbeitet im Großen und Ganzen nur mit einer theoretischen Sicht der Wissensvermittlung (Wissen ist nicht etwas, was man tut, sondern was man liest). Gleichzeitig werden andere Wege versperrt, indem diese »theoretische«

Ausbildung für einen immer längeren Teil des Lebens für alle obligatorisch gemacht wird. Das Ergebnis kann sich jedes Kind ausrechnen: ein breiter und demütigender sozialer Abstieg.

»In der menschlichen Kulturgeschichte ist die Forderung, dass alle einen Kopf zum Lernen haben müssen, etwas Neues«, schreibt der Neuropsychologe Håkan Eriksson.[139] »Wir erleben eine rasche Veränderung der Sicht vom Wert des Menschen, wenn die theoretische Kompetenz so einseitig zum Maß aller Dinge wird.« Früher war es das Ideal, dass jeder den Beruf bekam, der seiner Begabung entsprach, mit verschiedenen Graden der praktischen und theoretischen Kompetenz. Jetzt gilt plötzlich nur noch eines: »Das Rezept der Gesellschaft lautet: Hohe Anforderungen an alle stellen und die Augen vor den Opfern unter all denen verschließen, die den Erwartungen nicht entsprechen können.«

Schlägt man als Alternative mehr praktisch orientierte Ausbildungswege vor, lautet eine typische Politikerantwort: »Wir dürfen nicht einigen Schülern nur eine B-Kompetenz anbieten.«[140] Selbst bei den Linken ist die Verachtung der körperlichen Arbeit politisch korrekt geworden. Was nicht zur »hohen« theoretischen Bildung gehört, ist nur »B-Kompetenz«.

All dies erhöht den Druck auf unsere Arbeitsplätze. Annika Härenstam leitet das interdisziplinäre Moa-Projekt, das unter anderem die Arbeitsbedingungen in Schweden untersucht. Zwanzig Forscher haben an 70 großen und kleinen Arbeitsplätzen im ganzen Land zahlreiche Menschen interviewt. Der Befund deutet auf große Veränderungen hin, meint Annika Härenstam:

> Die Leute kämpfen für ihre Menschenwürde wie schon sehr lange nicht mehr. Wer früher geschätzt war, muss plötzlich hören, dass er nicht taugt. Die ganze Identität wird infrage gestellt, im Privaten wie im Beruf. Viele befinden sich in einer Art Schockzustand.[141]

Aber genau das darf natürlich keiner merken. Es sind ja die Fröhlichen und Positiven, die befördert werden. Wer anders ist, riskiert, dass er auf der Strecke bleibt. Also hält man lieber den Mund:

> Wir können nur feststellen, dass die gute alte Kollegialität vielerorts verschwunden ist. Jeder bewacht argwöhnisch sein Revier. Es kommt zu Machtkämpfen, und jeder ist sich selbst der Nächste. Zeitgestresste und frustrierte Menschen können sich ihren Konflikten nicht stellen. Stattdessen schweigt man verbissen, und die innere Irritation wird immer größer.[141]

Früher galt: »Eigenlob stinkt.« Solidarität war wichtiger, als dass jeder seine Qualitäten an die große Glocke hing. Heute sieht man seine Kollegen immer häufiger als Konkurrenten und Rivalen; es ist salonfähig geworden, andere schlecht zu machen und sich selbst auf den Sockel zu heben, um in der Firma zu überleben. Vor einer solchen Mentalität laufen die alten Solidaritätsstrukturen ins Leere. »Auf die Gewerkschaft kannst du nicht mehr zählen«, sagen viele der Befragten. Die Einsamkeit breitet sich aus:

> Nirgends war die Rede von gemeinsamen Aktivitäten. Die Menschen fühlen sich sehr einsam, berichten, wie sie sich nach jemandem sehnen, mit dem sie reden können. Den Chef will man nicht stören, er hat ja selber seine Termine und seinen vollen Schreibtisch.[141]

Und dies sind die Menschen, die noch eine Arbeit und Kollegen haben. Was ist mit denen, die ihre Arbeit verloren haben oder noch keine haben? Mit denen, die *nicht* gut ausgebildet und allzeit charmant sind? Die Einwände haben, unbequeme Fragen stellen? Die zwischen die Hochglanzstufen der Treppe in die Hightech-Zukunft fallen?

Die Versuchung zur Macht

Denn der Turm wird nach oben hin immer schmaler: »Wohlauf, lasst uns eine Stadt und einen Turm bauen, dessen Spitze bis an den Himmel reiche, damit wir uns einen Namen machen« (1. Mose 11,4). In Babel zählt nur Kompetenz etwas. Wenn das Wissen zum Gott wird, kann der Mensch zum Schluss alles tun. Alles wird geopfert auf der Jagd nach dem völligen Wissen; die Opfer sind der Mensch selber und seine

Beziehungen: »Und das ist erst der Anfang ihres Tuns. Jetzt wird ihnen nichts mehr unerreichbar sein, was sie sich auch vornehmen. Auf, steigen wir hinab, und verwirren wir dort ihre Sprache, so dass keiner mehr die Sprache des anderen versteht« (1. Mose 11,6-7 Einheitsübers.).

In seinem 1945 erschienenen Roman *Die Böse Macht* beschreibt C. S. Lewis, wie dieser Turmbau in einer englischen Universitätsstadt Gestalt annimmt. Im Rahmen eines ehrgeizigen Zukunftsprojekts entsteht die wissenschaftliche Organisation NICE. Einer ihrer Leiter, Lord Feverstone, führt den jungen Mark schrittweise in ihre Strategie ein:

> »Das dritte Problem ist der Mensch selbst.«
>
> »Fahren Sie fort. Dies interessiert mich sehr.«
>
> »Der Mensch muss sich des Menschen annehmen. Das bedeutet natürlich, dass einige Menschen sich des Restes annehmen müssen – und es ist ein weiterer Grund, so bald wie möglich einzusteigen. Schließlich wollen wir zu den Aufsehern gehören, nicht zu den Beaufsichtigten.«
>
> »Und an welche praktischen Maßnahmen haben Sie gedacht?«
>
> »Am Anfang stehen ganz einfache und offensichtliche Maßnahmen – Sterilisierung der Untüchtigen, Liquidation rückständiger Rassen (Ballast können wir nicht gebrauchen) und Zuchtwahl. Dann richtige Erziehung, worunter ich eine verstehe, die mit dem Prinzip der Freiwilligkeit und ähnlichem Unsinn aufräumt. Eine richtige Erziehung bringt den Schüler unfehlbar dorthin, wo sie ihn haben will, gleichgültig, was er oder seine Eltern dagegen zu unternehmen versuchen. Natürlich wird sie zuerst hauptsächlich psychologischer Natur sein müssen; aber im weiteren Verlauf werden wir zur biochemischen Konditionierung und der direkten Manipulation des Gehirns übergehen.«
>
> »Äh – erstaunlich.«
>
> »Es ist endlich das einzig Wahre: ein neuer Menschentyp. Und wir brauchen Leute wie Sie, um ihn zu schaffen.«[142]

Schritt für Schritt lässt sich Mark dazu verlocken, seine Grenzen zu überschreiten. Voller Stolz darüber, so nah am Puls der

Macht zu sein, als Insider in diesem Neuen und Spannenden, das hier geschieht, kappt er, ohne es selber zu merken, ein Gewissens-Tau nach dem anderen. Seine wissenschaftlichen Ambitionen und das berauschende Gefühl, als Pionier zu arbeiten, treiben ihn immer tiefer in den Griff der Organisation. Sein theoretisches Studium hat ihn gut vorbereitet. Als er eines Tages ein paar gewöhnliche Arbeiter sieht, merkt er wohl, dass ihre Gesichter lebendiger aussehen als das seines Chefs, aber ...

> Alles das beeinflusste jedoch nicht im Geringsten seine soziologischen Überzeugungen. Selbst wenn er nichts mit Belbury zu tun und keinerlei Ehrgeiz gehabt hätte, wäre es nicht anders gewesen, denn seine wissenschaftliche Ausbildung hatte zur Folge gehabt, dass ihm Gelesenes und Geschriebenes realer erschienen als Dinge, die er sah. Statistiken über Landarbeiter waren der Stoff, die Substanz: jeder wirkliche Grabenräumer, Pflüger oder Melker war der Schatten. Obgleich es ihm selbst niemals aufgefallen war, pflegte er in seiner Arbeit Worte wie »Mann« oder »Frau« nach Möglichkeit zu vermeiden. Er zog es vor, über »Berufsgruppen«, »Elemente«, »Klassen«, »Populationen« und dergleichen zu schreiben, denn in seiner eigenen Art glaubte er so fest wie jeder Mystiker an die höhere Realität der Dinge, die man nicht sehen kann.[143]

Als es so aussieht, als ob auch die letzten Bande zur physischen Welt gekappt sind, ist Mark reif für die Einweihung in die eigentlichen Ziele der Organisation. Einer der höchsten Chefs eröffnet ihm:

> »Was bisher nur der intellektuelle Kern der Rasse war, wird im neuen Zeitalter auf diese Weise allmählich zur Rasse selbst. Sie müssen sich die Spezies als ein Tier vorstellen, das entdeckt hat, wie es Ernährung und Bewegung bis zu einem Punkt vereinfachen kann, wo die komplizierten alten Organe und der große Körper nicht länger notwendig sind. Der große Körper ist darum zum Verschwinden verurteilt. Nur ein Zehntel seiner früheren Masse wird benötigt, um das Gehirn zu erhalten. Das Individuum wird sozusagen

ganz Kopf. In diesem Sinne wird die menschliche Rasse ganz Technokratie.«

»Ich verstehe«, sagte Mark. »Ich war bisher – ziemlich unbestimmt – davon ausgegangen, dass der intelligente Kern durch Erziehung und Ausbildung vergrößert würde.«

»Das ist reine Illusion. Die große Mehrheit der menschlichen Rasse kann nur im Sinne der Wissensvermittlung erzogen und ausgebildet werden: Man kann ihr nicht die totale Objektivität des Geistes beibringen, die jetzt notwendig ist. Die meisten Menschen werden immer Tiere bleiben und die Welt durch den Dunst ihrer subjektiven Reaktionen sehen. Selbst wenn sie in dieser Richtung bildungsfähig wären, würde es nicht allzu viel nützen, denn die Zeit, in der eine große Bevölkerung sinnvoll war, ist vergangen. Sie hat ihre Funktion erfüllt, indem sie das Potential für den technokratischen und objektiven Menschen lieferte.«[144]

Im Namen der Vernunft

Es ist einiges geschehen, seit C. S. Lewis diese Zeilen schrieb. Unter anderem hat der IQ einen Bruder bekommen – den EQ. Fünfzig Jahre nach Lewis publizierte Daniel Goleman in den USA sein Buch über »emotionale Intelligenz«, das wissenschaftlich beschreibt, was jeder Mensch aus seiner Erfahrung weiß: dass der Erfolg in Leben und Beruf nicht nur auf der reinen Intelligenz beruht, sondern auch auf anderen Seiten der Persönlichkeit. Unter dem Sammelbegriff »EQ« werden unsere gefühlsmäßigen und sozialen Fertigkeiten beschrieben:

Bewusst zwischen seinen Gefühlsimpulsen wählen können. Mit anderen mitfühlen können. Die eigenen Gefühle wahrnehmen und steuern können. Eine soziale Situation gefühlsmäßig »lesen« können. Kompromisse mit anderen schließen können. Ein Problem eingrenzen und positive Möglichkeiten finden können usw.

Es ist bereits ein geflügeltes Wort geworden, dass man aufgrund seines IQ eingestellt, aber aufgrund seines EQ befördert wird. Wer es heute in der Welt zu etwas bringen will, hat nicht nur theoretische Kenntnisse zu haben, sondern auch »soziale Kompetenz«. In ihrer primitivsten Form geht es bei ihr darum zu wissen, wann man über einen Witz des Chefs zu lachen hat, oder bereit zu sein, am Samstag mit dem Chef Golf zu spielen, statt mit den Kindern in den Zoo zu gehen. Auf einer tieferen Ebene geht es um solche Selbstverständlichkeiten wie dass man gute Beziehungen zu anderen hat. Auf diese Weise hat der alte sterile Intelligenzbegriff eine breitere, realistischere Bedeutung bekommen.

Aber auch der EQ lässt sich bestens in den Turm zu Babel einbauen. »Wer nicht nett ist, den beißen die Hunde.« Der EQ ist ein Anbau an den IQ, nicht an die Mitmenschlichkeit. Jetzt gewinnt halt der Intelligenteste und *Charmanteste* ...

Und das Problem geht noch tiefer. Bekanntlich hatten etliche führende Nazis einen hohen IQ. Neuere Forschungen zeigen, dass Hitler selbst, aber auch zum Beispiel sein Architekt Albert Speer auch auf der EQ-Skala hoch lagen. Sie waren Personen mit Ausstrahlung, die genau wussten, wie sie die Menschen für sich einnehmen konnten. Das amerikanische *Time Magazine* kommentiert Golemans Buch so:

> Die gefühlsmäßige Begabung ist ebenso wie die intellektuelle ethisch neutral. Genauso wie ein Genie seinen Intellekt benutzen kann, um ein Heilmittel gegen Krebs zu finden oder einen tödlichen Virus zu konstruieren, kann ein Mensch, der sich gut in andere einfühlen kann, diese Begabung einsetzen, um seine Kollegen aufzubauen oder um sie auszunutzen. Ohne einen moralischen Kompass, der den Menschen zeigt, wie sie ihre Gaben anwenden sollten, kann Gefühlsintelligenz zum Guten oder zum Bösen eingesetzt werden.[145]

Vielleicht ist es gerade die Vorstellung, dass die Intelligenz und das Wissen *an sich* uns schon recht führen werden, die sie in den Dienst des Bösen gestellt haben. Die Aufklärungsphilosophen des 18. Jahrhunderts rebellierten gegen das »Joch« der kirchlichen Gebote und suchten ihre Antworten in der rein »objektiven« Wissenschaft. Auch wenn sie noch eine Art

Gottesbegriff beibehielten, verlagerte sich der Schwerpunkt auf das Vermögen des Menschen, eine bessere Welt zu schaffen. Der französische Historiker Michel Foucault hat gezeigt, wie gerade das 18. Jahrhundert das große »Sortieren« der Menschen einleitete. Im Namen der Wissenschaft und der Vernunft begann man, den Leib der Gesellschaft von dem, was dumm, abweichend und störend war, zu »reinigen«. Und der Ausgangspunkt war paradoxerweise die Vorstellung, dass der Mensch nicht böse, sondern gut sei.

Wie das? Der Rechtshistoriker Bo H. Lindberg nennt ein Beispiel:

> Robespierre selbst wollte mit dem »Großen Terror« in Frankreich in den Jahren 1793 und 1794 nur die Menschen ausmerzen, die falsch dachten. Übrig bleiben sollten die »gesund« Denkenden. Das Böse gab es ja nicht, das war eine Erfindung der Kirche. Der Mensch war nur ein Opfer gesellschaftlicher Mängel.

Johannes Åman von *Dagens Nyheter* kommentiert:

> Paradoxerweise haben also der Humanismus und der Rationalismus dem Teufel eine Hintertür gelassen. Er verschwand nicht, als die Menschen erklärten, dass er nicht existiere. Vielmehr triumphierte er just in dem Augenblick, als sie überzeugt waren, ihren Kampf im Dienste des Guten zu führen und demnächst alles Böse ausgerottet zu haben.[146]

Die große »Reinigung« im Namen der Vernunft hat nicht mit der Französischen Revolution aufgehört. 1997 bekam das schwedische Selbstbewusstsein einen großen Schlag, als der Journalist Maciej Maremba enthüllte, wie beim Aufbau des sozialdemokratischen Wohlfahrtsstaats in Schweden Zehntausende Frauen zwangssterilisiert worden waren.[147] Eine Wasserscheide war die Kindergeld-Reform von 1948. Vor ihr wurden etwa 14.000 Personen sterilisiert, nach ihr 48.000. Wie hing das zusammen?

Einen Schlüssel finden wir in einem 1946 verfassten Artikel der hoch geachteten Politikerin Alva Myrdal, in welchem sie meinte, dass an die 5 % der Bevölkerung unfähig seien, das Haushalten zu lernen, will sagen: richtig mit dem Kindergeld umzugehen. Außerdem bestand das Risiko, dass sie sich unerwünscht vermehrten. Warum also nicht einfach sie sterilisieren? Auf diese Weise wäre man nach einer absehbaren Zeit ein soziales Problem los. Die Sache richtete sich gegen »Armut, Vernachlässigung, Eigensinn, Unproduktivität, Aufsässigkeit gegenüber Behörden, kurz gesagt: die Weigerung oder das Unvermögen, sich in den immer disziplinierteren Gesellschaftsaufbau einzufügen«. Die Zusammenarbeit zwischen Ärzten und führenden Politikern hatte schon während des Zweiten Weltkriegs zu klaren staatlichen Direktiven geführt. In den »Anweisungen betreffs Anwendung des Sterilisierungs- und Abtreibungsgesetzes von 1941« steht zum Beispiel: »Die Sterilisierung hat in mancher Hinsicht eine große gesellschaftliche Bedeutung. Dies gilt insbesondere aus der erbhygienischen Perspektive.«[147]

Nein, wir sind nicht im Dritten Reich, sondern in Schweden, wo man mit den besten Absichten einen Wohlfahrtsstaat aufbauen wollte, der dem Leitstern der Vernunft folgte und für immer vom Muff veralteter, unwissenschaftlicher Vorstellungen befreit war. Wirklich mit den besten Absichten? Maremba bekam harte Kritik von den Verteidigern des schwedischen Wohlfahrtstaats zu hören. Er fragt sich, warum:

> Möglicherweise beruht das Unvermögen meiner Gegner, die Rolle der Sterilisierungen beim Aufbau des Wohlfahrtsstaates zu sehen, auf einem allzu naiven Menschenbild – so, als ob jemand, der die besten Absichten zu haben vermeint, sie auch haben muss. Oder als ob es dem, der den Anblick von Elend nicht ertragen kann, wirklich um das Los der Elenden geht. Was, wenn er es nur schön sauber und gemütlich um sich haben will?[147]

Die Frau auf dem schwarzen Hengst

Der Kult des objektiven Wissens und der reinen Vernunft scheint also direkt in die Höhle des Teufels zu führen. Das grenzenlose Vertrauen in das Vermögen des Menschen, die Wirklichkeit aus eigener Kraft verstehen und verbessern zu können, scheint jedes Mal nur neue Modelle der Hölle zu schaffen. Gerade dort, wo wir verkünden, dass es den Teufel nicht gibt, wird er so richtig losgelassen.

Aber im Babelturm offen die Existenz des Bösen zugeben? Alles, nur das nicht. Wir sind ja dabei, die Zukunft unserer Gesellschaft zu bauen, mit den besten Absichten und mit Zugang zur ganzen Intelligenz, Wissen und Technologie der Welt. Dass ein 23-Jähriger zum Serienmörder wird, kann da nur noch damit erklärt werden, dass er – krank ist. Wie vernünftig klingt doch die Analyse des Gerichtspsychiaters Tomas Eriksson:

> Jeder vernünftige Mensch sieht ein ... dass jemand, der zu wiederholten Malen, ohne rationale Motive und mit Anwendung von grober Gewalt andere Menschen ermordet, schwere psychische Defizite haben muss.[148]

Die Autorin Anita Goldman, die nach etlichen Jahren in Jerusalem zurück nach Stockholm gekommen ist, kommentiert:

> Als jemand, der in einer anderen – und viel unruhigeren – Ecke der Welt als der schwedischen gewohnt und längere Zeit mit der Erforschung des Krieges verbracht hat, habe ich erkannt, dass unendlich viele einfache Soldaten, Verantwortliche und gewöhnliche Zivilisten »zu wiederholten Malen, ohne rationale Motive und mit Anwendung von grober Gewalt andere Menschen ermorden.« Diese Menschen als »Kranke« bezeichnen heißt, da sie nun einmal so zahlreich und häufig sind, die ganze Kultur, die »Zivilisation«, die diese Menschen hervorbringt, für krank erklären.[149]

Und sie folgert:

> Müssen wir nicht am Ende des brutalsten Jahrhunderts in der Geschichte der Menschheit einsehen, dass es das Böse gibt? Dass wir das Dunkle nicht einfach an den Rand der Gesellschaft, der Biologie und Geschichte wegschieben können und dürfen, um anschließend mit empörter Verwunderung ... Zeugen zu werden, wie das Böse explodiert, sich ausbreitet, die Oberhand bekommt. Dass wir das Böse nicht als »krank« definieren können und dürfen, sondern als gefährlich.

Ist die Vernunft also böse? Wird das Böse stärker, wenn wir unsere Intelligenz benutzen? Lassen wir noch einmal C. S. Lewis sprechen. In seinem Buch *Flucht aus Puritanien* hat er seine eigene Version der klassischen *Pilgerreise* von Bunyan geschaffen. Der Held, ein Mann namens John, unternimmt auf dem Weg zum Ziel seiner innersten Sehnsucht eine lange Reise durch alle Philosophien der Welt. Eines Tages, als ein Riese ihn gefangen genommen hat, trifft er eine Gestalt, die unter einem blauen Mantel verhüllt auf einem großen schwarzen Hengst sitzt. Zunächst glaubt er, dass dies ein anderer Gefangener ist, aber als der Reiter seine Hand berührt, fallen die Ketten klirrend zu Boden:

> Der Reiter warf seinen Mantel zurück, und ein stählerner Lichtblitz traf Johns Augen und das Gesicht des Riesen. John sah, dass der Reiter eine Frau in der Blüte ihrer Jahre war; sie war so hochgewachsen, dass sie wie eine Titanin aussah, eine sonnenhelle Jungfrau, die ganz in Stahl gekleidet war und ein nacktes Schwert in der Hand hielt. Der Riese beugte sich auf seinem Stuhl nach vorne und sah sie an.
>
> »Wer bist du?«, fragte er.
>
> »Ich heiße Vernunft«, sagte die Jungfrau.

Mit drei Rätseln setzt sie den Riesen matt und tötet ihn, und John schließt sich ihr an.

> Er drehte sich zu Vernunft hin und sprach.
>
> »Edle Dame, Ihr könnt mir sicher helfen. Gibt es die Insel im Westen wirklich, oder ist sie nur ein Gefühl in meinem Inneren?«
>
> »Das kann ich dir nicht sagen«, antwortete sie, »denn das weißt du nicht.«
>
> »Aber *ihr* wisst es!«
>
> »Ich kann dir nur das sagen, was *du* weißt. Ich kann Dinge aus dem dunklen Teil deines Herzens in den hellen bringen. Aber du fragst mich etwas, das es noch nicht einmal in dem dunklen Teil deines Herzens gibt.«
>
> »Aber wenn es nur ein Gefühl in meinem Inneren wäre, wäre das ein böses Gefühl?«
>
> »Über Gut und Böse kann ich dir nichts sagen.«[150]

So ist das: Antworten von der Vernunft erwarten ist ungefähr so, wie Antworten von einem Computer erwarten: Die Antwort beruht ganz darauf, womit wir ihn gefüttert haben. Der Intellekt kann genauso gut dem Bösen wie dem Guten dienen; zu glauben, dass er automatisch zum Guten führt, ist genauso naiv wie sich in ein Auto zu setzen und ihm zu sagen: »Fahr mich ins Krankenhaus.« Das Auto fährt dorthin, wohin der Fahrer es lenkt.

Es wäre so schön, wenn wir in einer Welt lebten, die frei von der Neigung zum Bösen wäre. *Aber die Welt ist nicht neutral.* Der Apostel Johannes beschreibt, was wir dauernd zu verdrängen versuchen und doch immer wieder verwundert-empört feststellen müssen: »Die ganze Welt steht unter der Macht des Bösen« (1. Johannes 5,19 Einheitsübers.). Im griechischen Urtext heißt es, dass die Welt »im Bösen liegt« oder »ruht« – es gibt eine Neigung zum Bösen, die wir nicht immer merken, aber die jederzeit aktiv werden kann, wenn wir in ihrer Richtung denken oder handeln. Immer wieder – durch Einstellungen und Entscheidungen – öffnen wir dem Teufel Einfallstore.

Und die Grundrichtung des Teufels prägt, wie wir sahen, den innersten Nerv des Babelturmes: »Ich will auffahren über die hohen Wolken und gleich sein dem Allerhöchsten« (Jesaja 14,14). Der Teufel weigert sich, die vom Schöpfer gegebenen Grenzen zu akzeptieren, und begibt sich auf eine rastlose Jagd nach dem Wissen und der Macht, die ihn wie Gott machen sollen. Das Wissen ist für ihn alles andere als neutral, es hat ein fieberhaftes Ziel: mehr Macht für das eigene Ich. Im Garten Eden riss er den Menschen mit in diese Jagd hinein: »... an dem Tage, da ihr davon esst, werden eure Augen aufgetan, und ihr werdet sein wie Gott und wissen, was gut und böse ist« (1. Mose 3,5).

Seit diesem Tag hat all unsere Intelligenz und all unser Wissen eine unsichtbare Schlagseite, die uns, wenn wir ihr nachgeben, zum Bösen hin zieht. Wenn wir wollen, dass unser Denken und Wissen dem Guten dienen, müssen wir bewusst gegen den Strom schwimmen, und wer schafft das schon auf die Dauer? Die Versuchung, unser Können für unsere eigenen Ziele einzuspannen, hat tausend Gesichter:

> Und der Teufel führte ihn hoch hinauf und zeigte ihm alle Reiche der Welt in einem Augenblick und sprach zu ihm: Alle diese Macht will ich dir geben und ihre Herrlichkeit; denn sie ist mir übergeben, und ich gebe sie, wem ich will. Wenn du mich nun anbetest, so soll sie ganz dein sein. (Lukas 4,5-7)

Dies ist die Kletterperspektive, in der alle Intelligenz und alles Wissen in dieser Welt früher oder später zu landen scheint: das Sehen von oben herab. Warum sollte Jesus da nicht auch mitmachen, mit seiner phantastischen Begabung und Spiritualität?

Seine Antwort schafft einen stillen Erdrutsch unter dem Turm zu Babel, einen Riss der Freiheit, in den dieser Turm eines Tages stürzen wird: »Es steht geschrieben: *Du sollst den Herrn, deinen Gott, anbeten und ihm allein dienen*« (Lukas 4,8). Der Schlüssel zu unserer Zukunft und zur Zukunft der Gesellschaft liegt nicht darin, wie viel wir wissen oder wie intelligent wir sind. Sondern darin, wen wir anbeten.

Gott in der Westentasche

Aber die nach Macht strebende Frömmigkeit ist dem Evangelium von Anfang an gefolgt. Das griechische Wort *Gnosis* bedeutet schlicht »Wissen«, und »wissen – nicht wissen« ist das Gegensatzpaar, um das sich im Gnostizismus alles dreht. Die Welt entstand aus Unwissenheit. Es war ein Fehler der Götter, sie zu erschaffen. Der Sündenfall geschah nicht *in* der Schöpfung, der Sündenfall *ist* die Schöpfung – der große Sturz aus der reinen Geistigkeit in den Kerker des Leibes.

Die Sünde war ein Fehler, keine Rebellion, und folglich besteht die Erlösung nicht in einer Versöhnung mit Gott, sondern ganz einfach im Erhalten der rechten Erkenntnis. Das Grundproblem des Menschen ist für den Gnostiker also nicht ethisch, sondern intellektuell. Die rechte, »höhere« Erkenntnis macht frei. Aber die kriegt natürlich nicht jeder hergelaufene Dummkopf ...

Irenäus hat das gnostische Erlösungsverständnis so zusammengefasst:

> Die vollkommene Erlösung ist eben die Erkenntnis der unsagbaren Größe. Während nämlich durch Unwissenheit Mangel und Leiden entstanden, wird durch Erkenntnis (Gnosis) der ganze Zustand, den die Unwissenheit verursachte, aufgelöst. Darum ist die Gnosis Erlösung des inneren Menschen. Sie ist weder körperlich, denn der Körper ist ja vergänglich, noch psychisch, weil auch die Psyche [Seele] aus dem Mangel entstand und bloß Wohnung für das Pneuma [Geist] ist. Pneumatisch muss die Erlösung also sein. Denn durch Gnosis wird der innere, pneumatische Mensch erlöst. Und mit der Kenntnis des Alls sind sie zufrieden. – Und das soll die wahre Erlösung sein.[151]

Der französische Kirchenhistoriker Louis Bouyer erklärt den gnostischen Gedankengang so:

> Der ursprüngliche Mensch ist nur »Geist« und daher göttlich. Der andere Mensch ist der geschichtliche, der körperliche Mensch, der Mensch in dieser Welt – will sagen, der gefallene Mensch, und die Erlösung dieses Menschen besteht in der Erkenntnis seines eigenen ursprünglichen Mysteriums, das aus sich selber die Türen seines Kerkers öffnet.
>
> Der Christus der Evangelien hat in diesem Schema lediglich die Funktion der Manifestation des archetypischen Menschen, die in uns die Erinnerung an unsere Gleichheit mit ihm wiedererwecken soll – eine Gleichheit, die nie verloren gegangen ist und nie verloren gehen kann. Er ist nicht wirklich Fleisch geworden, denn er will ja nicht die Welt erlösen, sondern er will uns *von* der Welt erlösen – indem er in unserer Seele eine Erkenntnis weckt, die nichts anderes ist als das wahre Wissen um uns selber.[152]

Falls der Leser hier das Gedankengut gewisser Esoterik-Romane (etwa die von Marianne Fredriksson) wiedererkennt, ist das vielleicht kein Zufall. Ganz zu schweigen von der »therapeutischen« Verkündigung, die sich in den letzten Jahrzehnten in unseren Kirchen etabliert hat. Der Erlösende ist hier gar nicht Gott, sondern unsere eigene Einsicht.

Wie wir gesehen haben, geschah der gnostische Einbruch in die Kirche schon früh, als Clemens von Alexandrien und Origenes bei ihren theologischen Abwehrkämpfen etliches vom gnostischen Denken in die christliche Festung einsickern ließen. Clemens schreibt:

> Die Finsternis ist die Unkenntnis, die macht, dass wir in Sünde fallen, da wir für die Wahrheit abgestumpft sind. Die Erkenntnis dagegen ist die Erleuchtung, die unsere Unkenntnis vertreibt und uns auf den rechten Weg bringt. Das Schlechte verwerfen zeigt das Gute. Denn das, was die Unkenntnis gebunden hielt, wird befreit durch wachsende Erkenntnis. Und diese Fesseln fallen von uns ab durch den Glauben des Menschen und die Gnade Gottes, wenn unsere Sünden durch die geistliche Medizin der Taufe vergeben werden.[152]

Kleine, ahnungslose Verschiebungen nur, aber in einer gefährlichen Richtung. Das neue Menschenbild, das sie in die Kirche tragen, wird noch deutlicher, wenn Clemens fortfährt: »Wenn ein Mensch an das Gute erinnert wird, wendet er sich unfehlbar vom schlechten ab.«[153] Wenn es nur so einfach wäre!

Aber genau so wird oft gedacht in unseren Kirchen. Wenn die theologische Ausbildung nur stimmt, werden die Predigten und die Bücher schon richtig sein und Glaube und Leben der Gemeindeglieder kommen ins richtige Fahrwasser. Das richtige Wissen = das rechte Leben. Viel »Kompetenz« = ein guter Pastor.

Vielleicht geht es hier im Tiefsten wieder einmal um unser Streben nach Macht. Wissen heißt Beherrschen. Wer nichts weiß, steht außen vor, ist machtlos und auf die angewiesen, die mehr wissen als er. Wissen ist Macht – und wenn wir genügend viel und genügend wohlformuliertes Wissen über Gott erwerben, bekommen wir gewissermaßen Macht über ihn. So würden wir das natürlich niemals ausdrücken, aber wir fühlen uns ihm jedenfalls nicht mehr ganz so ausgeliefert und besser gerüstet für unerwartete Begegnungen mit ihm.

War dies nicht das, worum es in der Aufklärung ging? Es durfte nur noch das geben, was der Vernunft des Menschen zugänglich und für sie kontrollierbar war. Was außerhalb seiner wissenschaftlichen Machtsphäre lag, existierte schlicht nicht. Die Auswirkungen auf das abendländische Weltbild sind gigantisch gewesen. Und die auf das Gottesbild! Manche Leute halten die Liberale Theologie und den Fundamentalismus für Zwillingskinder der Aufklärung, die trotz aller Unterschiede den gleichen Geist zeigen:

– Die Liberale Theologie bemächtigt sich Gottes, indem sie die Wunder aus der Bibel streicht. Was Menschen nicht können, das kann auch Gott nicht. Alles Übernatürliche wird entfernt; übrig bleibt eine Morallehre oder erbauliche Mythologie, von der wir lernen können – auf eine rein intellektuelle Art, versteht sich, und garantiert frei von irgendwelchen Begegnungen mit Gott, die unsere heile Welt erschüttern könnten.

– Der Fundamentalismus bemächtigt sich Gottes, indem er den gesamten Bibeltext in ein fertiges System presst. Alles ist bis zum letzten Buchstaben festgelegt, so dass wir keine Überraschungen für unser Denken oder Leben zu gewärtigen brauchen. Es geht nur noch darum, dieses geschlossene System festzuhalten und gegen alle, die es infrage stellen, zu verteidigen. Gott in der Westentasche ...

Und all das, um uns das vom Leib zu halten, wovor wir die größte Angst haben: Ernst zu machen und unser Lebensruder an einen Größeren abzugeben. Denn was ist, wenn er doch nicht so »lieb« ist?

Ist das vielleicht der Grund, warum die westliche Theologie sich immer mehr von den Menschen zu entfernen scheint, wie ein Dinosaurier, der sich nicht mehr an das Klima anpassen kann? Mit vollgestopftem Theoriebauch verhungert sie langsam, ein Opfer der Tyrannei des Kompetenz- und Intelligenzkultes. Mal ehrlich: Wann hat je das Versagen eines Pastors in der Gemeindearbeit auf zu wenig Theoriewissen beruht? Wie oft beruht der Frust über nichtssagende Gottesdienste darauf, dass der Pastor keinen Doktortitel hat? Liegt es wirklich an zu wenig theologischer »Kompetenz«, dass so viele suchende Menschen in der Kirchentüre kehrtmachen, um ihr Heil in neuen religiösen Bewegungen zu suchen?

Die Kirche ist viel zu sehr zu einem Teil des modernen Kompetenzkultes geworden, als dass die Menschen sie noch als Alternative auffassen könnten. Aber exakt dieser Kult scheint ihr als die große Fata Morgana vorzuschweben, wenn etwa der Personalverband der Schwedischen Kirche (inzwischen wurde der Name bezeichnenderweise zu »Akademikerverband« geändert) in einem Interview sagt:

> Wenn die Kirche von ihren Angestellten Ausbildung und Kompetenz verlangt, müssen die Gehälter in einem vernünftigen Verhältnis dazu stehen. Eine gute Ausbildung muss sich bezahlt machen ... Das Spitzengehalt der Pastoren sollte bei ca. 35 000 Kronen [etwa 3 500 Euro] liegen können, und Bischöfe sollten genauso gut bezahlt werden wie Regierungspräsidenten ... Vielleicht ließe es sich machen, weniger Angestellte, dafür aber höhere Gehälter zu haben ... Das Wichtigste für die Kirche der Zukunft ist, dass sie gut arbeitet. Dies tut sie durch gut ausgebildetes und motiviertes Personal, und hier ist die Entlohnung ein wichtiger Faktor.[154]

Babels Rezept, bitte sehr: 1. Mehr theoretisches Wissen. 2. Eine kleine Elite. 3. Der Mammon als treibende Kraft.

Das Licht der Welt

Einer der meistgelesenen geistlichen Autoren unserer Zeit ist Henri Nouwen. In Holland geboren, verbrachte er den Großteil seines Erwachsenenlebens in den USA, als katholischer Priester, Theologe und Autor, beliebter Redner und brillanter Lehrer unter anderem an der Universität Harvard. Sein Leben war eine Pilgerfahrt mit vielen Stationen. In vieler Hinsicht folgte er der »Jesusbewegung« nach Philipper 2, als er ganz bewusst die hochgebildete Universitätselite hinter sich ließ, um auf verschiedene Weise unter den Ärmsten zu leben. (»Seid unter euch so gesinnt, wie es auch der Gemeinschaft in Christus Jesus entspricht: Er, der in göttlicher Gestalt war, hielt es nicht für einen Raub, Gott gleich zu sein, sondern entäußerte sich selbst und nahm Knechtsgestalt an ...«) Seine letzten

Lebensjahre verbrachte Nouwen buchstäblich mit den intellektuell Geringsten, als Mitglied in einer Kommunität von behinderten und nichtbehinderten Menschen.

Eine der Stationen auf seiner langen Wanderung war zu Beginn der 70-er Jahre ein halbes Jahr in einem Trappistenkloster. In seinem Tagebuch aus dieser Zeit berichtet er über seine Reaktionen, als eines Tages ein Theologieprofessor das Kloster besuchte:

Freitag, 8. November. In den letzten Wochen hat uns freitags abends immer ein Seminarprofessor eine Vorlesung gehalten. Er hat über die Lehre von der Dreifaltigkeit und vor allem über den Heiligen Geist gesprochen. Für mich sind diese Vorlesungen ein besonderes Erlebnis.

Was mich an ihnen fasziniert, ist das so mächtige Gefühl des déjà vu: als hätte ich das alles schon einmal mitgemacht. Während ich zuhöre, habe ich das Empfinden, als sei ich wieder im theologischen Seminar. Alles, was ich damals empfunden habe, scheint wieder Gegenwart zu werden. Ich schätze diese Vorlesungen, sie fesseln mich, und ich möchte keine davon missen. Aber gleichzeitig fühle ich mich auf einer Ebene enttäuscht, für die ich früher kein Gespür hatte, die mir aber inzwischen deutlicher zu Bewusstsein gekommen ist. Nach meiner Priesterweihe hat man mir aufgetragen, das Theologiestudium fortzusetzen. Ich habe aber den Bischof gebeten, diesen Auftrag abzuändern und mich statt dessen Psychologie studieren zu lassen. Irgendwie hatte ich damals das Gefühl, die Theologie habe einen ganzen Bereich meiner Lebenserfahrung unberührt gelassen. Ich hoffte, die Psychologie würde diesem Bedürfnis gerecht werden. Sie hat es auch getan, wenngleich nur auf sehr indirekte Weise.

Während ich in diesen Vorlesungen saß, wurden in mir alle Empfindungen meiner Seminarzeit wieder wach. So sagte ich immer wieder zu mir selbst: »Wie interessant, wie faszinierend, wie tiefgründig« – und gleichzeitig sagte ich auch: »Was soll das? Was haben alle diese Worte über Gott Vater, Sohn und Heiligen Geist mit mir, wie ich Hier und Jetzt bin, zu tun?« Sobald ich einen Schritt über den Kreis seiner mir vertrauten Terminologie hinaus setze, habe ich den Eindruck, als sei die ganze Ebene des Vortrags sehr weit weg von meiner Alltagswelt.

Wie kann man über den Heiligen Geist sprechen, dass es verständlich ist und etwas mit meiner konkreten Lebenserfahrung zu tun hat? Das war 1954 meine Frage gewesen, und nun stelle ich fest, dass sie sich mir wieder stellt. Doch verstehe ich sie jetzt ein wenig besser.[155]

Jesus ist Erlöser, nicht Dozent. Der bloß intellektuellen Neugierde, dem theoretischen Spekulieren hat das Evangelium nichts zu sagen. Sein Auftrag ist, Menschen, die sonst verloren gehen würden, Hilfe und Leben zu geben. Nirgendwo in den Evangelien stellt Jesus sich hin und beginnt einen Vortrag zu dem Thema »Was ist das Christentum?«. Stattdessen antwortet er auf Fragen, die die Menschen ihm stellen, und befreit sie aus den Problemen, in denen sie gelandet sind. Genauso sprechen die Briefe der Apostel ganz konkrete Nöte, Missverständnisse und Krisen in den Gemeinden an. Das freischwebende Diskutieren über »das Christliche« war damals noch nicht erfunden.

Dies hängt mit der Wahrheitssicht der Bibel zusammen. Für die Bibel ist Wahrheit nicht nur eine theoretische Erklärung von etwas, sie ist etwas, das man *tut.* Wo sie nicht ganz praktisch und konkret wird, bleibt sie wirkungslos, und niemand empfindet sie als Antwort. Das ist wie mit einem Menschen, der mit einem Streichholz herumfuchtelt und ruft: »Schaut her! Hier ist Licht!« Die Menschen zucken die Achseln und fragen sich: »Was für ein Licht?« Erst wenn das Streichholz angezündet wird, kann man das Licht sehen.

Ganz ähnlich ist es mit all den theoretischen Modellen des christlichen Glaubens. Alles Reden von dem »klassischen christlichen Glauben« zündet kein Licht an, solange es in innerkirchlichen Debatten geschieht und nicht die Fragen der Menschen berührt. Erst dann, wenn es mit den offenen und versteckten Lügen in unserem eigenen Leben konfrontiert wird, entfaltet sich die Kraft des Evangeliums für die Nachfolge Christi. Und die liberale Variante ist genauso wirkungslos wie die konservative; sie möchte zwar gerne die Tagesfragen anpacken, aber ihr Streichholz ist so nass und weich geworden, dass es keine Kraft mehr hat, einen Funken hervorzubringen.

In der Aufklärung redete man gerne vom hellen Licht der Vernunft, das das Dunkel der Dummheit und des Aberglaubens vertrieb. Damals kam auch das Reden vom »finsteren Mittelalter« auf (die Kulturhistoriker sind heute dabei, dieses Bild kräftig zu revidieren und vom dynamischen Mittelalter zu sprechen). Im 19. Jahrhundert wurde dieser Glaube an das Licht der Vernunft und der Wissenschaftlichkeit, das die Menschen in eine helle Zukunft führen würde, noch stärker. Nun, auch die Gnostiker und ihre Vettern, die Neuplatoniker, reden viel vom »Licht«; bei ihnen ist es das innere Licht, die Erleuchtung der menschlichen Seele durch die geistliche Erkenntnis, die sie aus der Finsternis der Unwissenheit befreit. Wie das im Einzelnen vor sich geht, ist unterschiedlich, aber immer ist es ein innerer Prozess in dem einzelnen Menschen.

In beiden Bedeutungen – der wissenschaftlichen und der gnostischen – ist das »Licht« von jeglichen Fragen nach »gut« und »böse«, »gerecht« und »ungerecht« abgekoppelt. Es geht immer um Wissen, um das rechte Verstehen, und man bekommt dieses Licht entweder durch wissenschaftliches Studieren und Nachdenken oder durch geistliche Erlebnisse verschiedener Art – aber praktische Folgen für meine Lebensführung hat dieses Licht nicht.

Wenn das Neue Testament vom Licht spricht, meint es etwas anderes. Erstens ist dieses Licht eine Person: das Mensch gewordene Wort. »In ihm war das Leben, und das Leben war das Licht der Menschen. Und das Licht scheint in der Finsternis, und die Finsternis hat's nicht ergriffen« (Johannes 1,4-5). Das Licht ist nicht eine bloße theoretische Erkenntnis oder ein inneres Erlebnis; es ist Christus selber. *Darum* gibt es uns nicht bloß Wissen, sondern Leben.

Jesus verdeutlicht diesen Zusammenhang, wenn er sagt: »Ich bin das Licht der Welt. Wer mir nachfolgt, der wird nicht wandeln in der Finsternis, sondern wird das Licht des Lebens haben« (Johannes 8,12). Wir bekommen dieses Licht nicht durch Studieren oder bestimmte innere Erlebnisse, sondern allein durch eine persönliche Beziehung zu Jesus. Im Licht leben bedeutet nicht nur, dass ich es *kenne*, sondern dass ich *eine Beziehung zu ihm* habe.

Und diese Beziehung gibt mir ein Teilhaben an Jesu Licht, das direkte Folgen für meinen Lebensstil hat:

> Ihr seid das Licht der Welt. ... Man zündet ... nicht ein Licht an und setzt es unter einen Scheffel, sondern auf einen Leuchter; so leuchtet es allen, die im Hause sind. So lasst euer Licht leuchten vor den Leuten, damit sie eure guten Werke sehen und euren Vater im Himmel preisen. (Matthäus 5,14-16)

Genauso reden auch die Apostel vom Licht. Das wahre Licht ist niemals wertfrei, sagt Paulus:

> Denn ihr wart früher Finsternis; nun aber seid ihr Licht in dem Herrn. Lebt als Kinder des Lichts; die Frucht des Lichts ist lauter Güte und Gerechtigkeit und Wahrheit. (Epheser 5,8-9)

Das Licht lässt sich auch nicht auf eine rein private Innerlichkeit reduzieren. Petrus schreibt, wie das Licht uns aus unserer Selbstbefangenheit herausführt: »... der euch berufen hat von der Finsternis zu seinem wunderbaren Licht; die ihr einst ›nicht ein Volk‹ wart, nun aber ›Gottes Volk‹ seid« (1. Petrus 2,9-10).

Und so wie wir das Licht durch eine persönliche Beziehung zu Jesus entgegennehmen, sind der Gradmesser für das Licht in unserem Leben unsere Beziehungen zu unseren Mitmenschen. Wie Johannes erklärt:

> ... die Finsternis vergeht, und das wahre Licht scheint jetzt. Wer sagt, er sei im Licht, und hasst seinen Bruder, der ist noch in der Finsternis. Wer seinen Bruder liebt, der bleibt im Licht ... (1. Johannes 2,8-10)

Aus dem Leben heraus

Nirgends im Neuen Testament steht, dass das Wissen oder die Intelligenz in sich eine befreiende oder erlösende Macht hat. Stattdessen warnt Jesus die Menschen, die wissen, aber nicht tun, ausdrücklich:

> Der Knecht aber, der den Willen seines Herrn kennt, hat aber nichts vorbereitet noch nach seinem Willen getan, der wird viel Schläge erleiden müssen. Wer ihn aber nicht kennt und getan hat, was Schläge verdient, wird wenig Schläge erleiden. Denn wem viel gegeben ist, bei dem wird man viel suchen; und wem viel anvertraut ist, von dem wird man um so mehr fordern. (Lukas 12,47-48)

Paulus stellt das Wissen in Gegensatz zur Liebe, und wir brauchen bloß eine der heutigen hoch qualifizierten Arbeitskräfte zu fragen, um seine Worte nachzufühlen:

> Die Erkenntnis bläht auf; aber die Liebe baut auf. Wenn jemand meint, er habe etwas erkannt, der hat noch nicht erkannt, wie man erkennen soll. Wenn aber jemand Gott liebt, der ist von ihm erkannt. (1. Korinther 8,1-3)

Dies bedeutet doch, dass die Hauptquelle wirklichen Erkennens und Verstehens unsere Lebenserfahrung sein muss. Weder die theoretische Kompetenz noch die bloße Innerlichkeit hat die feste Verankerung in der Wirklichkeit, die für ein gerechtes Leben nötig ist. Jesus selber weist den Weg, als er auf seine mangelnde theoretische Kompetenz angesprochen wird:

> Aber mitten im Fest ging Jesus hinauf in den Tempel und lehrte. Und die Juden verwunderten sich und sprachen: Wie kann dieser die Schrift verstehen, wenn er es doch nicht gelernt hat? Jesus antwortete ihnen und sprach: Meine Lehre ist nicht von mir, sondern von dem, der mich gesandt hat. Wenn jemand dessen Willen tun will, wird er innewerden, ob diese Lehre von Gott ist oder ob ich von mir selbst aus rede. (Johannes 7,14-17)

Wenn jemand *tut* ... wird er *innewerden* (verstehen). Diese Sicht vom Wissen liegt hinter einem etwas ironischen Satz im Kursprogramm der norwegischen Handwerksschule in Forsen: »Noch nie haben so viele so viel über Dinge gewusst, die sie nicht können.« Noch nie war das theoretische Kompetenzniveau in der Kirche so hoch wie heute. Noch nie hatten so viele Christen Zugang zu so vielen vortrefflichen Büchern über das Gebet und das innere Leben. Noch nie wussten wir so viel über die Umwelt und ihre Probleme. Und?

All dies hängt auch mit unserem Verhältnis zu unserem Körper zusammen. Vielleicht muss alles wirkliche Wissen auf eine gewisse Art körperlich sein. Je mehr wir uns von der physischen Wirklichkeit entfernen, umso blasser und abstrakter wird unser Wissen. Die ganze Internet-Revolution baut auf einer Sicht vom Wissen auf, die frei von aller körperlichen Berührung ist. Madeleine Fredell, Dominikanerschwester in Stockholm, gab mir dazu den folgenden Kommentar:

> Meine persönliche Angst ist, dass die Kinder des körperlichen Spielens zu sehr beraubt werden und dadurch kein echtes Wissen mehr bekommen. Das klingt vielleicht etwas undeutlich. Ich will ein Beispiel aus meinem eigenen Leben geben. In meiner ganzen Kindheit und Jugend machte ich beim Vår Teater in Stockholm mit. Was ich dort gelernt habe (Tanz, Improvisation, Theaterspielen im »echten« Milieu, Sprechen und Singen), hat mir die Grundlage für *alles* gegeben, was ich heute tue. Heute weiß ich, dass ich neues Wissen und neue Erfahrungen buchstäblich mit Leib und Seele aufnehme. Das geschieht natürlich automatisch, aber man hat mich oft darauf aufmerksam gemacht, und es stimmt: Es macht mir körperlich Spaß, Neues zu lernen. Der Computer ist hier das reinste Gift.

Schon Irenäus erkannte, welche Rolle die persönliche Erfahrung im Leben hat:

> Da Gott also Großmut zeigte, lernte der Mensch das Gute am Gehorsam und das Böse am Ungehorsam kennen, damit das Auge des Verstandes die Erfahrung mit beidem gewann und die Wahl des Besseren auf ein begründetes Urteil hin treffen konnte ... Kenntnis des Guten hätte er nicht haben können, wenn er das Gegenteil davon nicht kannte. Denn fester und zweifelsfreier ist die Wahrnehmung von Dingen, die offen daliegen, als eine auf Verdacht [Theorien] beruhende Vermutung. Denn wie die Zunge durch den Geschmack das Erlebnis von Süß und Bitter hat ..., so auch unser Verstand.[156]

Vielleicht ist hier eine Erklärung dafür, warum die Kirche im Westen kontinuierlich an Boden verliert, aber in der Dritten

Welt zum Teil explosionsartig wächst. Bei uns hat man sie in den akademischen Babelturm eingebaut und mit tausend Loyalitätsfesseln an ein theoretisches Erklärungsmodell gebunden, das längst jede Verbindung zur Lebenswirklichkeit in den Gemeinden verloren hat. In der Dritten Welt dagegen herrscht ein Weltbild, das die Erfahrung vor die Theorie stellt und wo es im Christentum nicht primär um theoretische Antworten geht, sondern um eine befreiende Kraft. Dass dies gerade unter den Armen so ist, ist kaum ein Zufall; sie haben weder das Geld noch die Ausbildung für einen Platz im Babelturm.

Drei einfache Schlussfolgerungen:

1. Unser größtes *Problem* ist nicht ein Mangel an Wissen; wir haben mehr Zugang zu Wissen als je zuvor in der Menschheitsgeschichte. Es ist auch nicht ein Mangel an Spiritualität; wir haben ein reiches Angebot an geistlichen Erlebnissen – die unser Leben null beeinflussen. Unser Problem ist die Sünde – der tief in uns verwurzelte Hochmut, unsere Neigung, uns selbst an Gottes Platz zu setzen, unser Ungehorsam gegen seinen Willen, unsere Unversöhnlichkeit untereinander.

2. Die *Lösung* für unser Problem kann nicht in einer kleinen Elite liegen, die die höchste Intelligenz und das meiste Wissen besitzt und von dieser hohen Warte aus dem Rest der Welt helfen kann – ob nun im Namen der Wissenschaft oder der Kirche! Die Lösung muss darin liegen, dass ganz gewöhnliche, arme Menschen das Evangelium annehmen und in aller Schlichtheit beginnen, gemeinsames Leben in der Nachfolge Jesu zu gestalten.

3. Das *Ziel* kann nicht sein, dass immer mehr Menschen immer mehr wissen, sondern dass immer mehr Menschen immer mehr Liebe haben und üben. Wir sind als Beziehungswesen geschaffen, als Ebenbild des Gottes, der selber eine Gemeinschaft aus Vater, Sohn und Geist ist. Ein Wissen, das in liebevollen Beziehungen zu den Menschen und zur ganzen Schöpfung zum Ausdruck kommt, ist gut. Ein Wissen, das den Zerfall der Gesellschaft in immer egoistischere Fragmente beschleunigt, ist böse.

Wie wir uns Gott vom Leib halten

Ein schöner Frühlingsabend Mitte des 19. Jahrhunderts. In der Stube der kleinen Kate in der Waldlichtung sitzt dicht gedrängt ein gutes Dutzend Menschen. Ihr Gesang dringt durch die grauen Holzwände nach draußen. Ein junger Mann kommt den Weg entlang, sein Schritt ist zögernd. Er klopft vorsichtig an, wird freundlich eingelassen und setzt sich auf den Fußboden, gleich neben der Tür. Zuerst nimmt keiner Notiz von ihm, das Gespräch über den Bibeltext geht weiter. Dann beginnt die Gebetsrunde, die Worte kommen von Herzen. Nach einer Weile tritt ein alter Mann neben den Neuankömmling, legt ihm den Arm um die Schultern und flüstert: *»Nun, Oskar, hast du jetzt Frieden mit Gott?«*

Ein schöner Frühlingsabend Ende des 20. Jahrhunderts. Ein paar gute Freunde sitzen in einem Altstadtcafé in Stockholm, trinken Cappuccino und essen ihre Baguettes mit Basilikum und Schafskäse. Eines der Mädchen hat gerade sein Theologiestudium abgeschlossen und soll am Sonntag ordiniert werden. Die Freunde waren platt, als sie vor fünf Jahren ihre Pläne verkündete, denn religiös war eigentlich keiner von ihnen. Seitdem kreisten die Gespräche oft um spirituelle Themen, und mehrere der Freunde begannen, sich mit Büchern und Vorträgen über verschiedene Strömungen des inneren Suchens zu beschäftigen. Ein paar gingen sogar mit in einen Gottesdienst, worauf es ungewöhnlich heftige Diskussionen gab. Jetzt liegt etwas vom Ernst des Augenblicks über der Runde, und wieder redet man – von Gott. Carina sieht eine von denen an, die sich noch gläubig nennen, und fragt: *»Eva, was hast du eigentlich für ein Gottesbild?«*

Die beiden Fragen spiegeln den ganzen religiösen Erdrutsch wider, der sich in unserer Kultur vollzogen hat. Nennen wir ihn den Wechsel vom Gewissen zum Bewusstsein. In den Bauernkaten der Erweckungszeit ging es bei der Sache mit Gott vor allem um die Gewissenserforschung und um den Kontrast zwischen dem »alten« und dem »neuen« Leben. Die brennende Frage war, ob Gott mir wirklich vergeben und mir einen

Neuanfang schenken kann. Man forschte gleichsam in Gottes Gesicht, ob es nicht einen Willkommensschein gab in den alles sehenden Augen – so ähnlich, als wenn ein Kind seinen Mut zusammennimmt und dem Vater die zerbrochene Fensterscheibe beichtet, in der Hoffnung, »dass es wieder gut wird«.

Heute überweist man das Gewissen gerne in die Zuständigkeit des Psychologen, der mir helfen soll herauszufinden, warum ich so hohe Ansprüche an mich stelle und mir schier nicht vergeben kann, und die geistliche Suche nimmt die Form einer verstandesmäßigen Verarbeitung der verschiedenen Gottesvorstellungen an. Das Problem ist nicht mehr die Sünde, also dass ich falsch gelebt und gehandelt habe, sondern meine Unwissenheit – dass ich nicht weiß, wer ich bin und wer Gott ist. Und der Weg zu dem erlösenden Wissen geht nicht über meinen Gewissenskampf mit Gott, sondern über Kurse, Diskussionen, Vorträge und Bücher. Frömmigkeit als Abteilung der Informationsgesellschaft.

In christlichen Kreisen lautet die Standarderklärung dieser Veränderung, dass sie auf mangelndem religiösen Wissen beruht: Die Menschen wissen kaum noch etwas über den christlichen Glauben, und darum gibt es keine Gewissenskämpfe mehr wie in den Erweckungen vor über hundert Jahren. Erst wenn ich gewisse biblische Fakten über Gott begriffen habe, kann ich mich mit ihm auseinandersetzen und seine Versöhnung annehmen. Will sagen: Man gebe den Menschen biblisches Wissen, und alles wird wieder gut.

Ist das wirklich so? Geht die grundlegende Verschiebung in unserem kulturellen Klima nicht tiefer? Es geht in ihr ja nicht so sehr um die *Menge* an Wissen, die einer hat (dann könnte man das Problem tatsächlich mit ein paar Bibelkursen lösen), sondern darum, dass *das Wissen an sich* der Weg ist. Und das Wissen führt nicht zu einer Beziehung zu Gott, sondern zu einem Bewusstsein von Gott, und dieses Bewusstsein macht mein Leben angenehmer. Denn das große Lebensziel ist heute nicht mehr, das Rechte zu tun, sondern sich wohlzufühlen.

Dies ist klassisches gnostisches Denken. Für den Gnostiker ist, wie gesagt, das Problem nicht, dass der Mensch sich an Gottes Stelle gesetzt hat, sondern dass sein Verstand so verfinstert ist, dass er Gott nicht erkennen kann. Erlösung bedeutet nicht Versöhnung (Gott wird aus meinem Feind zu meinem Freund), sondern die rechte Erkenntnis. Wenn wir nur richtig über Gott denken, wird schon alles gut werden. Das Problem sind unsere falschen Gottesvorstellungen.

Man kann dies mit jener Art von Psychotherapie vergleichen, die alle Beziehungsstörungen als das Resultat falscher innerer Vorstellungen betrachtet: mangelndes Selbstwertgefühl, falsche Schuldgefühle, negatives Vaterbild, Angst vor der Umwelt usw. Dass ich jemand anderen um Vergebung bitte, mein Verhalten ändere oder denen, die mir weh getan haben, verzeihe – das sind alles Überreste eines alten, unterdrückerischen Menschenbildes. Es ist *die eigene Erkenntnis*, die befreit. Sich helfen *lassen*, ob nun von Gott oder von Menschen, gilt als Demütigung.

Die abgeschaffte Sünde

Die Entwicklung der Gesellschaft zur Informationsgesellschaft findet ihre Parallelen in der Entwicklung der christlichen Kirche. Kehren wir kurz zurück zu den Erweckungsbewegungen des 19. Jahrhunderts in Kirche und Freikirche. Hier fanden die Menschen nicht immer nur Verständnis und offene Arme. Die Bekehrungspredigt konnte zuweilen in eine unbarmherzige Gerichtsverkündigung umschlagen, die hohe Schwellen zwischen denen »draußen« und »drinnen« schuf, das, was Sünde eigentlich ist, verfehlte, und die Menschen in einen Sumpf von religiösen Schuldgefühlen hineinführte: »Ich tauge nichts vor Gott und der Gemeinde, egal was ich tue oder glaube.«

Das Sich-Öffnen bedeutete, dass ich nirgends sonst so viel Trost bekommen kann – oder so viel Elend. Die offene Seelentür konnte in den Himmel oder die Hölle führen.

Und für viele von denen, die die Predigt der Kirche in den falschen Hals bekamen, waren die Höllenpredigten ein Signal zur Flucht von allem, was mit Gott zu tun hatte. Ein tief verwurzelter Atheismus oder Agnostizismus breitete sich in vielen Schichten der Gesellschaft aus, nicht zuletzt unter Schriftstellern und anderen Kulturschaffenden, die ihre Wurzeln in der alten Erweckungsfrömmigkeit hatten. Die legitime Notwehr gegen geistliche Würgegriffe wuchs zu einer Verschanzung gegen jede Form von Frömmigkeit.

Aber was machten die Menschen, die ebenfalls verwundet waren, aber nicht geradewegs mit Gott brechen wollten? Nun, wenn ich die Demütigung erfahren habe, nicht zu taugen, nicht fromm genug zu sein, werde ich mit Zähnen und Klauen alles vermeiden, was mich an dieses Trauma erinnert. Übrig bleibt eine radikale Ja-Sage-Theologie, deren einzige, ständig wiederholte Botschaft lautet: Gott nimmt dich so an, wie du bist. Sie will frische Luft in den alten Frömmigkeitsmuff einlassen, diese Theologie ...

... und wird im Nu zu einer neuen Verschanzung. Meine Angst davor, wieder das Prädikat »nicht fromm genug« zu bekommen, lässt mich jede Botschaft ablehnen, die irgendwelche Forderungen an mich stellen könnte. Es ist wie in der Geschichte, wo ich in einem Schloss mit hohen Mauern und breitem Wallgraben wohne. Eines Tages klopft es an der Tür, und ich rufe, ohne zu öffnen: »Wer da?« – »Ich bin ein Bote des Königs; er möchte gerne zu dir, um mit dir über dein Leben zu reden.« Und ich antworte: »Verschwinde, du bist ein Betrüger! Der König ist ein guter Herrscher, der uns alle in Ruhe lässt!« Und irgendwann sind die Vorräte im Schloss erschöpft ...

Unter all den schönen Worten über Gottes Liebe liegt hier eine tiefe Angst vor der Konfrontation mit ihm. Was, wenn er doch nicht nur lieb ist? Und so halte ich mich lieber verbissen an meinem Gottesbild fest, als dass ich meine Tür für eine wirkliche Beziehung zu dem lebendigen Gott öffne.

Ignatius von Loyola fordert, dass die Seele so frei und offen wie eine leere Waage sein muss, wenn sie Gottes Stimme erkennen soll. Aber in einer solchen Seelenfestung wie der gerade beschriebenen bin ich nicht fähig, die Stimme des Heiligen Geistes zu vernehmen. Ist das vielleicht ein Grund für die so merkwürdig tote Atmosphäre in vielen christlichen Kreisen, wo man ständig wiederholt, dass Gott uns so annimmt, wie wir sind, aber zu keiner anderen Botschaft mehr fähig ist?

Zum Schluss können wir vor lauter ungeheilten Wunden die Wahrheit nicht mehr zusammenhalten. In den Evangelien ist es eine Selbstverständlichkeit, dass der Mensch ein Sünder ist *und* dass Jesus die Sünder liebt. Aber wenn meine ganze Gottesbeziehung darin besteht, mich gegen jede Andeutung, dass etwas mit mir nicht stimmt, zu verteidigen, muss ich mich schließlich für *eine* dieser beiden Wahrheiten entscheiden und sage: »*Ich* und ein Sünder? Ich glaube an einen Gott der Liebe!« Wenn die Wahrheit nur noch eine Teil-Wahrheit ist, kann sie mich nicht mehr heilen.

Was dann übrig bleibt, ist das Puzzlespiel mit den »Gottesbildern«, das so perfekt in die gnostifizierte Informationsgesellschaft passt: »Für *mich* ist Gott ... Für *mich* ist er eher ...« Es bleibt alles auf der Ebene der Gedanken, der Ideen, der Bilder, die ich mir ganz nach meinen Bedürfnissen und Wünschen gestalte. Bewusst oder unbewusst riegeln wir uns von unseren Wunden ab und suchen uns ein Gottesbild, das so weit wie möglich von ihnen entfernt ist. Wir wollen ja nicht noch einmal verletzt werden!

Geistliches Wachsen dreht sich hier nur noch um das gebetsmühlenartige Wiederholen der »richtigen« Glaubenssätze: »Wenn wir nur begreifen würden, dass Gott uns so liebt, wie wir sind ...« Hier lebt eine unheilige Allianz zwischen dem Liberalismus und der frommen Bewegung: *eine im Grunde gnostische Methode der Erlösung durch das richtige Denken.* Und alles, um Gott nicht von Angesicht zu Angesicht begegnen zu müssen, ohne den Schutzschild der das Ich stärkenden Glaubenssätze.

Es geht hier nicht mehr darum, eine Beziehung zu Gott zu bekommen, denn eine richtige Beziehung gründet immer auf gegenseitiger Offenheit, die den anderen seine wirklichen und vielleicht unerwarteten Seiten zeigen lässt. Es geht vielmehr darum, das richtige Gottesbild zu bekommen – ein Gottesbild, das mir keine lästigen Fragen stellt und wo Gott mich in meiner Privatfrömmigkeit in Ruhe lässt.

Dies hat sehr konkrete Folgen für eines der Schlüsselwörter der Bibel – die *Sünde*. Wenn unser Gottesverhältnis nicht mehr eine Sache des Gewissens, sondern des Bewusstseins ist, verliert die Sünde ihre paradoxe Macht, uns in Gottes Arme zu treiben, und verkümmert zu einem in der Luft hängenden Begriff, einem peinlichen Überrest vergangener Tage, den wir hier und da verlegen befingern, ohne zu wissen, was wir mit ihm machen sollen. Parolen vom Typ »Wir brauchen ein neues Reden über die Sünde in unserer Welt« zeigen nur, wie weit unsere Verirrung gediehen ist.

Ist die Sünde erst einmal von der einzigen Instanz, die sie beleuchten kann (dem Gewissen), losgelöst, bleiben nur noch verschiedene theoretische Modelle der Sünde, die alsbald in kulturell bedingte Kataloge unerwünschter Verhaltensweisen ausarten, von Bier trinken bis zur Arbeit multinationaler Konzerne. Solange wir uns auf diesem theoretischen Boden bewegen, bleiben wir frei von der wirklichen Sündenerkenntnis, die uns zutiefst getroffen in Gottes Arme wirft. Das Evangelium geht nicht mehr um Leben oder Tod, sondern ist bestenfalls »interessant«.

Dass es hier tatsächlich um den Kern des Evangeliums geht, sehen wir, wenn wir uns das Bekenntnis Johannes' des Täufers vor Augen führen, das wir beim Abendmahl wiederholen: »Siehe, das ist Gottes Lamm, das der Welt Sünde trägt!« (Johannes 1,29). Wenn unser Gewissen nicht mehr die Tiefe und Reinheit unserer Gottesbeziehung ausloten darf, sondern dergleichen als »alttestamentliche Gottesbilder« und »religiöse Skrupel« abgefertigt wird – wie wollen wir da noch von Sünde reden?

Aber wenn wir nicht mehr realistisch über die Schuld der Menschen reden können, wie können wir dann noch Jesu Kraft erfahren, uns unsere Schuld wegzunehmen? Wenn wir nur das richtige religiöse Wissen und Erkenntnis brauchen, warum musste Jesus dann als Opferlamm am Kreuz sterben? Dann hätte seine *Lehre* doch gereicht.

Vielleicht ist das Wort »Gottesbild« doppeldeutig. In einer Bedeutung sind wir alle Opfer falscher Gottesbilder, denn »alle haben gesündigt und die Herrlichkeit Gottes verloren« (Römer

3,23 Einheitsübers.). Unsere Eltern haben uns das Leben und viel Gutes gegeben, aber auch viel, was unsere Fähigkeit zu guten Beziehungen – zu uns selber, zu anderen Menschen und zu Gott – beeinträchtigt. Familie, Schule und andere Dinge, die uns geprägt haben, haben auch ihre Spuren in unseren Bildern von der Wirklichkeit hinterlassen – selbstverständlich auch von der Wirklichkeit, die wir Gott nennen.

Die Bibel ist voll von Menschen, die immer wieder ihre bisherigen Bilder von Gott revidieren müssen. Hier arbeitet der Heilige Geist geduldig an uns, zeigt uns Zusammenhänge und Ursachen, damit er uns behutsam die falschen Gottesbilder wegnehmen kann, die uns an dem hindern, was wir im Tiefsten wollen: ohne Angst in das gute Angesicht des Vaters schauen können.

Aber »Gottesbild« – das kann auch bedeuten, dass ich mich an einer Gottesvorstellung festklammere, die mich vor Überraschungen schützen soll. Hier will ich nicht von meinen falschen Gottesbildern frei werden, sondern ich brauche sie, um mir den Gott, von dem ich mich bedroht fühle, vom Leib zu halten. Oft gibt es tief in meinem Leben etwas, das ich unbedingt verstecken oder verteidigen will, und so flüchte ich mich zu Gottesbildern, die die geheimen Zimmer meines Lebenshauses nicht infrage stellen. In einem seiner Briefe hat Ignatius von Loyola diesen Zusammenhang so kommentiert: »Die Furcht ist berechtigt, dass die Hauptursache falscher Lehre in einem unmoralischen Leben liegt, und wenn die Laster nicht korrigiert werden, so werden auch die [lehrmäßigen] Fehler nicht verschwinden.«[157]

Diese Art Gottesbild hat oft ein menschliches Antlitz, aber dieses Antlitz ist merkwürdig leblos. Diese Doppelbödigkeit haben die selbstgemachten Gottesbilder der Menschen schon immer gehabt:

> Sie haben Mäuler und reden nicht, sie haben Augen und sehen nicht, sie haben Ohren und hören nicht, sie haben Nasen und riechen nicht, sie haben Hände und greifen nicht, Füße haben sie und gehen nicht, und kein Laut kommt aus ihrer Kehle. (Psalm 115,5-7)

Das Ergebnis der Hingabe an solche Gottesbilder beschreibt der Psalmist mit schonungslosem Realismus: »Die solche Götzen machen, sind ihnen gleich, alle, die auf sie hoffen« (Psalm 115,8).

Aus dem Bauch heraus

Angetrieben von der gnostischen Überzeugung, dass das Gottesproblem des modernen Menschen auf der Ebene des Verstandes liege, vergeuden wir ungeheure Energien darauf, Gottesbilder zu suchen, die Gnade vor den Augen der Gesellschaft finden. Der Mut, die traditionellen Glaubenssätze einfach wegzuschneiden, ist bei Liberalen und Konservativen unterschiedlich – gemeinsam ist vielfach die Überzeugung, dass es das Evangelium auf eine Art zu verkündigen gilt, die attraktiv und sinnvoll ist und keinen unnötigen Anstoß weckt. Der Ausgangspunkt ist über das ganze theologische Spektrum hinweg oft genau der gleiche: Wenn wir den Menschen das mit Gott nur so erklären können, dass sie es verstehen, dann glauben sie auch.

Stimmt das? Woody Allen hat gesagt: »Das Gehirn ist unser am meisten überschätztes Organ.« Womit er sich trotz gewisser anderer Unterschiede neben Ignatius stellt: Der Verstand ist mitnichten das Primäre beim Menschen; in den wirklich entscheidenden Situationen sind es andere Dinge, die den Ausschlag geben. Hören wir dazu eine Stimme aus einer Welt, die diese Zusammenhänge schon seit langem sieht und daher unser Leben enorm beeinflusst – der Welt der Werbung:

> Das Gefühl reagiert viel schneller als die Vernunft. Die Soziobiologen sagen, dass wir uns in kritischen Situationen, wo das Entscheiden zu wichtig ist, um es nur dem Verstand zu überlassen, von unseren Gefühlen leiten lassen ... Eine Sicht vom Menschen, die die Macht unserer Gefühle ignoriert, ist daher mangelhaft. Der Name *homo sapiens* (die denkende Spezies) ist irreführend im Lichte dessen, was die moderne Wissenschaft uns über die Rolle der Emotionen zeigt. Wie wir alle aus unserer eigenen Erfahrung wissen, zählen, wenn es um unsere Entscheidungen und Handlun-

gen geht, die Gefühle genauso viel, wenn nicht noch mehr, wie die rationalen Aspekte. Die meisten unserer großen Lebensentscheidungen sind Gefühlssache. Irgendetwas in uns will, dass wir immer »ein gutes Gefühl haben«.

In unserer westlichen Gesellschaft haben wir eine traditionelle Vorliebe für das Rationale; mit IQ-Tests messen wir die Intelligenz der Menschen. Aber die schönste Intelligenz kann auf Null rutschen, wo die Gefühle herrschen. Und das ist vielleicht gar nicht so merkwürdig, wenn wir unsere menschliche Psyche aus einer historischen Perspektive betrachten. Das biologische Programm für die Rolle der Gefühle in unserem Nervensystem hat sich seit 10.000 Generationen bewährt, und nicht erst seit fünf.[158]

Wer das weiß, der versteht, warum Levi's die führende Jeans-Marke der Welt ist, obwohl der eine Test nach dem anderen zeigt, dass Levi's-Jeans nicht besser sind als die anderen auch. Und warum die meisten japanischen Autos nicht die Spitzenplätze der automobilen Hitliste erobern, trotz vorzüglichster Qualitäts- und Pannenstatistiken. Eine Kirche, die das nicht weiß, stampft frustriert mit den Füßen, dass ihre so gut ausgebildeten Theologen es einfach nicht schaffen, ein Gottesbild zu basteln, das sich verkauft und die Kirche aus ihrer Mauerblümchenecke auf dem religiösen Markt herausholt.

Markus Heilig, Oberarzt und Dozent am Karolinen-Krankenhaus in Stockholm, erzählt von einem Versuch, bei dem eine Anzahl Personen vier verschiedene Sätze Kartenspiele ausprobieren mussten. Mit zweien von ihnen gewann man schließlich, mit den beiden anderen verlor man. Es zeigte sich, dass die gefühlsmäßig normalen Versuchspersonen sich rasch für die »guten« Karten entschieden, während die »gefühlsblinden« an den »schlechten« hängen blieben.

Gefühlsmäßig? Jawohl. Man maß ganz einfach den Herzrhythmus der Teilnehmer. Die »Gesunden« zeigten einen beschleunigten Puls, wenn sie sich einer schlechten Karte näherten. Diese Reaktion erfolgte also *noch bevor die Person bewusst formulieren konnte*, welcher Strategie sie folgte. Heiligs Schlussfolgerung, die sich in unserem Alltag ständig bestätigt:

> Wir vermeinen, rationale Argumente abzuwägen, während wir uns in Wirklichkeit bereits auf der Gefühlsebene entschieden haben und anschließend unseren Intellekt einsetzen, um die passenden Argumente zu finden.[159]

Wie bei der Sache mit Gott. Nehmen wir zum Beispiel Jean-Paul Sartre, der uns bereits im dritten Kapitel begegnet ist. Er benutzte seinen großen Scharfsinn zur Schaffung eines philosophischen Systems, das davon ausgeht, dass es Gott nicht gibt. Denn wenn es Gott gäbe, so Sartre, wäre es aus mit der Freiheit des Menschen. Warum dachte er so? Warum war es für ihn so wichtig, Gott zu leugnen? Warum war sein Gottesbild so negativ geladen?

Zitieren wir kurz aus Annie Cohen-Solals großer Sartre-Biographie. Sie berichtet über seine Beziehung zu seinem Vater Jean-Baptiste:

> Als Sohn von niemand wählte er sich selbst und beschloss offiziell die Nichtexistenz eines Sartre-Vaters. Zwar hatte er diesen Vater nicht gekannt: Als Jean-Baptiste starb, war Jean-Paul fünfzehn Monate alt. Und wenn man ihn hierzu befragte, redete sich der Schriftsteller mit dem Mangel an Spuren, dem Schweigen der Familie oder ganz einfach mit ihrer verpassten Begegnung heraus. »Mein Vater?«, griff er gleichgültig die Frage auf, »das war nur ein Foto im Schlafzimmer meiner Mutter ...« Und um das Thema abzuschließen, sagte er noch: »Ich habe keinen Vater gehabt« ...[160]

Stattdessen entwickelte Jean-Paul eine tiefe Mutterbindung. Der Vater, der in der französischen Marine war, war sein einziger Nebenbuhler um ihre Liebe gewesen, und das einzige Mal, wo er ihm begegnete, war, als er auf Urlaub nach Hause kam und den kleinen Jean-Paul »entthronte«. Nach dem Tod des Vaters ...

> ... nahm er Anne-Marie wieder in Besitz und reiste allein mit ihr ab, in restloser Freiheit und Sorglosigkeit: Sein Vater würde nicht mehr wiederkommen. Die folgenden zehn Jahre waren die große Zeit einer heftigen Liebe zweier Schiffbrüchiger, des Paares von Mutter und Sohn.[161]

Cohen-Solal erklärt, dass Sartre »in seine Mutter vernarrt und in einem heftigen Ödipuskomplex gefangen war«.[162]

Als Jean-Paul zwölf Jahre alt war, heiratete seine Mutter wieder, einen 43-jährigen Mann, »der ihm seine Mutter wegnahm« und ihm abends »langwierige Stunden in Geometrie und Algebra« aufzwang, »die gelegentlich mit einer Ohrfeige beendet wurden«. Sartre selber kommentierte später: »Meine Familie ist zerbrochen ... ich fand mich mit einem Herrn wieder, der meinen Vater spielte und mir völlig fremd war.«[163]

Dann kam der Erste Weltkrieg und zerstörte das muffig-bürgerliche Idyll, in dem Sartre aufgewachsen war. Das gab ihm den Rest, und Cohen-Solal kommentiert:

> Aus freiem Entschluss radierte er seine Herkunft aus, brach mit den Großvätern und stürzte sich in einen etwas vermessenen Kampf: den eines verzweifelten, luziden und unglaublich stolzen Fünfzehnjährigen, der gegen seinen Stiefvater, gegen die Gesellschaft und gegen sein Milieu rebellierte.[164]

So wurde die schlagkräftigste Variante des Existentialismus geboren, jener Philosophie, die buchstäblich den Menschen an Gottes Stelle setzt in der Aufgabe, Werte, Geschlechterrollen und soziale Muster zu schaffen. Cohen-Solal schreibt:

> Ein bindungsloses Kind, eine aufgelöste Familie, eine Periode tiefen gesellschaftlichen Umbruchs: Alles traf im richtigen Moment zusammen, damit er sich in der befreienden Rolle des »Niemandssohnes« außerordentlich wohl fühlen konnte, frei und frank wie ein Vogel.[165]

Es braucht wahrlich einen blinden Glauben an die Vernunft, um die überdeutlichen emotionalen Antriebskräfte hinter Sartres Aufstand gegen Gott zu leugnen. Die intellektuelle Verarbeitung war genauso sekundär wie bei Sigmund Freud, dessen Vater ein jüdischer Rabbi war. Warum wurde Freud ein so überzeugter Atheist? Der amerikanische Religionspsychologe James Jones weist auf einen entscheidenden Faktor hin:

> Für ihn war die Rebellion des Sohnes gegen den Vater ein zentraler Faktor in der Natur des Menschen. Und da Freud keine anderen Autoritäten als sich selbst tolerieren konnte, hatte er natürlich Probleme mit einer höheren Ordnung.

> Er war ein brillanter Mann, aber er konnte nur Jünger haben, keine Kollegen. Sobald jemand anfing, eigene Ideen zu entwickeln, machte er Schluss.[166]

Natürlich sind es nicht nur Atheisten, die gefühlsmäßige Motive für ihr Gottesverhältnis haben. Da der Mensch nun einmal ein Wesen aus Vernunft *und* Gefühl ist – was die Vernunft nicht weniger wichtig macht! –, finden wir das gleiche Muster bei jedem Christen. Es ist einer der Gründe für den vielerorts wachsenden Frust über die totale Dominanz der Universitätstheologie in der Pastorenausbildung. Wie der belgische Jesuit und Arbeiterpriester Ägid Van Broeckhoven in seinem Tagebuch aus dem theologischen Seminar schreibt:

> Die Vernunft muss Schritt für Schritt entdecken, was die Liebe Schritt für Schritt liebt. Die Liebe geht weiter als die Vernunft. Hier, in der »Theologie«, geht die Vernunft durch und lässt die Liebe im Stich.[167]

Aufstand oder Liebe. Die Worte beschreiben nicht nur zwei Gruppen von Menschen: die, die nein, und die, die ja zu Gott sagen. Sie beschreiben auch die Gespaltenheit, die es seit dem Sündenfall in jedem Menschen gibt. In jedem von uns ist eine Spannung zwischen diesen beiden Triebkräften, die ständig in einem komplexen Zusammenspiel mit äußeren Umständen stehen, die mal die eine, mal die andere Seite unseres Verhältnisses zu Gott verstärken.

Jede geistliche Wegweisung, die diesen Namen wert ist, muss unser Gespaltensein in Sehnsucht und Widerstand ernst nehmen. Wenn ein Christ sich einbildet, dass es in ihm nur Gottessehnsucht gibt, dauert es nicht lange, bis er verstört entdeckt, wie schwer das Beten sein kann. Und der Atheist, der meint, dass es in ihm nur Widerstand gegen Gott gibt, merkt bald, dass er mit einem kaum auszurottenden Suchen nach mehr kämpfen muss.

Dies bedeutet auch, dass eine realistische Evangelisation den Widerstand der Menschen gegen Gott ernst nehmen muss. Man redet heute so viel von der religiösen Suche in der postmodernen Gesellschaft – gerade so, als bräuchte man nur ein akzeptables Gottesbild hervorzuzaubern, und schon würden die Menschen zum Glauben kommen. Das Hindernis, so tönt es dauernd, bestehe darin, dass die Menschen nicht glauben *können*, so wie die Kirche sich benimmt.

Aber was, wenn die Menschen gar nicht glauben *wollen*? Was, wenn sie ihre Sehnsucht nur so weit hinauslassen, dass die Herrschaft des Ichs nicht in Gefahr gerät? Da weckt selbst das allerverwässerteste Christentum nur ein müdes Gähnen.

Der junge C. S. Lewis war ein hochintellektueller Atheist. Später hat er sein Verhältnis zu Gott in seinen jungen Universitätsjahren so beschrieben: »Der liebenswerte Agnostiker redet gerne von der ›Suche des Menschen nach Gott‹. So wie ich damals war, hätte er genauso gut von der Suche der Maus nach der Katze reden können.« Und er fügt hinzu: »Man vergesse nicht, dass es mein höchster Wunsch war, mich nur nicht auf irgendetwas ›einzulassen‹.«[168]

Jesus wusste, dass er das Licht der Welt war. Aber er hatte keine Illusionen, dass die Menschen aus allen Ecken herbeirennen würden, um zu ihm zu kommen. Mit grimmigem Realismus beschreibt er das Dilemma des Menschen:

> Das ist aber das Gericht, dass das Licht in die Welt gekommen ist, und die Menschen liebten die Finsternis mehr als das Licht, denn ihre Werke waren böse. Wer Böses tut, der hasst das Licht und kommt nicht zu dem Licht, damit seine Werke nicht aufgedeckt werden. Wer aber die Wahrheit tut, der kommt zu dem Licht, damit offenbar wird, dass seine Werke in Gott getan sind. (Johannes 3,19-21)

Das große Hindernis ist also gar nicht, dass die Menschen so wenig über geistliche Dinge wissen und im Grunde nur darauf warten, dass einer sie aufklärt. Auch nicht, dass Jesu Gottesbild intellektuell nicht hinreichend akzeptabel ist, so dass die Menschen es sich anders überlegen würden, wenn er mit einer verbesserten Version käme. Nein, das wirkliche Hindernis, die eigentliche Krise (*krisis:* griechisch für »Gericht«) ist, dass die Menschen etwas zu verbergen haben – und sich darum dem Licht widersetzen. Die Finsternis stellt uns keine peinlichen Fragen über unser Leben; sie fordert nicht, dass wir uns auf Gott einlassen.

Strategien der Gottesflucht

Der Widerstand gegen Gott nimmt viele Formen an, und eine der wichtigsten Aufgaben der Seelsorge ist es, diese Formen zu erkennen, den Menschen zu helfen, die hinter ihnen liegenden Ursachen zu sehen, und ihnen zu zeigen, dass es möglich ist, den Widerstand aufzugeben und Gott zu begegnen. Und da dieser Widerstand allgemein menschlich ist und nicht etwas, das nur auf gewisse Feinde des Glaubens zutrifft, kann das Studium seiner Formen gut in unserem eigenen Leben beginnen. Oder genauer gesagt: Es *muss* dort beginnen. Unser Vermögen, Nichtchristen zur Überwindung ihres Widerstandes gegen das Evangelium zu verhelfen, beruht darauf, wie gut wir unsere eigenen Widerstandsstrategien kennen. Einige Beispiele:

Die schönen Feindbilder

Früher oder später taucht es in allen Diskussionen über Gott, die Kirche und die Frömmigkeit auf: das große Abstempeln bestimmter Gruppen, Theologen oder Personen, die an allem schuld sind. Ihre Fehler und Mängel sind unendlich: Sie sind fanatisch, verwässert, fundamentalistisch, liberal, machthungrig, manipulierend, ungesund, humorlos, ungebildet, vom Richtgeist besessen, hochmütig usw. usw. Je mehr wir zu ihnen auf Abstand gehen, desto freier können wir atmen, und alles wäre gut, wenn es nur sie nicht gäbe.

Als Jesus sagte, dass der, der ohne Sünde war, den ersten Stein auf die Ehebrecherin werfen sollte, gingen die Ältesten zuerst weg (Johannes 8,1-11). Vielleicht braucht es wirklich eine gewisse Lebensreife, um den so peinlich einfachen Zusammenhang zu erkennen: Es gibt nichts, was uns bei anderen so aufregt, wie das, was wir bei uns selber absolut nicht ausstehen können. Wenn wir unsere eigenen dunklen Flecken bei anderen Menschen und Bewegungen wiedererkennen, reagieren wir mit einem härteren Urteil als sonst. Wenn ich meine dunklen Seiten auf den anderen »projiziere«, kann ich sie munter anprangern, ohne Gefahr zu laufen, mich selber zu treffen.

Die Kritik am anderen wird zur unbewussten Methode, mich selber vor der großen Enthüllung zu schützen.

In seiner extremsten Form finden wir dieses Muster auch in den großen ethnischen und politischen Konflikten. Viele jüdische Siedler und Palästinenser bauen einen Großteil ihrer Identität auf das Gleiche auf: das zu hundert Prozent böse Feindbild. Würde sich dieses Bild als falsch erweisen, so dass der Feind sich als menschlich entpuppt und ich dafür meine eigenen bösen Seiten sehe, würde das meine Identität von Grund auf erschüttern. Das gleiche Problem haben die Ultraprotestanten und die IRA-Fanatiker in Nordirland. Ein erfolgreicher Friedensprozess bedroht nicht nur Irland, sondern ihre persönliche Identität. Wenn nicht nur der Feind das Problem ist – *wer bin ich dann?* Kein Wunder, dass man buchstäblich bis aufs Blut kämpft, um den Konflikt zu behalten!

Die Schwarz-Weiß-Zeichnungen und Schützengräben in der Kirche sollten uns Anlass zur Selbstprüfung geben: Was ist es eigentlich bei diesen Menschen, das mir so sauer aufstößt? Gibt es vielleicht Spuren davon in meinem eigenen Leben? Halte ich mir unbewusst Gott vom Leib, wenn er diese wunden Flecken berühren will?

Immer beschäftigt

Wenn ich etwas falsch gemacht, vielleicht eine ernste Sünde begangen habe, dies aber weder vor mir noch vor Gott eingestehen will, was tue ich dann? Eine Methode ist die Flucht in die Arbeit – die rastlose Aktivität in der Gemeinde, in der Politik, in Abendkursen, in Umweltprojekten, in Hilfsorganisationen. Schaut her, wie ich mich für das Gute engagiere!

Und es ist ja auch gut. Aber wenn das Motiv die Weigerung ist, sich mit dem Bösen in mir auseinander zu setzen – was wird dann das Ergebnis sein? Wir können unsere Sünden nicht abarbeiten. Wie vor sich hinleckende Giftfässer bleiben sie als Altlast in unserem Leben liegen und geben nach und nach allem, was wir sind und tun, einen bitteren Beigeschmack. Sie sind ein denkbar schlechter Motor für das Gute. Unbewältigte Schuld entfernt die Sündenflecken nicht, sondern macht sie nur noch größer.

Der Trappistenmönch Charles Cummings schreibt, wie der Aktivismus in einem Kloster verdächtig ähnlich funktioniert wie draußen in der Welt:

Das ständige Beschäftigtsein, und sei es mit trivialen Dingen, schiebt die Begegnung mit mir selber auf. Es könnte ja sein, dass sie ein Defizit in mir enthüllt, eine Notwendigkeit der Veränderung und Umkehr, die ich lieber nicht sehen will. Es gibt Menschen, die nie auf eine Waage treten, weil sie Angst vor dem Abspecken haben. Wenn ich ständig unterwegs bin oder jede Gelegenheit nutze, mich gemütlich mit den anderen zu unterhalten, habe ich keine Zeit für mich selber übrig.

Ich kann mich in meiner Arbeit verlieren. Die Arbeit gibt mir etwas Festes, Sichtbares, etwas, das ich kontrollieren kann. Ihr Ergebnis gibt mir das zutiefst befriedigende Gefühl, nützlich und wertvoll zu sein. Die Arbeit betäubt und überspielt die unheimliche Leere, die ich spüre, sobald ich allein bin.

Die Arbeit kann mich nicht nur vor mir selber schützen, sondern manchmal auch vor Gott. Ich bin ins Kloster gegangen, um Gott zu suchen, aber wenn Gott mir etwas von seiner Kraft und Nähe zeigen will, ziehe ich mich erschrocken zurück. Gottes Mysterium zieht mich an, aber es erschreckt mich auch. Der Hebräerbrief nennt Gott »ein verzehrendes Feuer«. Das Arbeiten bietet mir einen guten Schutzschild, wenn ich mir nicht sicher bin, wie nahe ich diesem göttlichen Feuer kommen will.[169]

Die intellektuelle Masche

Wie oft sind Verstandes-Einwände gegen Gott nur ein Vorwand für andere Einwände, die wir nicht ganz so gerne offenlegen? Vielen Menschen fällt es zum Beispiel leichter, zu sagen, dass »die Natur« alles so weise geordnet hat in der Tierwelt und den Ökosystemen, als dass Gott dies tut. Tun sie das wirklich deswegen, weil es rein vernunftmäßig so viel weniger wahrscheinlich ist, dass ein Gott hinter allem steckt, oder nicht vielmehr deshalb, weil ein Anerkennen der Existenz Gottes den

Menschen (sprich: mich selber) entthronen und mit jemandem konfrontieren würde, der größer ist als er und ihn ethisch zur Verantwortung zieht?

Die Bibel lässt nicht locker, dass unser Hauptproblem nicht gedanklich, sondern moralisch ist. Könnte es sein: Wir wählen unsere Argumente gegenüber Gott so aus, dass sie unsere moralische Position optimal verteidigen?

In der christlichen Kirche ist dieses Phänomen fast epidemisch. Unser Vermögen, Jesu Ruf in die Nachfolge zu theologisieren und zu theoretisieren, ist legendär. Der große Renaissance-Humanist Erasmus von Rotterdam schlägt in seiner Schrift *Das Lob der Torheit* den christlichen Ländern vor, ihre Söldnerheere gegen die so viel streitbareren Theologen auszutauschen:

> Sie würden, glaube ich, das Schauspiel eines einmalig sinnigen Zusammenstoßes und einen unvorhergesehenen Sieg erleben. Wessen Gleichmut vermöchten ihre Spitzfindigkeiten nicht zu entflammen und wessen Stumpfsinn würden solche Stachel nicht aufbringen? Wer ist so scharfäugig, dass sie ihn nicht in ärgste Finsternis bringen könnten?[170]

Zur Sicherheit fügt Erasmus hinzu:

> Wundert euch nur nicht, wenn ich anscheinend witzele; denn auch unter den Theologen gibt es gebildetere Menschen, die einen Widerwillen empfinden bei diesen ihrer Meinung nach ehrfurchtslosen Spiegelfechtereien. Manche verfluchen es wie Gottesschändung und betrachten es als groben Mangel an Frömmigkeit, über solch geheimnisvolle Gegenstände, die mehr Verehrung als Erforschung verdienen, mit ungewaschenem Maul herzufahren und dabei mit den weltlichen Spitzfindigkeiten der Heiden zu disputieren, anmaßende Begriffsbestimmung zu formulieren und das Ansehen der göttlichen Theologie mit widerlichem Wortschwall und hohlen Phrasen zu beschmutzen.[170]

Wann werden wir endlich lernen? Schon vor 500 Jahren hatte die Intellektualisierung große Bollwerke gegen die Wahrheit geschaffen:

> Jedenfalls gefallen sie sich selbst in der Wonne dieses Glücks und geben sich Tag und Nacht so ausschließlich mit den

ergötzlichen Zaubersprüchen ab, dass für die Beschäftigung mit dem Evangelium oder den Paulusbriefen kein Augenblick übrig bleibt. Mit solch schülerhaftem Unfug glauben sie die ganze Kirche vor dem sicheren Untergang zu bewahren und meinen, sie mit den Flötentönen ihrer Syllogismen zu stützen, wie Atlas bei den Dichtern den Himmel hält.[170]

Aber packen wir uns an die eigene Nase: Wie verlockend ist es, Bibelstellen, die uns zu sehr auf den Leib rücken, auf die Ebene der gelehrten Diskussionen zu heben, wo die Auslegung immer relativ ist und man die Schneidekanten von Gottes Wort mit seiner Gelehrsamkeit abstumpfen kann! Wie nützlich sind sie doch für die Kirche, all diese Kompetenten, die uns das Naheliegende ersparen und vor lauter auslegungsbedürftigen Bäumen den Wald nicht sehen!

Die Intellektualisierung ist ein Verteidigungsmechanismus, der in Beziehungen jeder Art funktioniert, ob gegenüber Gott oder den Menschen. Wenn ich Angst vor zu viel Nähe oder vor dem Ausdrücken meiner Gefühle habe oder unsicher bin, ob ich auch gut genug bin, bietet das Theoretisieren mir einen doppelten Vorteil: Es beweist mir, dass ich doch etwas tauge, und es schafft den nötigen Sicherheitsabstand in meinen Beziehungen. Das ist so ähnlich wie bei dem einsamen und gemobbten »Streber« in der Schule ...

... und eine traurige Realität in vielen Situationen, wo wir unseren Beziehungsmangel hinter der Fassade theologischen Wissens zu verstecken versuchen. Wobei die Lust, dieses Treiben zu verurteilen, gewöhnlich geringer wird, wenn wir zu ahnen beginnen, was für Wunden sich hinter dem gelehrten Wortschwall verbergen. Was, wenn Gott unser *Herz* berühren dürfte? Dann wäre das Wissen endlich ein Kapital und nicht mehr eine Hypothek.

Ein theoretisiertes Gottesbild ist oft eine Methode, sich Gott vom Leib zu halten. Vielleicht auf dem Hintergrund enttäuschter Erwartungen an Gott und die Kirche. Wo das Ungeschick der Menschen meine Grenzen in Gottes Namen verletzt hat, ist das kluge Nachdenken über Gott eine Möglichkeit, ihn beizubehalten – aber zu meinen Bedingungen.

So funktioniert das theoretische Gottesbild wie alle menschlichen Gottesbilder, ob sie nun materiell oder gedanklich sind: als Methode, Gott in den Griff zu bekommen. Ein Bild – das ist etwas, das ich überblicken kann, das ich handhaben und dorthin hängen kann, wo ich es haben will. Wie tief sitzt dies in uns Menschen! Und wie erkennen wir uns nicht wieder in der ständig neuen Versuchung der Israeliten im Alten Testament, die so riskante Offenheit vor dem lebendigen Gott gegen die Götzenbilder ihrer Nachbarn mit ihrem so schön geregelten Opferkult einzutauschen.

Das klassische Kontrollsystem ist ein feinmaschiges theologisches Netz, in welchem jedes kleine Lehrdetail fest geknotet ist, um uns vor möglichen Überraschungen zu schützen. Aber es gibt noch andere Methoden, einen Sicherheitsabstand von Gott zu wahren. Eine scheint äußerlich das genaue Gegenteil des theoretischen Gottesbildes zu sein, denn sie geht davon aus, dass wir über Gott nichts sagen können; er ist der so radikal Andere, dass alle unsere Worte und Gedanken ihn nur noch mehr verdunkeln können. Zum Schluss wird er so konturlos, dass er unmöglich praktische Konsequenzen für unser Leben haben kann. Er kann keine Anfragen an meinen Lebensstil stellen oder mir in meinen Sorgen helfen – denn das hieße ja, ihm Grenzen anzulegen.

Zu einem solchen Gott kann man genauso wenig eine persönliche Beziehung haben wie zu dem Gott der abgezirkelten Lehrgebäude. Bei allen äußeren Unterschieden funktionieren der Lehrgott und der mysteriöse Gott letztlich auf die gleiche Art: Distanz, Kontrollierbarkeit, Unpersönlichkeit. Lauter Eigenschaften, die wie geschaffen für die Babel-Gesellschaft sind.

Vielleicht sind es also gar nicht »die Konservativen« oder »die Liberalen«, die das Grundproblem für die Kirche sind. Der Knoten sitzt vielmehr in unserer Abwehrhaltung gegen Gott, in dem Widerstand dagegen, Gott Gott sein zu lassen. Es ist eine Strategie, die mit liberalen wie konservativen Vorzeichen gleich gut funktioniert.

Dies bedeutet nicht, dass es unwichtig wäre, wie unser Glaubensbekenntnis aussieht! Sondern dass es zu wichtig ist, um es unbewusst von unseren eigenen Verteidigungslinien und Bedürfnissen aus zu gestalten. Darum ist das Glaubensbekenntnis das Bekenntnis der *Gemeinde*, wie Irenäus wieder und wieder betont. In ihm spiegelt sich ein anderes Gesicht als das meine.

Das einzige Bild, das Gott uns von sich selbst gegeben hat, ist Jesus von Nazareth. »Niemand hat Gott je gesehen; der Eingeborene, der Gott ist und in des Vaters Schoß ist, der hat ihn uns verkündigt« (Johannes 1,18). Die einzige Methode, die das Neue Testament kennt, um weder links noch rechts vom Pferd herunterzufallen, ist, stets den Blick auf *Jesus selbst* gerichtet zu halten. Er ist das Wort, das Fleisch wurde. Er ist genügend scharf umrissen, um unsere nebulösen Vorstellungen von einer Gottheit in einem unbeschreibbaren Nirgendwo zunichte zu machen. Und genügend unvorhersehbar, um immer wieder die Gottesbilder, die mehr uns selber als dem lebendigen Gott ähneln, zu demontieren.

Die spirituelle Welle

Warum ist Esoterik so populär in unserer Gesellschaft? Viele suchen geistliche Tiefe in Energieströmen, Chakren, Tarotkarten, Heilsteinen und anderen Phänomenen. Warum gehen so viele das Risiko der religiösen Quacksalberei ein und bezahlen auch noch eine Menge Geld dafür? Vielleicht deswegen, um sich den viel höheren Preis eines veränderten Lebenswandels zu ersparen? Hier bekommt man ja Frömmigkeit ohne Bekehrung angeboten. Da ist kein Gott, der einem Fragen stellt, kein Risiko, dass mein Gewissen sich meldet.

In Hollywood ist der Buddhismus populär geworden. Bertolucci, Scorsese und andere große Regisseure machen Filme über tibetanische Lamas und andere buddhistische Lehrer. Warum ist gerade diese Art Spiritualität so attraktiv für die Film-Schickeria, die der Welt zeigt, wie man die Grenzen bei Gewalt und Sex überschreitet? Könnte es daran liegen, dass auch der Buddhismus keinen Gott bekennt, der einen wegen seiner Lebensführung zur Rede stellt? In der verwestlichten Form bekommt man all die äußeren Formen angeboten –

Stille, Meditation und andere Übungen –, aber die Konfrontation mit Dem, dessen Platz man usurpiert hat, bleibt einem erspart. Es hat seine guten Gründe, wenn die Menschen »Bewusstsein« statt »Beziehung« wählen.

Genau wie das Denken kann auch Spiritualität in zwei Richtungen funktionieren, wenn es um Gott geht. Sie kann offenlegen und den Weg weisen – und sie kann verdunkeln, verstecken und in die Irre führen. Das Entscheidende ist immer die *Richtung*. Bewege ich mich ohne Vorbehalte auf das Licht in Jesus Christus zu, oder ist da etwas in mir, das sich dem entgegenstellt? Im letzteren Fall bietet mir der Feind der Seele eine reiche Auswahl an klugen Argumenten wie »hoch geistlichen« Erlebnissen an, die mir das Licht vom Leib halten.

Was in der Kirche leider genauso gut funktioniert wie »draußen«. Da ist eine gläubige Frau, die ein schweres Schicksal getroffen hat – eine Krankheit, die sie arbeitsunfähig macht. Nie klagt sie darüber, man hört von ihr kein böses Wort über ihre Krankheit oder über Gott. Ihr einziges Gesprächsthema ist die geistliche Erneuerung, die in der Kirche im Gange ist. Sie verschlingt Bücher und Cassetten von den neuesten Predigern und fährt durch das ganze Land, um die geistliche Atmosphäre und die Aufbrüche auf diversen Konferenzen zu erleben. Und sobald jemand in ihrer Umgebung ein Problem hat, ist sie die Erste, die zu ihm eilt, um zu beten und zu helfen.

Aber ist dies nicht ein gesundes Zeichen dafür, dass Gott dieser Frau aus einer schweren Krise herausgeholfen hat? Doch, es kann sich tatsächlich um ein Wunder Gottes handeln, der seine Gnade durch ein zerbrochenes Gefäß ergießt. Aber die Erfahrung zeigt, dass es auch ein Verteidigungsmechanismus sein kann: Diese Frau flüchtet sich unbewusst in all diese Geistlichkeit hinein, um ihren Schmerz auf Distanz zu halten. Vielleicht hat sie es nie gewagt, ihren Kummer richtig wahrzunehmen, sondern hat ihn sofort als etwas a) unerträglich Schmerzliches und b) einem wahren Christen Verbotenes empfunden und den Deckel zugeknallt. Hier wirkt die Spiritualität nicht erhellend, sondern verdunkelnd. Frömmigkeit wird zum Nebelschleier, der die Probleme verdeckt.

Wie man die gesunde von der kranken Frömmigkeit unterscheiden kann? Man frage die anderen Glieder in der Gemeinde. Wenn sie gerne den Trost dieser Frau suchen, den Eindruck haben, dass sie wirklich zuhört, sie versteht und ihren Schmerz teilt, dann ist in dem, was hier geschieht, Gottes Geist am Werk. Ziehen sie sich dagegen mit der Zeit von dieser Frau zurück und empfinden sie als aufdringlich, unnatürlich oder unfähig, ihnen zuzuhören, dann liegt der Verdacht nahe, dass es sich um Frömmigkeit als Flucht handelt.

Was diese Frau in diesem Fall braucht, ist ein barmherziger Seelsorger, der ihr behutsam zeigt, wie sie ihre Frömmigkeit zu einem Schutzpanzer gegen Gott gemacht hat. Er hat keine Chance, sie zu trösten und im Tiefsten zu heilen, denn sie hat ja nie zugegeben, dass sie Trost und Heilung braucht. Sie ist eine religiöse Schauspielerin geworden, die immer genau die richtigen Worte, Gesten und den Tonfall benutzt. Der erste Schritt zur Befreiung besteht darin, dass sie es wagt, sich ihrem Schmerz zu stellen – was natürlich genau das ist, was sie nicht will; lieber hält sie den Schmerz – und damit den Gott der Wahrheit – auf Abstand. Aber Gott wartet auf sie. Wer weiß, vielleicht kommt sie eines Tages doch.

Die Wahrheit wird euch frei machen

Der Jesus, von dem uns die Evangelien erzählen, wird mit einem breiten Spektrum an Frömmigkeit konfrontiert. Da sind die »offenen« Menschen, die sich mit ihrem ganzen Leben zu dem Licht hinstrecken und über Jesu Macht, zu heilen und zu trösten, jubeln. Sie wollen nichts lieber, als aus ihrem alten Leben aufbrechen und mit ihm gehen. Für sie ist das Heilungswunder eine wunderbare, aber eher zufällige Brücke zu dem hin, was wirklich hält: der lebenslangen Nachfolge Jesu.

Aber wir finden auch die Gegner; die, die aus verschiedenen Gründen Jesus nicht an sich heranlassen wollen. Sie wollen ihre religiösen Vorstellungen nicht aufgeben oder ihre Sünden nicht bekennen, sie klammern sich an die Machtpositionen und Rollen, die ihnen wichtiger sind als die Wahrheit, oder an das Geld, das ihnen mehr bedeutet als das Leben usw. Diese Menschen können sich sehr für das Religiöse interessieren und gerne über die verschiedenen Phänomene und Richtungen diskutieren. Aber Jesus merkt rasch, dass noch so viel Religiosität ihre Einstellung gegenüber Gott und sich selber keinen Deut ändern würde. Sie haben ihre Entscheidung schon getroffen. Diesen Menschen gibt Jesus nichts.

> Da fingen einige von den Schriftgelehrten und Pharisäern an und sprachen zu ihm: Meister, wir möchten gern ein Zeichen von dir sehen. Und er antwortete und sprach zu ihnen: Ein böses und abtrünniges Geschlecht fordert ein Zeichen, aber es wird ihm kein Zeichen gegeben werden, es sei denn das Zeichen des Propheten Jona. Denn wie Jona drei Tage und drei Nächte im Bauch des Fisches war, so wird der Menschensohn drei Tage und drei Nächte im Schoß der Erde sein. (Matthäus 12,38-40)

Der Prophet Jona wurde in einem fürchterlichen Sturm über Bord geworfen, damit die anderen nicht untergingen. Genau dies ist das Paradox Jesu: Ausgerechnet seine Verwerfung durch seine Gegner macht schließlich das größte aller Wunder möglich. Die bloße religiöse Neugierde lässt sich durch keine Schauwunder aus der Ruhe bringen. Das Problem des Menschen ist nicht, dass er ein bisschen fromme Abwechslung braucht, es sitzt viel tiefer. Seine Sünde vor Gott, seine Weigerung, von seinem Thron herunterzusteigen, treibt Jesus in den Tod am Kreuz, und ein anderes Zeichen wird es nicht geben.

Und Jesus vergleicht seine Widersacher mit der Stadt Ninive, die schließlich doch noch die Predigt des Jona hörte: »Die Leute von Ninive werden auftreten beim Jüngsten Gericht mit diesem Geschlecht und werden es verdammen; denn *sie taten Buße* nach der Predigt des Jona« (Matthäus 12,41).

Jesu Ziel ist nicht die Hebung unseres Bewusstseins-Niveaus durch ein paar geistliche Erkenntnisse, sondern unsere *Umkehr* – dass wir den Weg zurück zu unserer ursprünglichen Beziehung zu Gott finden. Darum muss jede Frömmigkeit, wenn sie sinnvoll sein soll, das Zentrum des Menschen treffen, sein

Gewissen, seinen inneren Kompass. Wenn der geistliche Ruf nicht unser Gewissen trifft, sondern bloß unser Bewusstsein, gibt es keine grundlegende Veränderung in uns; wir gehen in der gleichen Richtung weiter wie bisher.

Ein hilfreicher Vergleich ist hier vielleicht eine Ehe, in der der Mann sich einbildet, dass seine Frau ihn nicht liebt, sondern einen anderen hat. Immer wieder bittet er sie um ein »Zeichen«, und sie gibt sich alle Mühe: Sie zieht Kleider in seiner Lieblingsfarbe an, tischt ihm sein Leibgericht auf, ergreift erotische Initiativen, schlägt ihm einen Urlaub in seinen geliebten Bergen vor, gibt ihm kleine Geschenke usw. Doch nichts von alledem kann sein Misstrauen erschüttern, ja im Gegenteil, er denkt: »Das macht sie ja alles bloß, damit ich nicht glaube, dass sie einen anderen hat.« Die Zeichen verpuffen wirkungslos, sie können nichts an der Grundbeziehung ändern, die ganz von der vorgefassten Meinung des Mannes bestimmt wird.

In diesem Sinne müssen wir die ausgeprägte Skepsis verstehen, die das Neue Testament gegenüber religiösen »Phänomenen« zum Ausdruck bringt. Sicher hat Jesus viele Zeichen und Wunder getan, doch gleichzeitig finden wir in seiner Lehre eine sehr nüchterne Beurteilung des Wertes dieser Zeichen und Wunder. Sie haben nie einen Eigenwert, sondern stehen immer in Relation zu dem einen, was wichtig ist: Gottes Willen tun. Und wo Jesus merkt, dass die Menschen an Gottes Willen kein Interesse haben, bleibt auch das Wunder aus.

Wir kennen die dramatische Geschichte vom armen Lazarus und dem reichen Mann (warum hat er wohl keinen Namen?). Der Reiche prasst in seinem Überfluss und lässt Lazarus links liegen. Nach dem Tod ruft der Reiche in seinem Elend zum Glaubensvater Abraham und bittet ihn, Lazarus zu seinen noch lebenden Brüdern zu schicken und sie zu warnen, damit sie Buße tun. Abraham antwortet, dass sie doch Mose und die Propheten lesen können. Was jetzt folgt, treibt die Frage nach dem Wert religiöser Erlebnisse auf die Spitze:

> Er aber sprach: Nein, Vater Abraham, sondern wenn einer von den Toten zu ihnen ginge, so würden sie Buße tun. Er [Abraham] sprach zu ihm: Hören sie Mose und die Prophe-

ten nicht, so werden sie sich auch nicht überzeugen lassen, wenn jemand von den Toten auferstünde. (Lukas 16,30-31)
Und trotzdem gibt es viele, die glauben, dass unser Leben anders würde, wenn nur »geistlich mehr passieren würde«. Diese Art Erwartung hat dem Teufel ein reiches Betätigungsfeld geschaffen. Jesus warnt ausdrücklich: »Es werden falsche Christusse und falsche Propheten aufstehen und große Zeichen und Wunder tun, so dass sie, wenn es möglich wäre, auch die Auserwählten verführten« (Matthäus 24,24). Das meiste Geistliche kann der Teufel trefflich kopieren.

Aber er kann nicht die Sündenerkenntnis kopieren. Er kann mir wohl vorhalten, was für einer ich bin, und mich in falschen Schuldgefühlen binden. Aber die wirklich tiefgreifende Selbsterkenntnis, den klaren Blick für meine Situation – die verstellt er mir, wo er nur kann, denn sonst würde ich ja womöglich anfangen, Jesus nachzufolgen.

Und eine der wirksamsten Methoden dabei besteht in einem Feuerwerk von faszinierenden geistlichen Phänomenen, neuen Bewegungen, spannenden Bibelauslegungen, tiefschürfenden Überlegungen. Dem neuesten Trend nachjagen statt Jesus nachfolgen.

Was tut Jesus, um uns hier zu helfen? Er hat keine Bücher geschrieben, keine Seminare gehalten, keinen Geschäftsführer eingestellt. Er hat uns einfach seinen Heiligen Geist geschickt: »Wenn aber jener, der Geist der Wahrheit, kommen wird, wird er euch in alle Wahrheit leiten« (Johannes 16,13).

Und »die Wahrheit wird euch frei machen« (1. Johannes 8,32). Die Mythen und Legenden können uns nicht frei machen, wie fromm sie auch klingen. Unsere religiösen Erlebnisse können uns nicht zu heilen Menschen machen, wie stark sie auch sein mögen. Allein die pure, ungeschminkte Wahrheit darüber, wer ich bin und wer Gott ist, kann mich befreien aus dem Spinnennetz der Lüge, das mich mit immer frommeren Fäden in mein eigenes Ich einspinnt.

Ein paar Schlaglichter aus der klassischen christlichen Seelsorge können hier nützlich sein: Die persönliche Gottesbeziehung ist wichtiger als ein großes Wissen über geistliche Dinge.

Ein reines Gewissen ist wichtiger als schöne, starke Erlebnisse mit Gott. Es ist wichtiger, Gottes Willen zu tun, als dass es mir um jeden Preis gut geht.

Der Heilige Geist hat mehrere Aufgaben. Unter anderem »wird er der Welt die Augen auftun über die Sünde und über die Gerechtigkeit und über das Gericht«. Und Jesus fügt hinzu: »Über die Sünde: dass sie nicht an mich glauben« (Johannes 16,8-9). Warum sagt er dies? Es gibt doch wohl noch viele andere Sünden? Wir sind dabei, die ganze Schöpfung Gottes zu vergewaltigen und die Erde, von der wir leben, kaputt zu machen. Ist das denn nicht eine schlimmere Sünde, als nicht an Jesus zu glauben?

Vielleicht liegen (mindestens) zwei Schlüssel in seinen Worten. Erstens: Die größte und entscheidende Sünde ist, dass die Menschen sich gegen Gott aufgelehnt und an seine Stelle gesetzt haben. Dieser Hochmut ist die treibende Kraft hinter dem Babelturm, der einen immer größeren Schatten auf die Schöpfung wirft. »Dass sie nicht an mich glauben« – darin liegt die tiefste Wurzel der Sünde: Ich glaube nicht, dass Gott wirklich gut ist, ich will selber Gott sein.

Zweitens: Allein in dem Licht, das von Jesu Angesicht kommt, erkennen wir alle anderen Sünden. Solange es bei meiner Frömmigkeit um ein abstraktes Wissen geht (ob nun aufgrund von klugen Gedankengängen oder von tollen Gefühlserlebnissen), wird sie mein innerstes Gewissen nicht berühren. Das Gewissen des Menschen ist das Zentrum seines Beziehungsnetzes, das innerste Organ, das es ihm überhaupt ermöglicht, in Beziehungen zu leben. Das aber heißt, dass das Gewissen nur innerhalb einer Beziehung angesprochen werden kann, und deshalb ist letztlich das Gebet, also die direkte Zwiesprache mit Gott, das einzige Milieu, in welchem es zu diesem Prozess kommen kann.

Nehmen wir noch einmal ein Bild aus der Ehe: Wenn ein Mann seiner Frau untreu geworden ist, helfen moralische Vorhaltungen über das Prinzip der Unantastbarkeit der Ehe wenig; womöglich verhärten sie ihn nur, und er beginnt, sein Fehlverhalten zu entschuldigen. Aber wenn er eines Tages den

Schmerz im Gesicht seiner Frau sieht und erkennt, wie sehr er sie verletzt hat und dass sie ihn trotzdem noch liebt – dann kann das Wunder geschehen, dass er sich tief in seinem Herzen endlich die Frage stellt: »Was habe ich gemacht?«

Und dann kann das Leben wieder beginnen.

Die erkaltete Liebe

Szene 1: Göteborg. Die Museen der Stadt veranstalten eine Diashow im Einkaufszentrum Nordstan, um neue Besucher zu gewinnen. Mitten in dem trostlosen Warentempel kann man hinter lichtdichten Vorhängen diverse Schätze aus den verschiedenen Museen besichtigen. Unter den Themen, die zeigen sollen, dass ein Museum etwas mit dem Leben und den Träumen der Menschen zu tun hat, ist auch »Liebe«.

Was wird gezeigt? Eine erotische Szene nach der anderen, von europäischer Malerei bis zu ostasiatischen Skulpturen. Wer geglaubt hatte, dass Liebe auch die runzlige Hand eines alten Mannes an der Wange eines Kindes sein kann oder der über dem Windelwechsel gebeugte Rücken einer Mutter oder eine Familie, die geduldig neben dem Bett eines Sterbenden sitzt, der wartete vergeblich. Erotik und sonst nichts.

Szene 2: Ein Kurs für Jugendarbeiter. Eine 30-jährige Frau hält einen Vortrag über ihre Erfahrungen als Sozialarbeiterin mit Schwerpunkt Teenager-Mädchenarbeit. Nachdem sie über ihre Arbeit und die aktuellen Trends unter den Teenagern berichtet hat, stellt sie dem Publikum eine Frage: »Was meinen Sie wohl, was das Schlimmste ist, das einem Teenager passieren kann?«

Überlegen. Stühle rücken. Verschiedene Vorschläge. Zum Schluss kommt die Lösung: »Ein verliebter Elternteil.« Womit die Sozialarbeiterin natürlich nicht einen neuen Frühling in der Ehe der Eltern meint, sondern jene »Liebe«, die die Familie auseinanderreißt und den jungen Menschen sich fragen lässt: Was ist eigentlich Liebe, wenn sie meine ganze Welt kaputtmacht?

Szene 3: Ein Journalist bei einer großen Tageszeitung soll den Leitartikel zur nächsten Sonntagsbeilage schreiben. Er entscheidet sich für einen Streifzug durch diverse aktuelle Bücher über die Notwendigkeit von Idealen und die Suche nach der Wahrheit. Er referiert ein französisches Buch über die Tugend, das unter anderem auch die Liebe erwähnt: »Der erste Schritt ist die Liebe zu sich selber. Jemand anderen lieben, weil er einem Befriedigung gibt. Der nächste Schritt ist die Liebe zu dem anderen um seiner selbst willen.«

Worauf der Journalist seinen Kommentar gibt, wie nebenbei und so selbstverständlich, wie man etwas formuliert, was jedes Kind weiß:

> Das Letztere ist sicherlich ein schönes Ideal, aber als Philosophie taugt es nicht besonders. Liebe – das ist ja wohl kaum ein Willensakt, sondern etwas, das einen packt, ob man will oder nicht.[172]

Die drei Szenen zeigen, dass etwas geschehen ist in unserer Welt. Verliebtheit hat es immer gegeben, aber daneben stand ein unerschütterlicher Maßstab: was *die Liebe* fordert. Und die Liebe fordert nicht einfach, dass ich das kriege, was ich haben will. Sie kann auch von mir verlangen, dass ich darauf verzichte. Und diese Möglichkeit basiert darauf, dass Liebe etwas Tieferes und Ernsteres ist als der Reiz der Anziehung. Und wesentlich mehr als bloße Sexualität! Damit aber war Liebe auch ethischen Fragen zugänglich: Ist dies hier richtig oder falsch?

Wenn Liebe nur noch in der Welt der Gefühle und Triebe angesiedelt ist, können solche Fragen nicht mehr gestellt werden. Ein Gefühl kann natürlich nie »falsch« sein. Wenn ein Junge sagt: »Ich bin stinkwütend auf meine Mama«, ist das bedauerlich, und seine Umgebung kann versuchen, ihm zu helfen, mit seiner Wut zurechtzukommen und sich mit seiner Mutter zu versöhnen; aber niemand kann behaupten, dass sein *Gefühl* »falsch« ist – er *ist* ja wütend auf seine Mutter!

Oder nehmen wir an, ich gehe mit einer Freundin in ein Kunstmuseum, und plötzlich ruft sie aus: »Mensch, das Bild find' ich echt toll!« Ich schaue hin und sehe, dass unsere Geschmäcker sich doch nicht so gleichen, wie ich dachte. Vielleicht sogar unser Weltbild oder unsere Werte. Dieses scheußliche Bild? Aber ich kann sie natürlich nicht empört ansehen und sagen: »Hör mal, das stimmt doch gar nicht!« Sie findet das Bild ja wirklich toll.

Und jetzt ist also auch die Liebe in dieser Kategorie gelandet. Vor einigen Jahren hörte ich eine Radiosendung, in der eine Frau berichtete, wie sie nach vielen Ehejahren ihren Mann verlassen hatte, um mit einem anderen zusammenzuleben. Als es in ihrer Ehe nicht mehr klappen wollte, war sie in eine Therapie gegangen – wenn ich mich recht erinnere, unter anderem eine Hypnose-Therapie –, und dort hatte sie in ihrem Inneren das Bild eines Pferdes gesehen, das vor einem schweren Wagen eingespannt war und heftig an dem Zaumzeug riss, bis es sich schließlich losreißen konnte und davonsprang. Kommentar des Therapeuten: »Jetzt sehen Sie vielleicht, was Sie mit Ihrer Ehe machen sollen.«

Keine Einwände, keine Fragen in der Sendung. Solange Liebe nur ein Gefühl ist, habe ich an allen Grenzen freie Fahrt und brauche mich um keine neugierigen Zöllner zu bekümmern, die wissen wollen, was ich in meinem Gepäck habe. Und wer sich etwa erdreisten sollte, auch nur ganz leise zu fragen, ob das denn richtig ist, wird ähnlich ernst genommen wie jemand, der etwa die alten Zollstellen vor unseren Städten wieder einführen möchte. Wir leben doch in einem Land mit Reisefreiheit!

Die freie Liebe – das war ja das große Thema der Beziehungsrevolution der 1968er Jahre. Vor allem zwei Dinge galten damals als Hindernisse für die Freiheit der Liebe: erstens die Ehe, die als Synonym für den neurotischen Muff der bürgerlichen Kleinfamilie galt, und zweitens der »Moralismus« – so die politisch korrekte Bezeichnung für die Auffassung, dass Ethik etwas Objektiveres sein kann als ein anderes Wort für »Ich fühle mich okay«. Und da diese beiden Hindernisse offenbar mit der christlichen Kirche verknüpft waren, wurde auf alles, was aus der christlichen Richtung kam, doppelt scharf geschossen.

Ist die Liebe wirklich freier geworden? Rein äußerlich betrachtet, scheint die Kampagne ein voller Erfolg gewesen zu sein. Wie bereits erwähnt, sind heute 40 % der schwedischen Haushalte Single-Haushalte, in den Großstädten noch erheblich mehr. Nur in Andorra und Armenien wurden 1997 gegenüber dem europäischen Durchschnitt noch weniger Ehen geschlossen als in Schweden.[172] Jede zweite Ehe endet mit der Scheidung (in Deutschland jede dritte), jedes zweite Kind, das geboren wird, hat Eltern, die nicht miteinander verheiratet sind. Und was den »Moralismus« betrifft, so ist die Abwehrhaltung gegen alles, was unser Recht, unseren Wünschen und Trieben in sämtlichen nur denkbaren Richtungen zu folgen, bedroht, ungebrochen.

Diese innere Veränderung hat eine gigantische Umdefinition von »Liebe« zur Folge gehabt. »Björn Borg führt seine neue Liebe vor« – dergleichen Überschriften sind nur die Promi-Version dessen, was in der ganzen Gesellschaft vor sich geht. Aus dem Fundament für die Treue ist die Liebe zur allgemein akzeptierten Legitimation der Untreue geworden. Aus der Kraft, die einen fähig macht, in einer schwierigen Situation auszuhalten, ist sie zu dem Signal geworden, zum grüneren Gras aufzubrechen. Aus dem Zaun, der mich davor schützte, nicht jeder neuen Neigung nachzugeben, ist ein Schutzzaun vor jeder kritischen Hinterfragung meines Lebens geworden.

Keine Fragen, bitte!

Und irgendwo in all dem ist die christliche Kirche. Verschüchtert und verklemmt nach Jahrzehnten rhetorischer Breitseiten von Journalisten und Gesellschaftsexperten, ängstlich bemüht, jeden Ton zu vermeiden, der ihr als »Moralismus« ausgelegt werden könnte. Bekümmert und reumütig über ihre eigenen Fehltritte in Seelsorge und Verkündigung, mit denen sie sich vor der Auseinandersetzung mit den schmerzlichen Lebenskrisen ihrer Mitmenschen schützte. Ständig zurechtgewiesen von einer Universitätstheologie, die den ethischen Inhalt der Bibel routinemäßig auf eine Stufe stellt mit x-beliebigen anderen, »an ihre Zeit gebundenen« Texten.

Was Wunder, dass die Kirche angefangen hat, auch das Wort »Liebe« nach der neuen Sprachregelung zu verwenden. Ist das wirklich so neu? Aus der Verwirrung der Kirche steigt der gnostische Schatten. Marcions Lösung aus dem 2. Jahrhundert passt wie angegossen zu dem heutigen Denkklima: Die ethischen Forderungen werden mit dem finsteren Schöpfer- und Richtergott des Alten Testaments verknüpft und flugs auf den Misthaufen der Geschichte geworfen. Übrig bleibt ein »Gott der Liebe«, der keine Fragen mehr stellt, sondern alle Menschen und jedes Verhalten mit der gleichen bedingungslosen Toleranz an seine Brust drückt. In echt gnostischer Manier wird kein Unterschied mehr zwischen Sünde und Sünder gemacht. Wer sich über die Sünde aufregt, zeigt damit nur, dass er noch nicht die wahre Religion verstanden hat, die so viel tiefer liegt als die primitiven Fragen nach »richtig« und »falsch«.

Und so wird auch die Kirche ein Ort, wo »Liebe« bedeutet, dass man keine peinlichen Fragen mehr stellt. Lieben heißt *annehmen*, bedingungslos und ohne Kommentar. Mit einer hinreichend vagen Bekanntschaft mit den vier Evangelien kann man sogar Jesus von Nazareth zu einem Propheten mit dieser Botschaft umfunktionieren: »Er hat nie jemand abgewiesen.«

Ein Ort, wo die Frucht dieses Liebesverständnisses besonders deutlich wird, ist die Kirche als Arbeitsplatz. Man kann sie gar nicht alle aufzählen, die Konflikte, die Gemeinden zerreißen und hier und da sogar in die Lokalpresse und Leserbrief-Spalten hinausdringen. Aber was geschieht? Anstatt dass Missbräuche und Machtkämpfe, barscher Führungsstil, manipulierende Beziehungen und Revierdenken ans Licht der Wahrheit gehoben werden, zwingt die so genannte Liebe alle, schweigend zuzusehen, wie der Krebsfraß des Zerfalls weitergeht. Man will ja tolerant sein. Man will doch nicht verurteilen. Man will ja Liebe zeigen. Bis schließlich manchmal ein außerkirchlicher Schlichter sagen muss, was Sache ist: dass »Liebe« in diesem Hause ein anderes Wort für Konfliktangst ist.

Eine ähnliche Karriere verzeichnet das Wort »Liebe« in der kirchlichen Unterweisung (so weit es sie noch gibt) über das Zusammenleben der Menschen. In Schweden ist der Rückzug rasch vonstatten gegangen. 1973 gab die Bischofskonferenz der Schwedischen Kirche eine kleine Broschüre mit dem Titel *Sexualität aus christlicher Sicht* heraus, als Reaktion auf eine Anfrage des Christlichen Schulausschusses: »In der sexualethischen Verwirrung, die in unserem Lande herrscht, ist eine solche Formulierung eine dringende Aufgabe, damit die christliche Sicht von der Sexualität als eine echte Alternative gesehen wird.«[173] Die Bischöfe schrieben damals unter anderem:

> Das Sexualleben ist ein Teil sowohl des persönlichen Lebens des Einzelnen als auch des gemeinsamen Lebens der beiden Partner – des gemeinsamen Lebens zu Hause, bei der Arbeit, in der Freizeit, mit den Kindern, beim Geld und vielen anderen Dingen. Eine Folge davon ist, dass ... der richtige und natürliche Ort der Sexualität die Ehe ist. Jede christliche Sexualethik muss ihren Ausgangspunkt in dieser Tatsache haben ...[174]
>
> Die Treue ist Konsequenz der Liebe und gleichzeitig ihre Stütze; sie trägt durch Krisen und momentane Verlockungen hindurch, den Menschen zu verlassen, dem man sich verbunden hat. Die Bibel sagt klar, dass die Ehe lebenslang sein soll und dass Scheidung gegen Gottes Willen ist. Wenn Jesus nein zur Scheidung sagt, so geschieht das um des Menschen willen ...[175]
>
> Aus dem, was oben über die fundamentale Bedeutung des Sexuallebens gesagt wurde, das immer exklusiv für zwei Menschen gedacht ist, die für das ganze Leben einander gehören wollen, folgt, dass eine christliche Sicht von der Sexualität sich ohne Wenn und Aber von jeder Form von zufälligen Verbindungen distanziert. ... Darum sagen wir nein zum Gelegenheits-Geschlechtsverkehr und zum Ver-

kehr ohne Liebe, »um der Freundschaft willen«. Doch die Kirche rät auch von stabileren vorehelichen Beziehungen ab, da diese nicht die Verbindlichkeit und Geborgenheit haben, die allein die Ehe bieten kann.[176]

Die Broschüre schließt mit einem grundsätzlichen Kommentar:

Das in dieser Broschüre Gesagte kann für einige eine Hilfe oder Denkanstoß sein. Andere werden es vielleicht als völlig wirklichkeitsfremd erleben – so, als ob die Kirche nicht wüsste, wie große Teile unserer Jugend leben. Aber was richtig oder was liebevoll ist, ergibt sich niemals aus dem, was irgendeine Mehrheit sagt oder tut.[177]

Zwanzig Jahre danach gab die Leitung der Schwedischen Kirche das »Große Buch über den christlichen Glauben« heraus. Unter der Rubrik »Die Realität der Liebe« lesen wir dort:

In einer Gesellschaft, die wirtschaftlich und sozial härter war als die unsere und in der es keinen Zugang zu Empfängnisverhütungsmitteln gab, war es begreiflich, dass die Kirche die Grenze zum sexuellen Zusammensein bei der Trauung zu ziehen versuchte ... Im Rahmen der Ehe kommt es zu viel Gewalt, Ungleichheit und sexueller Ausbeutung. Andererseits gibt es heute wirksame Verhütungsmittel zum Schutz vor unerwünschten Schwangerschaften und ein ausgebautes soziales Netz für allein erziehende Mütter. Eine spezifisch christliche Sicht von der Sexualität muss daher an der Schwelle zum 21. Jahrhundert das Gewicht auf andere Dinge als die formelle Ehe legen ...[178]

»Du sollst nicht ehebrechen« lautet das sechste der Zehn Gebote. Früher war die Botschaft eindeutig: Sex darf allein in der Ehe zu Hause sein. Heute sehen wir die Dinge etwas anders ... Zwischen 2 und 4 Prozent aller Menschen sind nicht in der Lage, Liebe und sexuelle Lust für Personen des anderen Geschlechtes zu spüren. Dies braucht nicht als ein Defekt in der Schöpfung gesehen zu werden. Wenn wir wirklich das meinen, was wir sagen – dass alle Liebe von Gott kommt und dass die Liebe das Primäre ist und die

> Fortpflanzung nur eine ihrer Funktionen –, dürfen wir nicht bestimmte Ausdrucksformen dieser Liebe verurteilen ... Was aus und durch Liebe geschieht und von Verantwortung, Zärtlichkeit und gegenseitiger Treue gekennzeichnet ist, kann nie verurteilt werden.[179]

Ein behutsamer Kommentar: Wir haben sie bemerkenswert schnell hinter uns gelassen, die primitive Gesellschaft Anfang der 1970er Jahre, als die Ehe noch hochgehalten wurde. Schade nur, dass es damals noch nicht so gute Verhütungsmittel und soziale Netze gab! Im Übrigen spiegeln die beiden Texte den Verzögerungseffekt wider, der so oft der Hauptunterschied zwischen Kirche und Welt ist. Es dauerte zwanzig Jahre, bis die theologischen Seismographen das gesellschaftliche Erdbeben registrierten, das in den 60er Jahren stattfand – aber jetzt spricht die Kirche, wenn sie von Liebe redet, mit den gleichen Worten wie die Dreiecks-Romanzen aus Hollywood: »Honey, if it's love it can't be wrong.«

In der derart vom ethischen Fundament »befreiten« Liebe steht es jedem frei, sein Leben ganz nach Gefühl zu führen. Solange mein Verhalten von der so neu definierten Liebe bestimmt wird, kann und darf niemand es infrage stellen, ohne sich in der Öffentlichkeit als moralisierender Dunkelmann unmöglich zu machen.

Genauso unmöglich müssen die frühen Christen in den Augen der Gnostiker gewesen sein: »Was für arme Irre, die sich immer noch über Gut und Böse den Kopf zermartern und nicht begriffen haben, dass die richtige innere Erkenntnis diesen ganzen Kram überflüssig macht.« Denn in der gnostischen Ethik war das, was man tat, »nur in der Meinung der Menschen schlecht oder gut«; nichts war »an sich« böse.[180]

Das stumme Spiegelbild

Diese Verschiebung zeigt sich auch in dem inneren Leben. Unter dem Druck eines gewachsenen Interesses der Menschen an Spiritualität legt die christliche Verkündigung den Schwerpunkt immer seltener auf die Bekehrung und die persönliche Beziehung zu Gott. Stattdessen spricht man von der Vertiefung seiner Spiritualität, vom Finden einer inneren Verankerung, vom Gehen zu den inneren Quellen. Was sicher einen echten Durst anspricht in einer kirchlichen Tradition, die mit ihrem theologischen Trockenfutter allzu lange die inneren Quellen verstopft hat. Viele von uns sind es müde, immer nur die richtigen Worte zu hören, und suchen tiefere Erfahrung, jenseits der bloßen Worte und Begriffe. Wenn Gott wirklich ein lebendiger Gott ist, dann muss man ihn *erfahren* können.

Dies ist der gute Ausgangspunkt. Aber von diesem Punkt aus kann man in sehr verschiedene Richtungen reisen. Eine dieser Richtungen wendet die moderne Liebesdefinition auf das innere Leben an: »Wenn es spirituell ist, kann es nicht falsch sein.« Wie gehabt, ist dabei das Ziel, dass man sich möglichst wohl fühlt, was auf dem religiösen Gebiet so viel wie innere Harmonie und Ruhe bedeutet.

Mit solcher Wohlfühl-Religion als Kompass beginnt man dann, die christlichen Mystiker zu lesen. Keiner der geistlichen Lehrer der Kirche hätte auch nur davon geträumt, die geistliche Erfahrung von dem lehrmäßigen Fundament oder den ethischen Normen der Kirche abzukoppeln. Aber das religiöse Klima, in dem wir heute leben, verpasst dem Leser eine Brille, die ihn dergleichen »kulturell bedingte Strukturen« nicht mehr wahrnehmen oder beachten lässt. Übrig bleibt das wortlose Gebet, die Stadien des kontemplativen Erlebens, die allgemeine religiöse Atmosphäre, die keine störenden Fragen nach Gut oder Böse mehr kennt. In diesem religiösen Feinschmeckermilieu etwa von Beichte und Sündenbekenntnis zu reden, ist ungefähr genauso deplatziert wie bei einem Staatsbankett zu fragen, ob man einen Teller Pommes kriegen kann.

Hier zeigt sich einmal mehr die Gewichtsverlagerung vom Gewissen zum Bewusstsein. Im Mittelpunkt steht meine persönliche innere Entwicklung, nicht meine Beziehung zum lebendigen Gott. Das Ziel ist seelische Wellness und nicht Christusnachfolge, und die Methoden werden folgerichtig so gewählt, dass sie meine innere Harmonie nicht stören. Alles, was mein Gewissen beunruhigen und meine Lebensführung hinterfragen könnte, wird vermieden; stattdessen herrscht eine Religiosität, die ständig das Angenommensein betont.

»Gott ist Liebe« bedeutet, dass er mir keine unangenehmen Fragen stellt und alles hinnimmt, was ich tue. »Gott ist gut« bedeutet, dass er nie nein zu mir sagt, sondern bei allem, was ich will, zustimmend nickt. »Gott vergibt« bedeutet, dass es eigentlich gar nichts zu vergeben gibt.

Kann man einen solchen Gott lieben? Ist es rein psychologisch möglich, sich von ganzem Herzen an jemanden zu hängen, der so offensichtlich eine Projektion meiner eigenen Wünsche ist? Ja, ist es überhaupt möglich, wirklich zu *lieben*, solange das eigene Ich so ungehemmt die Bedingungen diktiert, ob nun in der Sexualität oder beim inneren Leben?

Muss nicht jede wirkliche Liebe früher oder später ein Durchbrechen meiner Ichbezogenheit bedeuten, eine mehr oder weniger brutale Sprengung meiner Traumbilder von dem schönen Leben – so dass ich den Blick frei für den anderen bekomme, *der ein ganz anderer ist als ich selbst?* Kann es nicht erst dann überhaupt Liebe geben, ob nun bei Menschen oder gegenüber Gott?

Am Anfang unserer Liebesbeziehungen stehen unsere eigenen Bedürfnisse. Wie die Amerikaner sagen: »Du bist so therapeutisch für mich.« Womit wir meinen, dass der andere gleichsam ein Echo auf etwas in uns selbst ist, etwas ganz tief in uns bekräftigt und aufwachen und aufblühen lässt. Kaum etwas an einem anderen Menschen zieht uns so an wie seine Gegenwart und Aufmerksamkeit, wenn wir unsere Geschichte erzählen. Es fesselt mich, wie diese Frau mich ansieht, und mehr noch, wie sie mir zuhört, und in diesem Zuhören erkenne ich eine sympathische Eigenschaft nach der anderen wieder ... die etwas in mir selber bestätigt.

Und so *muss* jede Beziehung beginnen. Ein Wiedererkennen, ein gegenseitiges Antworten, das die Fremde durchbricht und eine gemeinsame Sprache eröffnet. Etwas an dem anderen antwortet auf meine Sehnsucht; es ist so, als ob ich heimkomme zu mir selber: Wo warst du nur die ganze Zeit? So braucht die erste Verliebtheit Zeit und Freiheit, in der Bewunderung, dem Trost, der Aufmunterung des anderen zu »baden«. Wie es in einem christlichen Lied heißt:

> Ich glaub' an einen Gott, der mit mir weint,
> wenn ich weine und alles ist grau ...
> Ich glaub' an einen Gott, der in mir wohnt
> und in allem, was draußen ist,
> einen lachenden Gott, der mit mir lachen kann,
> und der mit mir lebt, wenn ich sterb'.[181]

Aber wenn die Beziehung dort stehen bleibt, in dem ständigen Verlangen, der große Mittelpunkt zu sein, von dem anderen umgeben und umsorgt zu werden, dann – so sagt uns die Erfahrung – wird die aufkeimende Liebe rasch verwelken. Die Liebe, die nie über die Schwelle des »Ich« zum »Du« findet, kann nicht reifen und wird früher oder später erkalten – ob nun in einer Ehe oder in der Beziehung zu Gott. Und vielleicht liegt hier unser tiefster Widerstand gegen die ethischen Forderungen der Bibel: in der Angst, dass der Gott, an den ich da glaube, womöglich tatsächlich anders ist als ich.

Denn sobald das wirkliche *DU* an unserer Schwelle erscheint, tritt bei uns Menschen ein wohldokumentierter Fluchtinstinkt in Aktion. Vielleicht war er es, der die Israeliten sich ihr Goldenes Kalb machen ließ. Auf die erste Freude über die Befreiung aus Ägypten war die Enttäuschung über die Widerwärtigkeiten der Wüstenwanderung gefolgt. Die Wanderung mit Gott zu *beginnen*, war leicht gewesen. Sie fortzusetzen und zu einer wirklichen Beziehung wachsen zu lassen, das war wesentlich schwieriger.

Und so ließ sich das Volk von Aaron aus seinem goldenen Schmuck ein Stierbild machen und betete es an. Dieses Bild war der Prototyp aller unserer Abgötter: Wir nehmen unsere eigene Person, unseren Lebensstil, unsere Ideale und machen uns einen Gott daraus.

> Und er nahm sie von ihren Händen und bildete das Gold in einer Form und machte ein gegossenes Kalb. Und sie sprachen: Das ist dein Gott, Israel, der dich aus Ägyptenland geführt hat! (2. Mose 32,4)

Es gibt eine alte Geschichte über einen Schriftsteller, der immer nur über sich redete. Aber er wusste darum und versuchte, sich zu bessern. Eines Abends war er auf eine Party eingeladen, wo er sich mit einer Frau zu unterhalten begann. Er redete von sich selber, von seiner Arbeit, seinen Reisen, seinen Erlebnissen. Eine Stunde verging. Zwei Stunden. Dann merkte er, was er da machte, unterbrach sich und sagte: »Entschuldigen Sie, Madame, jetzt sitze ich hier und rede die ganze Zeit nur über mich. Jetzt müssen wir mal über Sie reden. Sagen Sie, Madame, was halten Sie so von mir?«

Dieser Mann sah diese Frau nur so lange, wie sie ihn selber widerspiegelte. Genauso stehen wir in Gefahr, Gott nur so lange zu sehen, wie er uns widerspiegelt. Das neutestamentliche »Jesus wurde wie wir« wird flugs umgemodelt zu dem narzisstischen »Jesus wurde wie ich«, und schon können wir ihn zum verunsicherten Grübler, verliebten Jüngling, zum Homosexuellen oder religiösen Sucher machen, und sobald er sich aus dem Scheinwerferlicht meines eigenen Ich fortbewegt, wehre ich mich: »An so ein Gottesbild kann ich nicht glauben!«

Eine theologisch raffiniertere Art, dieses Spiegelbild zu behalten, geht von dem neutestamentlichen Bekenntnis zu Jesus als dem *Wort* aus. An und für sich ist dies seit der Urgemeinde das Zentrum des christlichen Glaubens: dass das Wort Fleisch wurde. Das Neue (ist es wirklich neu?) besteht darin, »das Wort« in Gegensatz zu setzen zu »den Worten« Jesu, die im Neuen Testament aufgezeichnet sind. Diese Worte werden in neutralisierende Klammern gesetzt; sie sind nur noch Formulierungen des Glaubens der Urkirche und nicht mehr etwas, das Jesus tatsächlich gesagt hat und das somit für alle Christengenerationen verbindlich ist. Frei nach dem Motto: »Wir glauben doch an Jesus, und nicht an irgendwelche Texte.«

Was sehr fromm klingt. Der Haken ist nur: Sobald wir dieses Räsonnement auf jede beliebige andere Beziehung anwenden, merken wir, wie absurd es ist. »Ich liebe dich, aber was du sagst, kümmert mich nicht.« Oder, genauer: »Ich liebe dich, aber was du sagst, das bestimme ich.« Oder im Klartext: »Ich höre auf dich, solange du das sagst, was ich hören will.« Dies ist die Maulkorb-Methode, mit der man jede Beziehung trefflich ersticken kann.

Und genauso ist es mit dem inneren Leben. Das stumme Spiegelbild meiner eigenen Wünsche – wer kann so etwas schon lieben?

> Ihre Götzen aber sind Silber und Gold, von Menschenhänden gemacht. Sie haben Mäuler und reden nicht, sie haben Augen und sehen nicht, sie haben Ohren und hören nicht ..., und kein Laut kommt aus ihrer Kehle. Die solche Götzen machen, sind ihnen gleich, alle, die auf sie hoffen. (Psalm 115,4-8)

Zum Schluss wird es schmerzlich offenbar, dass ich mich nur selber liebe. Hier liegt eine tiefe Triebkraft für unsere Rastlosigkeit, nicht zuletzt für die, die sich in dem Jagen nach einer grenzenlos mein Ich bejahenden Frömmigkeit ausdrückt. Wie Thomas Merton schreibt:

> Die Liebe, die ihres Gegenstands immer müde wird und die nie von etwas befriedigt wird und unaufhörlich nach etwas anderem und neuem sucht, ist die Liebe zu uns selbst. Sie ist die Wurzel aller Traurigkeit und Rastlosigkeit und Unruhe und allen Elends und Unglücks. Zum Schluss ist sie die Hölle.[182]

Im Nahkampf

Aus dieser Hölle kann Gott uns befreien. Die Bibel ist die Geschichte davon, wie er kämpft, um den Menschen vor dieser zerstörerischen Eigenliebe zu retten und ihn zu dem wahren Gegenstand seiner Liebe zurückzuführen. Wenn es stimmt, dass Gott die Liebe ist, dann stützt die Bibel keinen Millimeter weit jenes Bild vom passiv alles tolerierenden Gott, das heute vielfach als gute Verkündigung gilt, und auch die kosmische Liebesstrahlung einer formlosen Spiritualität hat mit dem Gott, der uns in der biblischen Geschichte entgegentritt, kaum etwas gemeinsam. Wenn Gott Liebe ist, dann muss Liebe etwas radikal anderes sein als das, was man heutzutage mit diesem Wort meint.

Fangen wir an und begleiten wir Jakob zu der Jabbok-Furt, wo er seine verzweifelte Einsamkeitsnacht erlebte:

Da rang ein Mann mit ihm, bis die Morgenröte anbrach. Und als er sah, dass er ihn nicht übermochte, schlug er ihn auf das Gelenk seiner Hüfte, und das Gelenk der Hüfte Jakobs wurde über dem Ringen mit ihm verrenkt. Und er sprach: »Lass mich gehen, denn die Morgenröte bricht an.« Aber Jakob antwortete: »Ich lasse dich nicht, du segnest mich denn.«

Er sprach: »Wie heißest du?« Er antwortete: »Jakob.« Er sprach: »Du sollst nicht mehr Jakob heißen, sondern Israel; denn du hast mit Gott und mit Menschen gekämpft und hast gewonnen.« Und Jakob fragte ihn und sprach: »Sage doch, wie heißest du?« Er aber sprach: »Warum fragst du, wie ich heiße?« Und er segnete ihn daselbst.

Und Jakob nannte die Stätte Pnuël; »denn«, sprach er, »ich habe Gott von Angesicht gesehen, und doch wurde mein Leben gerettet.« Und als er an Pnuël vorüberkam, ging ihm die Sonne auf; und er hinkte an seiner Hüfte. (1. Mose 32,25-32)

Jakob hat seinen Vater und Bruder betrogen. Er ist zum Bersten voll von seinem dicken Ich, und jetzt hat er auch noch den Nerv, Gott aufzufordern, ihn zu segnen. Nach unseren heutigen Maßstäben hätte Gott auf zwei Arten reagieren können: Er hätte Jakobs überdrüssig werden, ihn fallen lassen und sich einen anderen suchen können. Oder er hätte zu allem, was Jakob war und tat, ja und amen sagen und ihn bedingungslos segnen können.

Er macht keines von beiden. Statt dessen tut er dort am Fluss das, was er die ganze Menschheitsgeschichte hindurch getan hat: Er nimmt den Nahkampf mit Jakob auf, dass der Schweiß fließt und das Wasser der Furt aufspritzt. »Begreifst du, dass du dich nicht so benehmen kannst? Siehst du, dass ich nicht so bin wie du? Begreifst du endlich, dass ich dich liebe und dich nicht verlassen werde?«

Und er gibt Jakob einen harten Schlag auf das Hüftgelenk. Wir können dies als Ausdruck eines veralteten alttestamentlichen Gottesbildes abtun. Aber wir können es auch als Zeichen jener Liebe lesen, die manchmal unsere eigenen Spiegelbilder zertrümmern muss, damit wir den lebendigen Gott sehen können. »Ich habe Gott von Angesicht gesehen und bin noch am Leben!«

So überwältigt Gott den Menschen mit seiner Liebe. Weit davon entfernt, ein passives Gefühl zu sein, drückt Gottes Liebe sich ständig in der Tat aus, wenn er uns Menschen in unseren selbstgemachten Verliesen aufsucht, unsere Ketten zerreißt und uns in den weiten Raum der Freiheit führt. So liebt Gott:

> Die irregingen in der Wüste, auf ungebahntem Wege, und fanden keine Stadt, in der sie wohnen konnten, die hungrig und durstig waren und deren Seele verschmachtete, die dann zum Herrn riefen in ihrer Not, und er errettete sie aus ihren Ängsten und führte sie den richtigen Weg, dass sie kamen zu der Stadt, in der sie wohnen konnten: die sollen dem Herrn danken für seine Güte und für seine Wunder, die er an den Menschenkindern tut, dass er sättigt die durstige Seele und die Hungrigen füllt mit Gutem.
>
> Die da sitzen mussten in Finsternis und Dunkel, gefangen in Zwang und Eisen, weil sie Gottes Geboten ungehorsam waren und den Ratschluss des Höchsten verachtet hatten, so dass er ihr Herz durch Unglück beugte und sie dalagen und ihnen niemand half, die dann zum Herrn riefen in ihrer Not und er half ihnen aus ihren Ängsten und führte sie aus Finsternis und Dunkel und zerriss ihre Bande: die sollen dem Herrn danken für seine Güte und für seine Wunder, die er an den Menschenkindern tut. (Psalm 107,4-15)

Nirgends wird dies so deutlich wie bei Jesus. Niemand hat je so geliebt wie er: »Daran haben wir die Liebe erkannt, dass er sein Leben für uns gelassen hat« (1. Johannes 3,16). Von dem hellen Morgen am See, als er seine ersten Jünger berief, bis zum letzten, kaum hörbaren Atemzug im Dunkel des Kreuzes hat er uns gezeigt, was Liebe ist.

Hätte Jesus unsere Definition von Liebe als Gefühl, das man um jeden Preis ausleben muss, gehabt, wir säßen heute noch in der Finsternis. Da hätte er schon in der Wüste aufgegeben, als der Hunger ihn plagte und alle Dämonen der Welt ihm durch den Kopf schwirrten. Oder als die Jünger immer wieder nur mit ihren Zweifeln und sich selber beschäftigt waren. Da hätte er sich vor dem massiven Widerstand der religiösen Elite gebeugt. Da wäre er nie den Weg nach Jerusalem gegangen, im vollen Bewusstsein, dass dort Folter und Hinrichtung auf ihn warteten.

Sein Ausgangspunkt war nicht die Liebe zu uns, sondern die Liebe zum Vater. Der ganze Weg Jesu bis zum Karfreitag ist der Liebesgehorsam des Sohnes zum Vater und seine Teilhabe an der Liebe des Vaters zur Welt. Darum tut er sein Erlösungswerk – um uns Menschen einen Weg hinein in die Gemeinschaft mit dem Vater zu öffnen.

Seine letzten Worte nach dem Abendmahl sind ein Gebet: »... Und ich habe ihnen deinen Namen kundgetan und werde ihn kundtun, damit die Liebe, mit der du mich liebst, in ihnen sei und ich in ihnen.« Und der nächste Satz gibt die Richtung dieser Liebe an: »Als Jesus das geredet hatte, ging er hinaus mit seinen Jüngern über den Bach Kidron; da war ein Garten ...« (Johannes 17,26-18,1).

Heute bedeutet »Passion« vielfach eine heiße und heftige Leidenschaft. Aber das lateinische *passio* bedeutet eigentlich Leiden. Dieses kleine Wort ist ein Spiegel der Kehrtwendung, die die Liebe in unserer Kultur erlitten hat. Jesus war wohl kaum von angenehmen Gefühlen erfüllt, als er dort am Kreuz hing. Der Bibeltext zeigt vielmehr, dass sein Gefühlsleben genauso unerbittlich dahinschwand wie sein Körper, als der Tod kam.

Aber bis zum letzten Atemzug war er erfüllt von einem unerschütterlichen, pulsierenden *Willen*, die Menschen in die Gemeinschaft mit Gott zurückzubringen. So lehrt er uns, dass es in der Liebe unendlich mehr um den Willen als um Gefühle geht.

Dreimal wird er versucht, seine eigene Freiheit mehr zu lieben als die unsere. Die religiöse Elite ruft: »Er hat andern geholfen; er helfe sich selber ...« Die Soldaten: »Bist du der Juden König, so hilf dir selber!« Der eine der Verbrecher, die mit ihm gekreuzigt wurden: »Bist du nicht der Christus? Hilf dir selbst und uns!« (Lukas 23,35-39). Jesu Antwort ist Schweigen, und Johannes, der am Kreuz stand und alles sah, begriff: »Und wie er die Seinen geliebt hatte, die in der Welt waren, so liebte er sie bis ans Ende« (Johannes 13,1).

Auch Irenäus benutzt die Worte »lieben« und »liebevoll« in einem anderen als unserem heutigen Sinn, wenn er über Jesus schreibt:

> ... er band den Starken und befreite die Schwachen und schenkte seinem Geschöpf Heil, indem er die Sünde vernichtete. Denn ganz liebevoll und barmherzig ist der Herr, und er liebt das Menschengeschlecht.[183]

Das Christentum ist nicht die Liebe als Prinzip, es ist die Fleisch gewordene Liebe, und löst man die Liebe von Jesus, wird sie entweder zu einem utopischen Ideal, einem religiösen Über-Ich, das uns zusätzlich zu den übrigen Bürden des Lebens aufgeladen wird, oder zu einem frei schwebenden Gefühl, das kommt und geht und jeden beliebigen Impuls oder Trieb legitimiert. Allein in *Jesus* sprudelt die heiße Quelle hervor, die unser Leben auftauen und unsere gefrorenen Herzen liebesfähig machen kann.

»Hast du mich lieb?«

Alles christliche Leben ist ein Antworten auf Jesus. Nach seiner Auferstehung nimmt Jesus Petrus auf einen kleinen Spaziergang an dem Strand mit, wo drei Jahre zuvor alles begonnen hatte. Es ist viel geschehen seitdem. Für Petrus war es eine, gelinde gesagt, holprige Fahrt, von den Sonnenhöhen der Glaubensgewissheit in den Abgrund der Verleugnung. Gleichsam geduckt geht Petrus neben Jesus, ängstlich wartend. »Gleich kommt es ...«

Aber es kommt nicht. Stattdessen dreht Jesus sich zu Petrus hin, sieht ihm in die Augen und fragt: »Simon, Sohn des Johannes, hast du mich lieb?« (Johannes 21,15-17). Was antwortet man auf solch eine Frage? Ich habe sein Vertrauen in mich doch so bitter enttäuscht. Als alles gut ging, habe ich ihm das Blaue vom Himmel herunter versprochen, und als es dann ernst wurde, habe ich ihn schmählicher im Stich gelassen als alle anderen. Ich habe es noch nicht einmal gewagt, beim Kreuz zu stehen, als er starb – *und doch will er mich!*

Und Petrus antwortet. Er tut es ungewöhnlich leise; fast scheint es, als ob die Antwort von selber emporsteigt, aus tieferen Regionen in seiner Seele, die er selber noch nicht richtig kennt. »Ja, Herr, du weißt, dass ich dich lieb habe.«

All die stummen Spiegelbilder liegen in tausend Scherben. Der Mythos seiner unbedingten Verlässlichkeit, die Träume von der glänzenden Karriere, die Vorstellungen von einer reinen Frömmigkeit ohne jede menschlichen Flecken. Ja, und alle die falschen Bilder von Jesus, die nicht tot zu kriegenden Götzenbilder, die bis in die vertrautesten Stunden mit Jesus hinein Petrus geblendet hatten. Der Zusammenstoß mit der Wahrheit war unfassbar brutal gewesen.

Aber als Petrus etliche Jahre später seinen Brüdern und Schwestern schreibt, beschreibt er ohne Zögern den Zusammenhang zwischen Wahrheit und Liebe. Die Erfahrung hat ihn gelehrt, dass die Wahrheit keine Bedrohung der Liebe ist, sondern ihre Voraussetzung: »Habt ihr eure Seelen gereinigt im Gehorsam der Wahrheit zu ungefärbter Bruderliebe, so habt euch untereinander beständig lieb aus reinem Herzen« (1. Petrus 1,22).

Dieses Band zwischen Wahrheit und Liebe, zwischen Liebe und Gerechtigkeit zieht sich wie ein roter Faden durch die Bibel. Wir sind dazu berufen, Jesus nachzufolgen. Dies bedeutet, ihm zu folgen, so zu denken wie er, zu handeln wie er, zu lieben wie er. Nichts in der ganzen Bibel deutet darauf hin, dass es Liebe ohne Gehorsam gibt. Diese Trennung gibt es nicht in der Beziehung Jesu zu seinem Vater, und es kann sie daher auch nicht in unserer Beziehung zu ihm geben. Niemals kann Liebe ein Gefühl sein, über das wir verfügen und das uns das Recht geben würde, uns über das, was Gott ausdrücklich geboten hat, hinwegzusetzen. Jesus sagt:

Liebt ihr mich, so werdet ihr meine Gebote halten. ... Wer

meine Gebote hat und hält sie, der ist's, der mich liebt. ... Wenn ihr meine Gebote haltet, so bleibt ihr in meiner Liebe, wie ich meines Vaters Gebote halte und bleibe in seiner Liebe. ... Das ist mein Gebot: dass ihr euch untereinander liebt, wie ich euch liebe. (Johannes 14,15+21; 15,10+12)

Johannes webt seine Briefe mit dem gleichen Hauptfaden:

Und daran merken wir, dass wir ihn kennen, wenn wir seine Gebote halten. Wer sagt: »Ich kenne ihn«, und hält seine Gebote nicht, der ist ein Lügner, und in dem ist die Wahrheit nicht. Wer aber sein Wort hält, in dem ist wahrlich die Liebe Gottes vollkommen. Daran erkennen wir, dass wir in ihm sind. Wer sagt, dass er in ihm bleibt, der soll auch leben, wie er gelebt hat. (1. Johannes 2,3-6)

Gehorsam und Liebe sind auch für Johannes zwei Seiten derselben Münze: »Und das ist die Liebe: dass wir leben nach seinen Geboten; das ist das Gebot, wie ihr's gehört habt von Anfang an, dass ihr darin lebt« (2. Johannes 6).

Nein, Marcion hatte nicht Recht. Es stimmt nicht, dass das Neue Testament die ethische Verpflichtung abgeschafft und durch eine alles tolerierende Liebe ersetzt hat. Jesus und die Apostel reden nicht anders von der Liebe als Mose. In dem großen Doppelgebot wird das Wesentliche des Alten wie des Neuen Testaments zusammengefasst: »Höre, Israel, der Herr ist unser Gott, der Herr allein. Und du sollst den Herrn, deinen Gott, lieb haben von ganzem Herzen, von ganzer Seele und mit all deiner Kraft« (5. Mose 6,4-5). Allein schon die Tatsache, dass hier zum Lieben *aufgefordert* wird, zeigt, dass diese Liebe wohl kaum ein Gefühl ist, das einen halt überfällt.

Und die Koppelung an das Gebot ist bei Mose gerade so deutlich wie bei Jesus:

So sollst du nun den Herrn, deinen Gott, lieben und sein Gesetz, seine Ordnungen, seine Rechte und seine Gebote halten dein Leben lang. ... Denn wenn ihr diese Gebote alle halten werdet, die ich euch gebiete, und danach tut, dass ihr den Herrn, euren Gott liebet ... (5. Mose 11,1+22)

Es ist dieselbe Grundregel wie in allen Beziehungen: Jemanden lieben heißt immer auch, das, was er will, ernst nehmen –

sonst lebe ich weiter in meiner Eigenwelt, und die Beziehung trocknet aus.

Dies hat Konsequenzen für unsere Lebensführung, aber auch für unser inneres Leben. Die Menschen der Bibel hätten sich tief befremdet gefühlt von der ethisch unverbindlichen Version von Mystik, die hier und da in der Kirche aufgetaucht ist und die dem gnostizierten Kulturklima unserer Tage spiritueller denn je erscheint. Dem, der geistliche »Erlebnisse« ohne Nachfolge sucht, würden sie vielleicht das Gleiche antworten wie der Wüstenmönch Vater Poimen, als jemand zu ihm kam und ihn erwartungsvoll fragte, was »die hohen Dinge« seien. Poimens lapidare Antwort: »Das ist die Gerechtigkeit.«[184]

Kirchliche Seelsorge hat Liebe noch nie in höherem Maße bei den Gefühlen angesiedelt. Die Gefühle sind wohl da und werden ernst genommen, aber das Innerste und Tragende in der Liebe ist nicht das Fühlen, sondern das Wollen. Damit aber wird die Koppelung zwischen dem inneren Leben und der äußeren Nachfolge nur natürlich. Wie Thomas Merton schreibt:

Die Liebe ist eine Vereinigung der Willen. Die vollkommene Liebe zu Gott ist die vollkommene Vereinigung des Willens mit Gott. Sie bedeutet, dass man unfähig ist, etwas zu wollen, das Gott nicht will. ... Die Kontemplation ist eine intime Erkenntnis Gottes, die aus der Liebesvereinigung mit seinem Willen entspringt. Und Gott selber hat gesagt, dass der normale Weg zu dieser Vereinigung des Willens mit ihm die Vereinigung des Willens mit anderen Menschen um seinetwillen ist.[185]

Die Liebe wird erkalten

In seiner großen Endzeitrede sagt Jesus etwas, das uns mit jedem Jahr näher auf die Haut zu rücken scheint: »Und weil die Gesetzlosigkeit überhand nimmt, wird die Liebe der meisten erkalten« (Matthäus 24,12 Elbf.). Man braucht kein Philosoph zu sein, um den Satz umzukehren: Durch das Erkalten der Liebe wird die Gesetzlosigkeit zunehmen. Wir wissen, dass Menschen, die ohne Liebe aufwachsen, härter werden und mehr dazu neigen, mit Ellbogen durchs Leben zu gehen.

Aber es scheint einen tieferen Blick zu erfordern, um zu sehen, dass eben der Mangel an Grenzen, Normen und Tabus unsere Liebesfähigkeit untergräbt, anstatt sie freizusetzen. Für die ganze moderne Sentimentalisierung und Sexualisierung der Liebe ist es ja sonnenklar, dass ethische Normen für das Zusammenleben gegenüber der Liebe sekundär sind, ja oft geradezu hinderlich. Der Kampf der 68er Jahre um die »Befreiung der Liebe« ging ja davon aus, dass Liebe und Ethik wie Feuer und Wasser sind. Aber Jesus scheint davon auszugehen, dass sie wie Feuer und Brennholz sind!

Wenn nichts mehr »richtig« oder »falsch« ist, verliert die Liebe den Widerstand, der sie aus unserer Ichbezogenheit herausbrechen und dazu bringen kann, auf den anderen zuzugehen. Solange alles, was ich fühle, gut und richtig ist und Gott und die Mitmenschen ihr Ja dazu sagen, komme ich nicht in Verlegenheit, in den Spiegel schauen und mich selbst betrachten zu müssen – damit aber auch nicht meinen Mitmenschen! Und wenn wir blind für uns selber sind, wie wollen wir dann einen anderen Menschen verstehen?

Kommt dann jemand – ob nun Gott oder ein Mensch –, der mir Widerstand und Reibungsflächen entgegensetzt, sagen meine Gefühle mir sofort: Weg von hier! Ich kann dies im Namen der Liebe tun – aber sagt uns unsere Erfahrung nicht, dass es sich eher um das Gegenteil von Liebe handelt? Es scheint immer schwerer zu werden, Beispiele zu finden für die warme Liebe, die mit Lust und Willen Menschen im Leben und Tod vereint.

Die Gnostiker hatten keine Märtyrer. Sie glaubten nicht an eine objektive Wahrheit, die es wert war, für sie zu sterben. Ihr ganzer Glaube kreiste um ihre geistliche Selbstverwirklichung, die Mauern ihres Ichs waren unversehrt. Und darum kannten sie nichts von der Liebe, die für einen anderen in den Tod gehen kann. Irenäus schreibt:

> Vor allem aber gibt es hier das Geschenk der Liebe, das wertvoller ist als Gnosis, rühmlicher als Prophetie und alle anderen Charismen überragt.
>
> Daher schickt die Kirche an allen Orten aus ihrer Liebe zum Herrn zu jeder Zeit eine Menge Märtyrer zum Vater voraus; alle anderen [die Gnostiker] können das bei sich nicht nur nicht aufweisen, sondern erklären, ein solches Zeugnis (Martyrium) sei gar nicht notwendig, weil nämlich das wahre Zeugnis ihre Lehre sei. In der ganzen Zeit, seit der Herr auf Erden erschienen ist, hat es nur die eine oder andere Ausnahme gegeben, dass irgendwann einer zusammen mit unseren Märtyrern abgeführt worden ist ...[186]

Das gnostische Denken hat unsere Grenzen verwischt, die Entfremdung von unserem Leib vertieft und unser Gewissen betäubt, und die vielleicht tiefste Folge davon ist, dass unsere Liebesfähigkeit erlahmt. Eine Meisterstrategie des Teufels! Im Namen der Freiheit reißt er unsere Grenzen nieder: »Sollte Gott gesagt haben?« (1. Mose 3,1). Und wenn wir dann draußen sind, entdecken wir zu spät, wie schwer es ist, dem Sog in die Einsamkeit, die wir doch gar nicht wollten, zu widerstehen. Die große Freiheit entpuppt sich als Schein – wir sind nicht frei geworden, sondern manipulierbar. Der unersättliche Fürst des Ichs saugt uns mit unwiderstehlicher Kraft hinein in sein Gefängnis.

Aber das klingt ja gerade so, als ob Gott für die Grenzen steht und der Teufel für die Lust! Ist dies nicht eine furchtbare Moralisierung der Liebe, ein gesetzliches Abwürgen der Quelle der Lust, mit dem kaum ein Mensch leben kann? Muss dies nicht zu einer neuen tragischen Grenze führen, zwischen einer kleinen Elite der Gerechten und »richtig« Liebenden und dem Rest von uns, deren Liebe trübe und halbherzig und von der Alltagswirklichkeit der Sünde beschmutzt ist?

Nun, schauen wir uns die christliche Urgemeinde an. Was für Leute gehörten zu ihr? Eine bunte Mischung von Menschen, von denen nicht wenige Schiffbruch auf dem Meer der Liebe und Sexualität erlitten hatten, bevor Jesus sie rief – und manchmal noch danach. Und so ist es in der Kirche zweitausend Jahre lang geblieben. Ihre Geschichte ist ein ständiger Wechsel von Ebbe und Flut. Trockenperioden, in denen das Evangelium zu einem Apparat von Regeln und Verboten einerseits und einem säkularisierten Lebensstil andererseits verkommt, und dann wieder Aufbrüche, in denen das Evangelium weit die Türen öffnet für die Quelle des Lebens und Menschen mit kaputten Beziehungskisten Gottes Gnade begegnen.

Aber niemals kann die Hilfe darin bestehen, dass die Kirche den Schiffbruch segnet. Gott hat das Meer geschaffen und ihm eine Grenze gesetzt – und damit ein offensichtliches Risiko für den Seefahrer. Und genauso schuf er die Lust und setzte ihr eine Grenze – mit dem Risiko, dass wir auf Grund laufen können. Die Gefahr für den Seefahrer ist nicht die Küste, sondern die falsche Seekarte, die ihm vorgaukelt, dass es keine Klippen unter dem Wasser gibt.

Jesus vergibt Sündern. Die Kirche hat zwei Möglichkeiten, den Menschen diese Erfahrung vorzuenthalten. Die eine ist: Sie schafft ein so superfrommes Milieu, dass Sünder keine Chance haben. Dies ist die traditionelle Selbstgerechtigkeit: Ich lebe auf der richtigen Seite des Gesetzes. Die andere Möglichkeit ist: Die Ethik wird so verändert, dass keiner mehr ein Sünder ist. Dies ist die moderne Selbstgerechtigkeit: Es gibt kein Gesetz. Angeblich soll es dem Schwachen helfen, wenn man die hohen Anforderungen kappt. Aber ...

... wenn es kein anderes Gesetz mehr gibt als meine eigene Lebenssicht, dann gibt es auch keine Vergebung mehr. Vielleicht ist dies die furchtbarste Folge davon, dass der Mensch sich an Gottes Stelle setzt: eine Welt ohne Gnade. Eine Welt, in der die Schreie all unserer Lüge und Falschheit, Gemeinheit und Gewalt nur ihr leeres Echo hören, denn es gibt niemand, der vergeben kann, es wartet kein Vaterschoß auf den verlorenen Sohn. Immer dünner klingen unsere Stimmen, wenn wir uns einzureden versuchen: »Es gibt keine Sünden mehr.« Zum Schluss sind wir immun geworden gegen jede echte Erfahrung von Barmherzigkeit. Die Eiszeit hat begonnen.

Was tun? Ist Liebe überhaupt noch möglich in unserer späten Zeit, oder sind wir zum Kältetod verdammt?

Nehmen wir an, die Frage packt mich eines Tages, als ich in dem Gedränge der gläsernen Treppe der modernen Babelturm-Gesellschaft stecke, die die Verlierer nach unten und die Gewinner nach oben befördert. Ich habe begonnen, den Mythos, dass ich mir mit meinem Klettern »einen Namen machen werde«, zu durchschauen und zu merken, wie ja stattdessen meine Identität immer undeutlicher, meine Liebe immer kälter wird. Ich schaue mich um, aber sehe nur die Fata Morganen der Medien, das Flimmern der Bildschirme, die rastlos vorbeihuschenden Bilder. Ich taste mit meinen Fingern, aber ich fühle nur kalten Stahl, Plastikkappen, glatte Wände. Ich lausche, aber ich höre nur das Rauschen von tausend Kanälen, den Verkehr auf der Straße, das ewige Surren der Klimaanlage.

Als ich schon resigniert aufgeben will, sehe ich, dass neben der Treppe, etwa in Fußhöhe, jemand etwas in die Wand geritzt hat. Ich bücke mich – vorsichtig, um nicht gesehen oder über den Haufen gerannt zu werden – und entdecke, dass es der Umriss eines kleinen Fisches ist. Ich fahre mit dem Finger über den Fisch ...

... und etwas passiert. Ein schwacher Salzwasserduft, ein fernes Meeresbrausen, wie in einer leeren Muschel. Unvermittelt platscht ein Wassertropfen auf meine Nase. Ich schaue verdutzt nach oben. In der glänzenden Wand ist ein gähnendes Loch, und in dem Loch, weit weg, steht jemand, der mir zuwinkt, zu ihm zu kommen. Und ich kann nicht widerstehen, obwohl der Regen mir ins Gesicht peitscht und die anderen rufen, dass ich verrückt bin.

Durch den Regen und den Meereswind hindurch höre ich seine Stimme: »Selig sind, die da geistlich arm sind; denn ihrer ist das Himmelreich. Selig sind, die da Leid tragen; denn sie sollen getröstet werden. Selig sind die Sanftmütigen; denn sie werden das Erdreich besitzen. Selig sind, die da hungert und dürstet nach der Gerechtigkeit; denn sie sollen satt werden« (Matthäus 5,3-6).

Zuerst merke ich nichts. Ich bin noch wie betäubt von der Jagd auf der Treppe, verblendet von dem ständigen »Mehr!«, »Höher!«, »Schneller!«. Aber dann merke ich, wie meine Brust langsam freier wird, als ob ein Gewicht sich von ihr hebt, und ich leichter atmen kann. Es ist, als ob die Worte etwas tief in mir drinnen anrühren, wie eine vergessene Sprache, die erwacht und sich reckt.

Und dann stehen wir an einem weiten Strand, Jesus und ich. Ich erkenne ihn vage wieder, den Strand, mit einer Mischung aus Trauer und Sehnsucht. Jetzt öffnet sich ein anderes Licht über dem Strand, und wir gehen lange Seite an Seite am Schaum der Wellen entlang. Und dann sieht er mich an und fragt:

»Weißt du, was ich mit dir getan habe?« Es ist die Frage, die er seinen Jüngern stellte, als er am Abend vor seiner Kreuzigung ihre Füße gewaschen hatte (Johannes 13,12). Er hatte etwas mit ihnen getan, und jetzt forderte er sie auf, darüber nachzudenken, was dies bedeutete. Auf die gleiche Weise hat er immer wieder in unsere Geschichte eingegriffen und fordert uns auf, zu sehen und nachzudenken: Was bedeutet dies für mich?

Ignatius wies seine Mitbrüder an, sich jeden Abend eine Stunde der »Prüfung« vor Gottes Angesicht zu nehmen und sich zu fragen: Was ist an diesem Tag geschehen? Wo habe ich vor Gott versagt? Darauf sollte ein Gebet um Vergebung folgen und um die Kraft, auf dem rechten Weg weiterzugehen. Diese »Prüfung« hat im Laufe der Geschichte oft eine finstere Schlagseite hin zu Grübelei und Gewissensqual gehabt. Man starrte auf seine eigenen Anstrengungen und Niederlagen – kaum der richtige Boden für einen blühenden Garten.

Im Laufe der Erneuerung der ignatischen Seelsorge nach dem Zweiten Vatikanischen Konzil hat sich etwas getan mit dieser »Prüfung«. Es fällt uns leichter, Jesu Frage wiederzuerkennen, wenn der amerikanische Jesuit George Aschenbrenner erklärt, dass »die Selbstprüfung nicht primär auf die Unterscheidung zwischen moralisch bösen und guten Handlungen ausgeht. Der Schwerpunkt liegt vielmehr darauf, wie der Herr in uns arbeitet und uns (oft ganz spontan!) unsere Tiefen aufschließt.«[187] Es geht darum, auf die großen Linien meines Lebens zurückzublicken, um zu erkennen, was Gott mit mir getan und auf welche Weise er mich zu sich gezogen hat, und zurückzuschauen auf den gerade vergangenen Tag, um in dem, was in ihm geschehen ist, Jesu Gegenwart und Willen auszumachen.

Dies kann nicht ein Grübeln auf eigene Faust sein. Jesus stellt seine Frage direkt an uns und erwartet, dass wir ihm antworten. Solch offenes, reflektierendes Beten funktioniert ungefähr so wie die Öffnung in der Glaswand. Eine ganz neue Perspektive leuchtet sachte in mein Leben hinein, und ich entdecke eine Wirklichkeit, für die ich bisher blind war.

Es fängt damit an, dass ich all das Gute sehe, das Gott mir gegeben hat. Und die Voraussetzung dafür ist paradoxerweise, dass ich meine Armut erkenne, schreibt Aschenbrenner:

> Wenn wir uns zu sehr mit unseren eigenen Ressourcen beschäftigen und unsere fundamentale Armut verleugnen, verlieren wir die Gaben. Wir fangen dann entweder an, das einzufordern, was wir doch verdient haben (was oft in eine wütende Frustration führt), oder wir nehmen alles, was uns widerfährt, freudlos als selbstverständlich. Nur der wahrhaft Arme kann auch die kleinste Gabe recht schätzen und ehrlich dankbar für sie sein. Je tiefer wir im Glauben leben, um so ärmer sind wir und desto reicher an Gaben. Das ganze Leben wird zu einem demütigen, freudigen Dank.[188]

Im Lichte dessen, was Jesus für mich getan hat, nimmt meine Antwort an ihn Konturen an. Hier zeigt sich rasch meine Zwiespältigkeit: auf der einen Seite die Sehnsucht, ihm meine Liebe und meinen Gehorsam zu schenken, auf der anderen Seite der instinktive Widerstand gegen alles, was meine Selbstbestimmung bedrohen könnte. Jesus kann es sich leisten zu warten. Das Wichtigste ist nicht, wie schnell ich vorwärts gehe, sondern wie ehrlich vor mir selber ich dabei bin. Das hat Jesus für mich getan – wie sieht meine Antwort aus? Hier zeigt sich deutlich die Schwelle:

> Wenn es uns hinreichend ernst ... geworden ist mit der Liebe zu Gott, sehen wir bald, dass gewisse Dinge bei uns anders werden müssen. So viele Mängel, so viel Versagen. Aber der Herr will nicht, dass wir alles auf einmal anpacken. Gewöhnlich ist es *ein* Gebiet unseres Herzens, wo er uns zu der Umkehr ruft, die immer der Beginn eines neuen Lebens ist. An einem ganz bestimmten Punkt stößt er uns innerlich an, erinnert uns daran, dass dann, wenn wir wirklich ganz Ernst machen wollen mit ihm, dieser Bereich unseres Lebens anders werden muss. Oft ist dies genau der Bereich, den wir lieber vergessen und (vielleicht!) später angehen wollen.[189]

Während dieses Prozesses, der mehr oder weniger lange dauern kann, erwacht eine Seite unserer Gottesbeziehung, die heute nicht gerade überbetont wird: die Traurigkeit und Reue.

> Das Herz eines Christenmenschen ist immer ein Herz, das singt – ein Lied tiefer Freude und Dankbarkeit. Doch dieses Halleluja kann recht äußerlich und ohne Substanz und Tiefgang sein, wenn es nicht auch von echter Traurigkeit berührt wird. Es ist ja das Lied eines Sünders, der sich ständig bewusst ist, dass er ein Opfer seiner sündigen Neigungen ist – und der trotzdem immer wieder zu dem neuen Leben umkehrt, das ihm der Sieg Christi garantiert ...
>
> Dieses Zerbrechen ist nicht ein Sichschämen oder eine Depression über meine Schwachheit. Es ist eine Glaubenserfahrung, die kommt, wenn die unfassbare Sehnsucht des Vaters danach, dass wir ihn mit jeder Faser unseres Seins lieben möchten, uns immer mehr bewusst wird.[190]

Zu dieser Erfahrung können uns keine Bücher, Kurse, Therapien oder Meditationsformen führen. Hier sind es nicht die Experten, sondern die Sünder, die den Weg weisen. Wie die weinende Frau zu Jesu Füßen, die Sünderin, die sich unter die Frommen verlaufen hatte: »Ihre große Schuld ist ihr vergeben; sonst hätte sie mir nicht so viel Liebe zeigen können. Wem wenig vergeben wird, der liebt auch wenig« (Lukas 7,47 Hoffnung für alle).

Sie ist die Kirche der Zukunft.

Gebet: Jesus Christus, Licht der Welt ...

Du bist von allem Anfang, Licht vom Licht.
Du strahltest über dem Schöpfungsmorgen
und in Abrahams Nacht.
Du warst die Feuersäule in der Wüste,
die Flamme in der Einsamkeit der Propheten,
die Sonne in der Gemeinschaft der Apostel.

O Christus, du Sonne der Gerechtigkeit,
die über der Welt aufgegangen ist,
du heller Morgenstern,
dem deine Kirche folgt:

Komm, unerschaffenes Licht,
komm, Schöpferlicht,
komm, Lebenslicht,
o komm, du unauslöschliches Licht!

Erleuchte meine Seele,
entlarve meine Lügen,
verzehre meine Abgötter,
vertreibe die Dämonen der Angst,
heile meine Wunden,
führe mich zum Vater.

Du, Bethlehems milder Morgenschein,
durchstrahle deine Kirche
mit wahrer Göttlichkeit
und wahrer Menschlichkeit.

Du, Gethsemanes flackernde Flamme,
entzünde das Altarfeuer des Wachens
in der Tiefe unseres Leidens.

Du, Sonnenaufgang von Pfingsten,
vertreibe die Todesmächte auf Erden
und lass deinen großen Tag kommen!

Amen, ja, komm, Herr Jesus!

ANMERKUNGEN

[1] Hans-Peter Martin/Harald Schumann, *Die Globalisierungsfalle,* Rowohlt Verlag, Reinbek 1996, S. 11-13
[2] »Vidlyftig livsstil lämnar djupa spår«, *Dagens Nyheter,* 1. März 1997
[3] »Den moderna människans flyktiga förbindelser«, *Moderna Tider,* Nov. 1991
[4] »Tidsfixering stressar barnen«, *Dagens Nyheter,* 12. März 1997
[5] »Mer och mer pengar tjänas på pengar«, *Dagens Nyheter,* 6. Okt. 1997
[6] John Annas, »Oheliga ikoner«, *Dagens Nyheter,* 23. Aug. 1997
[7] Irenäus von Lyon, *Gegen die Häresien,* Buch I, 23.1, Herder Verlag, Freiburg 1993, S. 289-291
[8] Irenäus, *Gegen die Häresien,* Buch I, 6.2, S. 165
[9] Irenäus, *Gegen die Häresien,* Buch I, 25.4, S. 311
[10] Irenäus, *Gegen die Häresien,* Buch IV, 35.4, Herder Verlag, Freiburg 1995, S. 295
[11] Irenäus, *Gegen die Häresien,* Buch II, 28.4, Herder Verlag, Freiburg 1993, S. 231. Irenäus wörtlich: Die gnostischen Lehren kommen »aus den Affekten der Menschen«.
[12] Lisbeth Larsson, »Kvinnan är en människa med både kön och genus«, *Dagens Nyheter,* 2. Mai 1998
[13] Dan Hallock, »The Legacy of a Good Soldier«, *The Plough,* Nr. 53, 1997
[14] Marius van Niekerk, »Vi lärde oss att förakta allt och alla«, *Dagens Nyheter,* 14. Jan. 1991
[15] Marika Lindbom Jakobson, »Torterare fick lära sig älska smärta«, *Dagens Nyheter,* 25. Juni 1993
[16] *Dagens Nyheter,* 8. Sept. 1997
[17] »Myten om naturlig nakenhet«, *Dagens Nyheter,* 28. Mai 1994
[18] Karin Johannisson über Hans-Peter Dürr, »Lustfylld läsning för slumrande voyeur«, *Dagens Nyheter,* 15. Nov. 1996
[19] »Om kärleken i äktenskap och familj«, *Nytt Liv* 1982, S. 44-46
[20] Johan Croneman, *Dagens Nyheter,* 3. Okt. 1997
[21] Ole Jensen, *Unter dem Zwang des Wachstums,* Chr. Kaiser Verlag, München 1977, S. 162
[22] Irenäus, *Gegen die Häresien,* Buch I, 5.4, S. 159
[23] Irenäus, *Gegen die Häresien,* Buch I, 27.2, S. 319-321
[24] Synergie-Effekt: Wenn mehrere Faktoren zusammenwirken und sich dadurch ein größerer Effekt einstellt, als wenn sie je einzeln gewirkt hätten.
[25] (Schwed.) Gesangbuch der Heilsarmee, 1920, Nr. 264
[26] Wilfrid Stinnissen, *Andens terapi,* Verlag Libris, Örebrö 1996, S. 79
[27] Dietrich Bonhoeffer, *Nachfolge,* Chr. Kaiser Verlag, München, 6. Aufl. 1958, S. 1 und 11
[28] *Weisung der Väter,* übers. von Bonifaz Mille, Paulinus-Verlag, Trier, 2. Aufl. 1980, Nr. 426
[29] Zitiert von Sverker Sörlin, »Gud kanske kan, men inte vi«, *Dagens Nyheter,* 16. Okt. 1993
[30] »Människovärde och människovärdering«, Theologisches Institut der Universität Uppsala. Bericht in *Dagens Nyheter,* 13. Jan. 1989

[31] »Är människan mer än en myra?«, *Dagens Nyheter*, 31. Juli 1994
[32] Simone de Beauvoir, *Das andere Geschlecht*, Rowohlt Verlag, Reinbek 1968, S. 42
[33] Beauvoir, *Das andere Geschlecht*, S. 40
[34] Beauvoir, *Das andere Geschlecht*, S. 44
[35] Beauvoir, *Das andere Geschlecht*, S. 164
[36] Beauvoir, *Das andere Geschlecht*, S. 363
[37] Beauvoir, *Das andere Geschlecht*, S. 482
[38] Beauvoir, *Das andere Geschlecht*, S. 45
[39] Birgit Munkhammar, »Modermord – fast inte på Simone«, *Dagens Nyheter*, 12. Mai 1998
[40] Jean-Paul Sartre, »Ist der Existentialismus ein Humanismus?«, in: ders., *Drei Essays*, Ullstein Verlag, Frankfurt/M. 1966, S. 35
[41] Sartre, »Ist der Existentialismus«, S. 17
[42] Sartre, »Ist der Existentialismus«, S. 34
[43] Sartre, »Ist der Existentialismus«, S. 11
[44] Anna Petronella Fredlund, »Hon handlar sitt kön«, *Dagens Nyheter*, 11. Nov. 1997
[45] *The New Jerome Bible Commentary*, Geoffrey Chapman, London 1996, S. 1351
[46] Irenäus, *Gegen die Häresien*, Buch I, 30.1-2, S. 333
[47] Irenäus, *Gegen die Häresien*, Buch I, 30,12, S. 345-347
[48] Irenäus, *Gegen die Häresien*, Buch I, 30.13, S. 347
[49] Irenäus, *Gegen die Häresien*, Buch I, 30.15, S. 351
[50] Irenäus, *Gegen die Häresien*, Buch I, 31.1, S. 351
[51] Irenäus, *Gegen die Häresien*, Buch I, 21.3, S. 279
[52] Irenäus, *Gegen die Häresien*, Buch I, 21.5, S. 283-285
[53] Dag Hammarskjöld, *Zeichen am Weg*, Verlag Droemer Knaur, München 1965, S. 79
[54] Zitiert bei Eva Moberg, »Ny fadersroll på stark frammarsch i USA«, *Dagens Nyheter*, 12. Juni 1995
[55] So der frühere Staatsminister Odvar Nordli.
[56] *Die Regel des Hl. Benedikt*, Nr. 58.1-8, Beuroner Kunstverlag, Beuron, 16. Aufl. 1992
[57] »Vacciner kan ligga bakom diabetes«, *Dagens Nyheter*, 8. Dez. 1997
[58] C. S. Lewis, *Der schweigende Stern. Die komplette Perelandra-Trilogie*, Heyne Verlag, München 2000, S. 393
[59] Irenäus, *Gegen die Häresien*, Buch IV, 20,7, S. 167
[60] Irenäus, *Gegen die Häresien*, Buch III, 20,2, Herder Verlag, Freiburg 1995, S. 247
[61] Irenäus, *Gegen die Häresien*, Buch I, 10.1-2, S. 199-201
[62] Irenäus, *Gegen die Häresien*, Buch IV, 14,1, S. 105-107
[63] Magnus Malm, *Under mandelträdet*, Artos bokförlag, Skelleftea 1993, S. 78
[64] *Processen*, eine Schrift über Warenzeichen, hrsg. v. Brand Management, Box 5519, 11485 Stockholm, S. 4
[65] Peter Halldorf, *Sandens söner*, Trots Allt, 1996, S. 63
[66] Charles Cummings, *Monastic Practices*, Cistercian Publications, Michigan (USA) 1986, S. 158 und 161

[67] Thomas Merton, *Der Berg der sieben Stufen*, Benziger Verlag, Einsiedeln 1950, S. 393
[68] Thomas Merton, *Der Berg der sieben Stufen*, S. 404f.
[69] Charles Cummings, *Monastic Practices,* S. 82-83
[70] Francoise Gilot, *Leben mit Picasso,* Kindler Verlag, München 1965, S. 49
[71] Klara Grede, »En lysgul TV-soffa«, *Dagens Nyheter*, 19. April 1996
[72] Eli Heckscher, *Svenskt arbete och liv,* Aldus, 1971, S. 158
[73] Annonce der Telia, *Dagens Nyheter*, Okt. 1995
[74] »På väg mot K-samhället«, *Dagens Nyheter*, 24. Nov. 1997
[75] *akt*, Zeitung des schwed. Theaterverbandes, Mai 1998
[76] »Svenska pressen har ingen moral längre«, Interview mit Journalist Per Svensson, *Dagens Nyheter,* 28. Dez. 1997
[77] Peter Englund, »Brev från nollpunkten«, zitiert in *Dagens Nyheter*, 9. Okt. 1996
[78] »Konsten att se«, zitiert in Maria Gummessons Artikel »Döden har vi gemensamt«, *Dagens Nyheter*, 23. Jan. 1997
[79] *Dagens Nyheter*, 23. Jan. 1997
[80] »Den skyldige är televisionen«, *Moderna Tider*, Mai 1996
[81] »Medborgare i ensamhetens samhälle«, *Dagens Nyheter*, 15. März 1998
[82] Po Tidholm, »Farväl till svensk glesbygd«, *Dagens Nyheter*, 13. Febr. 1999
[83] »Vi är alla åskådare till det dagliga massmordet«, *Dagens Nyheter*, 29. Juni 1993
[84] »Struntet går inte at stänga av«, *Dagens Nyheter,* 24. Jan. 1995
[85] »Nuförtiden kommer änglarna tomhänta«, *Dagens Nyheter*, 21. Mai 1997
[86] Ignatius von Antiochien, »Brief an die Smyrnäer«, in: *Die Apostolischen Väter. Bibliothek der Kirchenväter,* Bd. 35, Kempten, 1918, S. 148
[87] »Den totala olyckan«, *Göteborgs-Posten*, 9. Juli 1997
[88] Irenäus, *Gegen die Häresien*, Buch I, 25.1, S. 307
[89] Irenäus, *Gegen die Häresien*, Buch V, 19.2, S. 155
[90] »Medierna allt lögnaktigare«, *Dagens Nyheter*, 16. April 1998
[91] Irenäus, *Gegen die Häresien*, Buch I, 28.1, S. 325
[92] Irenäus, *Gegen die Häresien*, Buch I, 25.4, S. 311
[93] Lars Linder, »Vad håller de på med egentligen?«, *Dagens Nyheter*, 22. Febr. 1998
[94] »Kvinnans kropp är ett samtidsvittne«, *Dagens Nyheter,* 15. Juni 1996
[95] »Lena längtar hem till ›stallet‹«, *Dagens Nyheter*, 9. Jan. 1994
[96] *Die Regel des Hl. Benedikt,* Kap. 58.7
[97] Zum Thema »Christliche Mitarbeiter und ihre Ausbildung« vgl. eingehender Magnus Malm, *Gott braucht keine Helden*, R. Brockhaus Verlag, Wuppertal 1997, und ders., *Starker Gott – verzagte Gemeinde,* Wuppertal 2000, Kapitel »In der Schule der Erfahrung« und »Jeder an seinem Ruder«.
[98] C. S. Lewis, *Dienstanweisung für einen Unterteufel*, Herder Verlag, Freiburg, 15. Aufl. 1975, S. 22 (Brief IV).
[99] »Husdjuren håller dig frisk«, *Dagens Nyheter,* 5. Mai 1998
[100] Kallenberg, Bråkenhielm, Larsson, *Tro och värderingar i 90-talets Sverige,* Libris, Örebrö 1996, referiert in Signum 4/1996
[101] H.P. L'Orange, *Från antik till medeltid*, Wahlström & Widstrand, 1965, S. 22
[102] L'Orange, *Från antik till medeltid*, S. 122

[103] Clemens von Alexandrien, Stromateis 6.9. Zitiert nach: Henry Bettenson, *The Early Christian Fathers,* Oxford University Press, Oxford 1976, S. 175
[104] Origenes, Homilien zum Buch Numeri 33.2. Zitiert nach: Bettenson, *The Early Christian Fathers,* S. 187
[105] Origenes, *Vier Bücher von den Prinzipien,* hrsg. v. Herwig Görgemanns und Heinrich Karpp, Wissenschaftliche Buchgesellschaft, Darmstadt, 3. Aufl. 1992, Buch III, 5.4, S. 631. – Origenes, *Kommentar zum Römerbrief 5.9,* zitiert nach: Origenes, *Geist und Feuer. Ein Aufbau aus seinen Schriften,* hrsg. v. Hans Urs von Balthasar, Johannes Verlag, Einsiedeln 1991, Nr. 337
[106] Origenes, *Homilien zum Buch Numeri,* zitiert nach: Bettenson, *The Early Christian Fathers,* S. 206
[107] Origenes, *Vier Bücher von den Prinzipien,* Buch I, 1.7, S. 117
[108] Louis Bouyer, *The Spirituality of the New Testament and the Fathers,* Burns & Oates, London 1963, S. 288
[109] Clemens von Alexandrien, Stromateis 7.10. Zitiert nach: Bettenson, *The Early Christian Fathers,* S. 177
[110] Origenes, *Kommentar zum Johannesevangelium,* zitiert nach: Bettenson, *The Early Christian Fathers,* S. 262
[111] Palladius, Historia Lausiaca. *Die frühen Heiligen in der Wüste,* Manesse Verlag, Zürich 1987, S. 141-144
[112] *Ur Filokalia om hjärtats bön,* Verlag Proprius, 1983, S. 29-31
[113] Bouyer, *The Spirituality of the New Testament and the Fathers,* S. 381
[114] Erland Ehnmark, *Världsreligionerna,* Liber, Stockholm 1996, S. 163
[115] Bo Giertz, *Und etliches fiel auf den Fels,* Deuerlichsche Verlagsbuchhandlung, Göttingen, 2. Aufl., o.J., S. 161f.
[116] Irenäus, *Gegen die Häresien,* Buch I, 25.2, S. 307
[117] Irenäus, *Gegen die Häresien,* Buch I, 27.3, S. 321
[118] *Weisung der Väter,* übers. von Bonifaz Miller, Paulinus-Verlag, Trier, 2. Aufl. 1980, Nr. 317
[119] Irenäus, *Gegen die Häresien,* Buch I, 24.4, S. 301
[120] Irenäus, *Gegen die Häresien,* Buch IV, 12.4, S. 93f.
[121] Irenäus, *Gegen die Häresien,* Buch II, 22.4, S. 185
[122] Irenäus, *Gegen die Häresien,* Buch V, 14.1, S. 115
[123] Irenäus, *Gegen die Häresien,* Buch V, 12.3, S. 99
[124] Irenäus, *Gegen die Häresien,* Buch V, Vorrede, S. 23
[125] Irenäus, *Gegen die Häresien,* Buch V, 8.1, S. 67
[126] Irenäus, *Gegen die Häresien,* Buch V, 31.2, S. 235
[127] Irenäus, *Gegen die Häresien,* Buch V, 36.1, S. 269
[128] ebenda, S. 271
[129] Irenäus, *Gegen die Häresien,* Buch V, 33.1, S. 243
[130] Irenäus, *Gegen die Häresien,* Buch V, 33.3, S. 247
[132] *Die Regel des Hl. Benedikt,* Nr. 43.1-3
[133] Vgl. Paulus in 1. Korinther 11,17-34
[134] *Die Regel des Hl. Benedikt,* Nr. 64.2
[135] Thomas Merton, *The Waters of Siloe,* Harcourt Brace Jovanovich, (USA) 1979, S. 276
[136] C. S. Lewis, *Der Kampf um Narnia,* Annette Betz Verlag, Wien 1982, S. 5
[137] »Samhället för de smartaste«, *Dagens Nyheter,* 19. Nov. 1996
[138] »Arbetarklassens begåvningsreserver är tömd«, *Dagens Nyheter,* 22. Nov. 1996

[139] »Systematiskt förakt für svaga elever«, *Dagens Nyheter,* 12. Nov. 1997
[140] Britt-Marie Danestig von der schwedischen Vänsterparti, Dagens Nyheter, 14. Sept. 1997
[141] »Stress och press var än man arbetar«, *Dagens Nyheter,* 12. Okt. 1997
[142] C. S. Lewis, *Der schweigende Stern. Die komplette Perelandra-Trilogie,* Heyne Verlag, München 2000, S. 524
[143] ebenda, S. 587
[144] ebenda, S. 829f.
[145] »The EQ Factor«, *Time,* 16. Okt. 1995
[146] »Återupptäckten av ondskan«, *Dagens Nyheter,* 22. März 1997
[147] Maciej Maremba, »Ett offer för rekordåren«, *Dagens Nyheter,* 27. Sept. 1997
[148] »Vettlöst fängsla seriemördare«, *Dagens Nyheter,* 15. Aug. 1998
[149] »Det onda är inte sjukt utan farligt«, *Dagens Nyheter,* 18. Aug. 1998
[150] C. S. Lewis, *The Pilgrim's Regress,* Verlag Collins, London 1977, S. 81-88
[151] Irenäus, *Gegen die Häresien,* Buch I, 21.4, S. 281
[152] Bouyer, *The Spirituality of the New Testament and the Fathers,* S. 223-224
[153] Clemens von Alexandrien, *Paedagogus* 1,6. Zitiert nach: Bettenson, *The Early Christian Fathers,* S. 178
[154] Gerda Kuylenstierna Milton, *Kyrkans Tidning* Nr. 40 (1997)
[155] Henri J. M. Nouwen, *Ich hörte auf die Stille,* Herder Verlag, Freiburg, 18. Aufl. 2001, S. 204f.
[156] Irenäus, *Gegen die Häresien,* Buch IV, 39.1, S. 343
[157] *Letters of St. Ignatius of Loyola,* Loyola University Press, Chicago 1959, S. 36
[158] *Processen,* hrsg. Brand Management, S. 41f.
[159] »Vi styrs av känslorna«, *Dagens Nyheter,* 19. April 1996
[160] Annie Cohen-Solal, *Sartre. 1905-1980,* Rowohlt Verlag, Reinbek 1988, S. 18
[161] Annie Cohen-Solal, *Sartre,* S. 57
[162] Annie Cohen-Solal, *Sartre,* S. 69. Mit »Ödipuskomplex« wird in der Psychoanalyse die sexuelle Fixierung des Sohnes auf die Mutter und der Wunsch nach dem Tod des Vaters bezeichnet.
[163] Annie Cohen-Solal, *Sartre,* S. 88
[164] Annie Cohen-Solal, *Sartre,* S. 95
[165] Annie Cohen-Solal, *Sartre,* S. 90
[166] »Kyrkan når inte ut till sökarna«, *Dagens Nyheter,* 1. Juni 1997
[167] Ägid Van Broeckhoven, *Freundschaft in Gott,* Johannes Verlag, Einsiedeln 1972, S. 65
[168] C. S. Lewis, *Überrascht von Freude,* zitiert in *Nytt Liv,* Nr. 6-7 (1978)
[169] Charles Cummings, *Monastic Practices,* S. 63
[170] Erasmus von Rotterdam, *Das Lob der Torheit,* übers. A. J. Gail, Reclam Verlag, Stuttgart 1999, S. 75
[171] Peter Bratt, »Tomma tidens trender«, *Dagens Nyheter,* 13. Aug. 1995
[172] *Dagens Nyheter,* 5. Aug. 1998
[173] *Om en kristen sexualsyn,* Håkan Ohlssons, 1973, S. 3
[174] *Om en kristen sexualsyn,* S. 7
[175] *Om en kristen sexualsyn,* S. 9
[176] *Om en kristen sexualsyn,* S. 11
[177] *Om en kristen sexualsyn,* S. 14
[178] *Befrielsen,* Verbum, Stockholm 1993, S. 307
[179] *Befrielsen,* S. 308

[180] Irenäus, *Gegen die Häresien,* Buch I,25.4, S. 311
[181] Christina Lövestam, »Jag tror på en Gud som är helig och varm«
[182] Thomas Merton, *The Waters of Siloe,* S. 336
[183] Irenäus, *Gegen die Häresien,* Buch III, 18.6, S. 233
[184] *Weisung der Väter,* Nr. 651
[185] Thomas Merton, *The Waters of Siloe,* S. xx, 24
[186] Irenäus, *Gegen die Häresien,* Buch IV, 33.8-9, S. 265
[187] »Consciousness Examen«, aus: »Notes on the Spiritual Exercises of St. Ignatius of Loyola«, *Review for Religions,* St. Louis, Mo (USA) 1983, S. 176
[188] »Consciousness Examen«, S. 179
[189] »Consciousness Examen«, S. 181
[190] »Consciousness Examen«, S. 182